PIERRE DE NOLHAC

DE L'ACADÉMIE FRANÇAISE

VERSAILLES ET LA COUR DE FRANCE

LA CRÉATION
DE
VERSAILLES

PARIS
LOUIS CONARD, LIBRAIRE-ÉDITEUR
6, PLACE DE LA MADELEINE, 6

MCMXXV

LA CRÉATION

DE

VERSAILLES

Le château construit par Le Vau, 1674.

PIERRE DE NOLHAC

DE L'ACADÉMIE FRANÇAISE

VERSAILLES ET LA COUR DE FRANCE

LA CRÉATION
DE
VERSAILLES

PARIS

LOUIS CONARD, LIBRAIRE-ÉDITEUR

6, PLACE DE LA MADELEINE, 6

MCMXXV

Un éditeur lettré a voulu réunir en une collection d'ensemble les ouvrages dispersés, où l'auteur a essayé de faire revivre dans sa vérité, hors des légendes et des traditions douteuses, le Versailles d'autrefois. Les trois premiers volumes correspondent à ceux qui ont formé l'*Histoire du Château de Versailles*, publiés en deux fois (*Versailles sous Louis XIV*, en 1911 ; *Versailles au XVIIIe siècle*, en 1918). L'édition originale, tirée à un petit nombre d'exemplaires, garde son utilité par les documents et dessins anciens qui s'y trouvent reproduits ; il en est de même de la première *Création de Versailles*, dont l'in-folio a paru en 1901 et à laquelle on renvoie les amateurs d'érudition versaillaise. La présente édition répond aux désirs des lecteurs, de plus en plus nombreux, qu'intéressent l'histoire de l'ancienne cour et celle de l'art français des siècles classiques. Les textes ont été d'ailleurs revus avec soin et bénéficient, sur beaucoup de points, d'informations inédites.

NOLHAC.

Paris, mars 1925.

PRÉFACE

DE L'HISTOIRE DU CHATEAU DE VERSAILLES

L'auteur a essayé, pour la première fois, de constituer l'histoire du Château de Versailles d'après les véritables sources. C'est pour les avoir ignorées ou méconnues qu'on a mis en circulation tant d'erreurs et jeté la confusion des lieux, des noms et des dates dans les souvenirs de l'ancien Versailles.

Lorsqu'on lit les mémoires des dix-septième et dix-huitième siècles, tout remplis d'allusions à la topographie de la principale de nos « maisons royales », on aimerait pouvoir replacer dans leur cadre véritable les grandes figures d'autrefois ; on voudrait trouver fixés, par une chronologie sûre et des documents précis, la construction et les remaniements des diverses parties du Château et du Parc ; on a besoin de connaître la destination tant de fois

A

*changée des principales salles et la disposition
des bosquets les plus célèbres, afin de suivre la
vie publique et privée des souverains et de se
représenter avec exactitude les scènes du passé.
L'historien de Versailles doit fournir ces renseignements et d'autres du même genre, sans
accepter les indications vagues ou les suppo-
sitions mal établies. Mais ce n'est là qu'une
partie de sa tâche, car l'histoire de l'Art lui
impose d'autres obligations.*

*Deux siècles d'art particulièrement féconds,
sous les règnes de Louis XIV, Louis XV et
Louis XVI, ont embelli sans cesse Versailles
et ses dépendances; les merveilles les plus
diverses s'y sont amassées, et le grand nombre
qui en subsiste encore est de plus en plus admiré,
étudié et reproduit. Sans parler des Jardins, où
tant de chefs-d'œuvre sont restés en place, on
trouve dans le Château, exécutés pour les
maîtres les plus exigeants et par les artistes les
plus habiles, les modèles achevés de ces Styles
français qui, par une rare et méritée fortune,
se sont successivement imposés au goût de
l'Europe. Il faut chercher à mettre un nom ou
une date authentique sur chacune de ces belles
œuvres du marbre, du bois et du bronze, et si
l'on y parvient, on aidera à présenter, par des*

spécimens de premier ordre méthodiquement classés, un musée complet de la décoration en France à l'époque la plus florissante.

Depuis vingt ans bientôt que lui fut confié le gouvernement de cette illustre maison, l'Auteur n'a cessé de réunir les matériaux de son histoire artistique, pendant qu'il évoquait en d'autres livres l'âme de ceux qui l'ont habitée. Tout en s'appliquant à fixer la topographie de Versailles à ses divers moments, au moins sur les points qui importent à la chronique de la Cour de France, il tentait d'établir la part des artistes qui ont travaillé au grand décor et de faire rendre justice à des maîtres oubliés. Mais, si dans cet ouvrage il a plus d'une fois reconstitué l'état ancien des lieux, il s'est attaché de préférence à l'étude des parties bien conservées ; il a même tenu à détacher, au milieu du récit, la monographie de chacune de ces parties, qui sont les plus intéressantes pour le visiteur et naturellement les plus instructives.

La nouveauté principale de ces recherches vient de l'usage qui a été fait des documents officiels de cette grande administration des Bâtiments du Roi, une des mieux réglées de l'ancien régime et qui rendit à l'art national tant de services. Nos sources, dont la plupart n'étaient point explorées, se présentent chronologiquement dans l'ordre suivant : les rapports inédits adressés à Colbert sur les premiers travaux de Louis XIV, faisant partie de la correspondance générale du ministre à la Bibliothèque Nationale, les Comptes des Bâtiments, dont la suite régulière commence avec l'année 1664 et se poursuit sans interruption jusqu'aux approches de la Révolution, le choix des lettres et instructions de Colbert, édité par P. Clément et comprenant les rapports à Louis XIV conservés aux Archives du château de Dampierre, les minutes de Louvois, classées dans les Archives historiques du Ministère de la Guerre, le registre des ordres du Roi tenu par Mansart comme Surintendant et encore inédit aux Archives Nationales, enfin les plans, devis, mémoires et correspondances des Bâtiments du Roi.

Ces dernières séries de documents, qui occupent des centaines de cartons aux Archives Nationales, ne sont malheureusement très complètes et un peu ordonnées que pour le règne de Louis XV et l'administration de Tournehem et de Marigny ; mais la belle publication, due à M. Jules Guiffrey, de l'ensemble des Comptes

*des Bâtiments sous le règne de Louis XIV,
permet de suivre dans les moindres détails les
travaux de construction et d'art pour cette
période. L'exactitude et la conscience du savant
éditeur ont servi si utilement à l'œuvre présente
qu'on lui doit, à tous égards, une mention particulière de reconnaissance.*

*Les dessins anciens sont des documents de
premier ordre en de telles études. Ceux qui
regardent Versailles se trouvaient, on peut le
dire, tout à fait ignorés, et l'importante série
que l'Auteur a pu étudier a aidé à renouveler
plusieurs points notables de son sujet. Nous
n'avons plus les projets rassemblés par Charles
Perrault, qu'à détruits l'incendie de la Bibliothèque du Louvre. Mais il nous reste, outre
beaucoup de pièces éparses dans les dossiers
des Archives et dans quelques collections particulières, la vaste série de plans et de dessins
réunis au Cabinet des Estampes, parmi les
papiers de Robert de Cotte, qui sont en grande
partie les papiers de Mansart lui-même. Dans
les dessins des Musées Nationaux provenant de
Charles Le Brun et de son atelier, on peut
aisément reconnaître une foule d'esquisses et de
projets relatifs à Versailles ; enfin, le Louvre*

*possède quelques-unes des compositions origi-
nales d'Israël Silvestre et des croquis de
Pérelle, qui n'ont jamais été gravés.*

*Les estampes anciennes, officielles ou popu-
laires, françaises ou étrangères, sont connues
et en tout cas assez accessibles pour qu'on puisse
renoncer à les reproduire dans un livre tel que
celui-ci. Au reste, les graveurs du dix-septième
siècle, si l'on excepte Silvestre et Le Pautre,
ne sont pas toujours des témoins parfaitement
fidèles et il leur arrive fort souvent de présenter
comme réalisés de simples projets. Les peintres,
au point de vue documentaire, sont beaucoup
plus sûrs.*

*Le premier peintre de Versailles, dans l'ordre
chronologique, est le flamand Van der Meulen.
Il existe de grands crayons de l'artiste, études
faites en vue des tableaux où le pinceau a
introduit l'animation des scènes. Ces toiles et
celle non moins intéressante qu'on peut attribuer
à Pierre Patel ouvrent la série considérable
des vues peintes de l'époque Louis XIV, qui ont
été commandées par le Roi et que le Musée de
Versailles possède presque au complet. Elles
vont des mythologiques paysages de Cotelle aux
compositions exactes et pittoresques des deux
Allegrain et des deux Martin. On a tiré parti*

de cet ensemble si instructif, en essayant d'en marquer la chronologie. Il y a des cas, dans un sujet comme le nôtre, où une date bien établie pour un dessin ou une peinture équivaut à tout un commentaire et peut épargner au lecteur de nombreuses pages.

Divers documents inédits, qui ne rentrent pas dans les séries précédentes et dont quelques-uns sont demeurés à Versailles même, se trouvent cités au cours de l'ouvrage, ainsi que les livres imprimés du dix-septième et du dix-huitième siècle qui ont une valeur de témoignages contemporains. Les descriptions anciennes, en effet, les gazettes, les relations, les récits de promenades, la consciencieuse monographie d'architecture de J.-Fr. Blondel, voilà autant de sources déjà en partie utilisées, qui apportent sur la vie et le décor de Versailles des indications que nos inédits ne donnent point. Les mémoires de cour, surtout Dangeau et Luynes, assez incomplètement dépouillés jusqu'à présent, sont pleins de mentions précieuses, et Saint-Simon ne fournit pas seulement l'occasion de réfuter ses dires. Mais l'historien aurait tort, dans bien des cas, de se fier trop exclusivement aux anciennes descriptions. Une erreur imprimée et réimprimée par les contemporains *n'en reste pas moins une erreur ; les livrets de Piganiol, par exemple, rédigés à l'usage des voyageurs visitant Versailles, sont loin d'être toujours exacts. Il faut, toutes les fois qu'on le peut, compléter et contrôler les témoignages de ce genre par les renseignements d'archives.*

Dans ce livre, ainsi que dans les travaux qui le précèdent et le préparent[1], l'Auteur a dû tenir peu de compte des ouvrages antérieurs qui auraient pu lui servir de premier appui. A part Eudore Soulié, son docte et respecté prédécesseur, qui sut esquisser, dans l'ancien catalogue du Musée national, une brève histoire du Château, les écrivains qui se sont occupés de

---

1. Comme ces travaux contiennent en grand nombre des discussions et des références qu'il est inutile de réimprimer, et qui pourtant intéressent encore quelques curieux, on se permet de les indiquer ici :

Versailles au temps de Marie-Antoinette (Versailles, 1889). — *La Décoration de Versailles au XVIIIe siècle* (Gazette des Beaux-Arts, 1895 à 1898). — *Le Versailles de Mansart* (Id., 1900 à 1902). — *L'Art de Versailles* (Revue de l'Art ancien et moderne, 1897 à 1899; 1901 et 1903). — *Le Château de Versailles sous Louis XV. Recherches sur l'histoire de la Cour et sur les travaux des Bâtiments du Roi* (Paris, 1898). — Mémoires et documents divers dans la *Revue de l'histoire de Versailles et de Seine-et-Oise*, à partir de 1899. — *La Création de Versailles d'après les sources inédites ; étude sur les origines et les premières transformations du Château et des Jardins* (Versailles, 1901). Une partie du texte de cet ouvrage [y compris l'introduction, imprimée pour la première fois en 1898] a passé, avec les remaniements nécessaires, dans l'*Histoire du Château de Versailles* (Paris, 1911-1918, 3 vol.). — [Ajoutons aujourd'hui : *Versailles inconnu*, Paris, 1925.]

Versailles avaient plus compliqué que débrouillé les questions difficiles. Des livres de Vatout ou d'Alexandre de Laborde à celui de Dussieux, le progrès de l'information, sauf sur les points touchés par Soulié, était plus apparent que réel ; si le nombre des renseignements offerts au public avait augmenté depuis les historiographes officiels de Louis-Philippe, le nombre des erreurs s'était accru dans une proportion au moins égale. Elles s'éliminent peu à peu de la tradition versaillaise, depuis les recherches dont on coordonne ici les résultats et qu'ont enrichies, sur plus d'un point, des érudits qu'on aura le plaisir de citer. Le lecteur dispose même aujourd'hui, dans les ouvrages fort divers de MM. André Pératé, Gaston Brière et Edouard Cazes, de guides sérieux et commodes qui lui avaient jusqu'à présent manqué. Ces observations étaient nécessaires pour expliquer au lecteur pourquoi l'histoire qu'il a pu lire autrefois ressemble si peu à celle qu'il va trouver ici.

Cette histoire sera-t-elle récrite un jour et de façon plus complète, en ne laissant dans l'ombre aucun détail, en produisant toutes les pièces qui ont été utilisées et d'autres documents qu'on pourra découvrir encore ? L'Auteur le souhaite plus que personne ; il sait que ce vaste sujet de Versailles est inépuisable et rappellera sans cesse les érudits comme les artistes. Il n'ignore point qu'on y travaillera longtemps après lui ; mais il ose espérer que ses continuateurs reconnaîtront quelque mérite aux efforts qu'il a faits vers la vérité.

Château de Versailles, janvier 1911.

INTRODUCTION

Il faut arriver à Versailles par un jour d'automne encore lumineux, alors que les arbres ont gardé leurs feuilles et que les routes commencent à prendre de la solitude. Les larges avenues, les percées de l'ancien grand parc conservées au milieu des bois, tout annonce l'approche d'une royale résidence. Mais, si l'on veut avoir l'impression complète, ce n'est pas du côté de la ville qu'on abordera le Château ; on la doit contourner, au contraire, et pénétrer dans les jardins par les grilles du Grand Canal. Des chemins y aboutissent directement de Saint-Cyr et de Marly. Aucun bâtiment neuf, aucun aspect de la civilisation actuelle ne s'y présente ; on peut se figurer qu'on entre dans un des domaines intacts du passé.

Au delà du bassin aux reflets profonds, où le

Char d'Apollon sort des eaux, s'ouvre la perspective de l'Allée Royale. Le tapis vert monte
entre deux rangées de marbres et conduit les
regards, d'étage en étage, jusqu'à une étroite
façade, qui semble resserrée entre les feuillages. On distingue assez bien d'ici les fenêtres
de la Galerie des Glaces, que le couchant
enflamme chaque soir de fantastiques lueurs.
Le promeneur gagne lentement, à travers les
parterres ou sous les hautes voûtes de verdure,
la terrasse derrière laquelle la construction,
révélée un instant, diminue peu à peu et se
cache.

Soudain, le degré de Latone franchi, elle
apparaît dans toute sa longueur et sous un
aspect inattendu. Le corps du Château, où
sont les appartements royaux, s'avance en
masse imposante et carrée, qu'allègent les
colonnades et les sculptures ; de chaque côté,
s'étend une aile immense répétant, cent pas en
arrière, la disposition de cette noble ordonnance, où le comble élancé de la Chapelle rompt
seul la monotonie des lignes. A droite, la façade
se termine en saillie sur un horizon lointain ;
elle rejoint, à gauche, les hautes cimes des
bosquets, qui semblent en prolonger l'architecture majestueuse. C'est ici qu'on a sous les

yeux, dans sa gloire presque entière et sa parfaite unité, la demeure la plus illustre de la Monarchie, dont Louis XIV avait voulu faire l'image de son règne et le monument de sa grandeur.

Cette première leçon prise de l'histoire et cette première joie reçue de la beauté, l'esprit pourra s'attacher aux détails et mettre des mois et des années à les épuiser. Pour peu qu'il ait le sens de l'architecture, la construction du Château du côté des cours lui suggérera mille questions. L'intérieur, ravagé par des transformations incessantes et plein cependant de vestiges intacts des plus belles époques, lui ouvrira les jouissances de l'art et le champ infini des souvenirs. Mieux il saura fixer son attention et renouveler ses promenades, plus il découvrira d'œuvres intéressantes et de sujets d'étude compliqués. Les documents du passé, s'il les interroge avec méthode, résoudront pour lui d'attachants problèmes ; il y aura recours sans cesse, afin de pénétrer par eux le secret de tant de choses mortes, et il gardera le sentiment que nulle part l'histoire ne peut être évoquée plus vivante que dans le décor de Versailles.

Le double attrait de l'art et de l'histoire

donne à ce château un prestige rare, et qu'on
pourrait dire unique, si le palais du Vatican
n'existait pas. Aucune demeure princière en
Europe ne réunit autant de souvenirs glorieux
dans un cadre aussi grandiose. La France, qui
a dédaigné longtemps ce trésor, comme elle en
a gaspillé bien d'autres, se montre heureuse
aujourd'hui de le posséder et s'efforce de réparer
son long oubli. C'est l'œuvre synthétique de la
monarchie absolue que présente avec le plus de
fierté aux étrangers notre nation démocratique.
Il n'en est point que ceux-ci cherchent avec une
curiosité plus vive; il semble qu'ils la consi-
dèrent, à certains égards, comme la plus signi-
ficative de notre génie.

La pensée d'orgueil royal qui a fait élever
Versailles n'altère plus notre jugement devant
l'œuvre forte et complète que nous lui devons.
On ne peut même refuser à Louis XIV le mérite
de l'avoir conçue et d'en avoir voulu toute la
beauté. Si la meilleure gloire du Grand Roi lui
vient de la perfection de son siècle littéraire, elle
n'est pas moins assurée par le puissant mouvement artistique dont il fut le maître et l'inspirateur. La création de Versailles a contribué
pour une grande part à ce prodigieux développement de l'art français, qui prit la place pré-

pondérante jusqu'alors départie à l'art italien.

Tant d'artistes divers, et les plus habiles, attachés à la même œuvre et dirigés d'abord par cette lumineuse intelligence de Colbert, tant de merveilles accumulées au même lieu pour la gloire d'un roi et d'une nation, tant de génie mis en commun et un tel effort d'argent et d'hommes ont exercé sur l'Europe plus de prestige que les victoires et les traités. L'influence obtenue par les armes s'en est trouvée plus durable et plus féconde. Les palais construits à l'imitation de Versailles, dans les pays mêmes où Louis XIV fut le plus haï, témoignent de l'admiration qui resta acquise à ce chef-d'œuvre de l'art monarchique et attestent la domination qu'elle imposa aux esprits.

Après des années d'un mépris et d'un dénigrement sans mesure, Versailles s'est relevé magnifiquement dans l'imagination nationale. La plus vaste conception du grand règne, respectée dans ses lignes principales par les règnes suivants et par notre siècle lui-même, est de nos jours exactement comprise. Il est naturel qu'elle ait traversé des périodes moins favorables. Dès la fin de l'ancien régime et Louis XV régnant encore, un de ces revirements du goût français, qui chez nous détruisent si vite l'admiration, avait atteint une œuvre destinée précisément, par son importance et par sa conception même, à demeurer au-dessus des caprices de la mode. Le Petit-Trianon fut bien vite opposé à Versailles par les écrivains et les gens d'esprit, et aida à le discréditer. Plus tard, l'époque romantique, dont l'esthétique fut si passionnée et si étroite, dédaigna également l'un et l'autre. Des morceaux considérables, comme la Grande Galerie de Mansart et de Le Brun, excitaient moins la curiosité que l'étonnement. L'art Louis XIV semblait mort avec les institutions qui l'avaient produit, et plus d'indifférence encore enveloppait l'art charmant de grâce et de vie, qui était venu, au dix-huitième siècle, rajeunir et parer de ses boiseries et de ses ciselures la majesté des intérieurs royaux.

Ce n'est pas un mérite de notre esprit, c'est un bénéfice de notre éducation éclectique de pouvoir admirer aujourd'hui, avec une intelligence égale de leurs principes, des beautés très différentes et des formes de création qui semblent contradictoires. Qui refuserait son hommage, en architecture, au Parthénon d'Athènes, à Sainte-Sophie, aux grandes cathédrales françaises ? Ce sont là assurément des œuvres d'une qualité supérieure à Versailles, et déjà par leur destination même, puisqu'elles honorent la divinité et la révèlent. Le palais de Louis XIV ne parle que de la puissance d'un souverain et d'un régime politique. Mais il l'exprime assez clairement, et dans une langue d'art assez éclatante, pour qu'il puisse plaire même à ceux qui ont salué et compris des ouvrages plus élevés du génie humain. Ainsi, peu à peu, comme d'autres lieux fameux du monde, Versailles est devenu un pèlerinage d'art pour beaucoup de nos contemporains. Les meilleurs esprits y trouvent un réconfort moral ; les artistes y viennent chercher des méthodes et des modèles, et les poètes, ce qui est significatif, ont recommencé à s'en inspirer.

De ce retour du goût public, dont tant de marques se multiplient, il y a sans doute deux causes principales, dont l'une reste tout entière de sentiment, et l'autre d'ordre intellectuel.

Une des gloires de Versailles les moins contestées tient au silence de ses grands espaces et à l'aspect déjà vénérable de ses constructions. Plus y est sensible l'abandon de la vie moderne, plus y plaît et y est facile l'évocation des anciennes splendeurs. Cette évocation est à la portée des plus humbles foules et leur offre une émotion qui, pour être inconsciente, n'en a pas moins sa réalité et sa noblesse. Chez les artistes et les hommes instruits, ce plaisir atteint le degré extrême, que seuls connaissent ceux-là qui ont accordé à Versailles, non les journées pressées du touriste, mais le loisir des longs séjours.

Peu de villes donnent plus vivement la sensation des grandes révolutions de l'histoire. Il semble que la destruction qui y a sévi depuis plus d'un siècle, par l'incurie des uns et la maladresse des autres, ait ajouté du prix à ce qui n'a point subi d'atteinte. On reconstitue aisément, en présence des débris qui subsistent, la grandeur de ce qui a disparu. Autant il est difficile et même impossible de relever le passé de sa ruine inévitable, et d'en restaurer exactement la moindre partie, autant il est aisé à l'imagination de trouver partout des motifs d'évoquer et de s'émouvoir. Un Roi est présent dans l'apothéose de la Grande Galerie, bien que rien ne reste du merveilleux mobilier d'argent et de vermeil qui la décora. De même, le souvenir d'une Reine emplit Trianon, et il ne disparaîtra, du milieu des maisonnettes de son

fragile hameau, que le jour où viendra l'obli-
gation ou la fantaisie de les reconstruire. On
peut suivre heure par heure la vie de trois
règnes, à la condition de se défier des légendes,
dans tout ce noble Versailles, que complètent
si bien le Grand-Trianon de Louis XIV et le
Petit-Trianon de Marie-Antoinette. Les parties
essentielles du décor sont encore en place, et
les graves mémoires du grand siècle, les récits
plus piquants et plus vifs du dix-huitième y
ramènent les personnages.

L'autre raison qui a remis Versailles en
honneur n'existe que pour les esprits tout à
fait cultivés, mais ne semble plus exposée à
s'amoindrir. On se fait aujourd'hui seulement
une idée juste de la place qu'occupe dans l'histoire cet ensemble d'une unité si nette et d'une
étendue si imposante qu'on peut appeler « l'Art
de Versailles ». Longtemps on a pu lui
reprocher sa symétrie, son manque d'imprévu
et sa pompeuse froideur. Mais ce qu'on prenait
pour d'insupportables défauts a changé de nom,
en même temps que se déplaçait le point de
vue. On y reconnaît à présent, dans l'œuvre
architecturale aussi bien que dans les détails
qui l'embellissent, toutes les qualités de l'équilibre, de la mesure et de la noblesse. Il est

permis évidemment de leur en préférer d'autres ;
mais il se trouve qu'elles correspondent aux
caractères essentiels de l'art français.

Versailles l'a représenté presque aussi fidè-
lement que le firent en leur temps nos meilleures cathédrales du Moyen Age. Le dix-
septième siècle français, qui a orné Paris et les
provinces de monuments si fiers et aujourd'hui
si honorés, semble résumé dans la résidence de
Louis XIV. Tous les grands artistes qui ont
vécu de son temps ont collaboré à cet ouvrage,
qui devait être la glorification de la monarchie
nationale. A côté de Charles Le Brun ou sous
ses ordres, travaillèrent des architectes, sculpteurs, peintres, fondeurs, ciseleurs, décorateurs
de tout genre, dont quelques-uns eurent du
génie, mais à qui, sous une telle impulsion, il
aurait pu suffire d'avoir du métier. Le Château
et ses jardins sont remplis de leurs chefs-
d'œuvre, auxquels l'âge suivant a encore su
ajouter sa part. On peut regretter que l'école
académique y ait laissé quelques traces trop
évidentes de l'influence italienne ; il est plus
équitable de se demander ce qui manquerait
aux témoignages que notre race rend d'elle-
même et au trésor d'art de la France, si Versailles avait disparu.

Sous cette unité d'aspect qu'embrasse le premier regard, on voit très vite apparaître les variations de style du dix-septième siècle. L'enquête historique que nous menons en ce livre permet d'établir des dates précises ; et des époques très différentes se distinguent dans les travaux de ce long règne, qu'on est trop habitué à juger d'ensemble.

Le château primitif ne fut qu'une maison de chasse de Louis XIII, dont il reste beaucoup moins qu'on ne l'a dit ; il a déterminé cependant le caractère des plus anciennes constructions de Louis XIV, qui se rattachent par là étroitement aux traditions de la Renaissance française. La résidence favorite du jeune Roi, celle où il vient donner la comédie à Mlle de la Vallière et que La Fontaine décrit si bien dans les *Amours de Psyché*, n'est autre chose qu'un des plus jolis châteaux de la Renaissance. Ce Versailles des fêtes célèbres, tel qu'il existait en 1668, après les premiers ouvrages de Louis Le Vau, et dont la partie centrale était encore la construction même de Louis XIII, montre un art qui n'est point dégagé des formules anciennes. De même, le règne n'a pas reçu l'ampleur et la force que le traité d'Aix-la-Chapelle et les années qui suivent vont lui apporter.

C'est un palais de féerie qui se dresse alors
sur la butte encore étroite, avec son architecture toute de couleur joyeuse, ses façades de
brique rouge, ses balcons de fer ouvragé, ses
hautes cheminées blanches, les pinacles et les
plombs dorés de ses combles aigus. Il n'y a
d'abord, il est vrai, autour de la nouvelle
maison royale, ni larges degrés, ni fontaines
abondantes, ni figures de marbre, et l'espace
où s'étendra la noble perspective du Grand
Canal n'est longtemps qu'une plaine marécageuse. Mais le Roi a eu la fortune de trouver
un jardinier qui a le sens de la grandeur;
André Le Nôtre trace du premier coup les
lignes générales des jardins à venir. La plupart
des bosquets sont découpés dans les taillis de
l'ancien parc de chasse; de vastes bassins
creusés dans les parties basses voient peu à
peu arriver les eaux jaillissantes; leurs groupes
de plomb doré font bientôt contraste avec les
vieux termes de pierre rangés le long des buis
taillés; un « parterre de broderies » d'un
dessin nouveau s'étend devant l'habitation, et
une petite orangerie vient compléter, du côté
du midi, l'aspect pittoresque du Château, par la
brique mêlée de pierre de ses arcades.

Un troisième Versailles succède à cette

création, célébrée déjà comme une merveille, et c'est au même architecte qu'en revient l'honneur. Le Vau enveloppe, sans le détruire, le petit Château par les trois hautes façades sur les jardins et conçoit, de ce côté, l'ordonnance générale d'une architecture qu'il n'y aura plus qu'à développer après lui. Les Grands Appartements, l'Escalier des Ambassadeurs sont commencés à cette époque. Déjà est aussi établi, par les premiers artistes, tout ce symbolisme de la décoration de Versailles, qui va multiplier dans les peintures et les sculptures des intérieurs, comme dans les motifs des principales fontaines, la flatterie perpétuelle de l'allusion au Roi-Soleil. Louis est le vainqueur de l'Espagne et de l'Empire, le conquérant de la Franche-Comté, et son Château favori grandit avec ses triomphes.

Un Versailles différent, qui se trouve déjà le quatrième, est l'œuvre de Mansart. Mansart doit céder à Le Vau la première place dans nos souvenirs, puisque sa direction ne commence qu'en 1678; mais il va attacher son nom à la ville nouvelle par la masse énorme de constructions qu'il y élèvera en peu d'années. Il dresse d'abord la Grande Galerie et ajoute, au midi du Château, la première des

deux longues ailes nécessaires aux logements
de la Cour. Maintenant, en effet, les destins de
la dernière née des maisons royales l'appellent
à un rôle que ce petit château de plaisirs n'attendait point. Le Roi, qui a pris le Soleil pour
emblème, en fait le lieu privilégié où l'Europe
viendra s'éblouir des rayons de l'astre dans
tout son éclat. L'installation de la Cour et du
Gouvernement, en 1682, donne la principale
date de l'histoire de Versailles. Le plan de
Mansart est alors adopté dans ses lignes essentielles, bien qu'il ne doive point se réaliser d'un
seul coup. Après la Grande et la Petite Écurie
se bâtissent le Grand Commun, l'aile du Nord
et la nouvelle Orangerie, qui amène le remaniement de toute une partie des jardins. La
reconstruction de Trianon appartient encore à
Mansart, ainsi que la Chapelle définitive. Cette
Chapelle est l'ouvrage dernier du règne décli-
nant, qui semble vouloir clore par un hommage
à Dieu une série inouïe de travaux consacrés à
l'apothéose d'un homme.

Ce majestueux décor du grand règne n'a donc
pas été fait en une fois, tel que nous l'admirons
à présent dans sa solitude mélancolique. Les
Versailles divers, que nous révèlent les estampes
et les vieux tableaux oubliés, sont comme les

ébauches et les essais de l'œuvre définitive, qui
correspondent aux progrès de la grandeur
royale. Les diverses parties du Château et des
jardins ont été plusieurs fois détruites, mais
pour se relever plus belles, suivant le rêve
toujours plus ambitieux du maître.

C'est la restitution de ces anciens états dis-
parus qui fait la véritable histoire du Versailles
royal. Cette histoire est semblable à celle d'un
organisme vivant, qui croît et se développe suivant des besoins grandissants, en se modifiant
continuellement, afin de s'adapter aux circonstances nouvelles. Rien n'est plus aisé, pour s'en
rendre compte, que de comparer entre eux les
plans successifs du Château et de ses abords
pendant le règne de Louis XIV. On voit les
espaces s'élargir, les constructions se multiplier
et les proportions de tout ce qui disparaît tripler
et quadrupler lorsqu'on le remplace. Chaque
période politique laisse sa trace évidente dans
un important changement d'ensemble. Si, après
le Grand Roi, les lignes extérieures semblent
fixées, la vie n'en persiste pas moins à faire
son œuvre, et la royauté du dix-huitième
siècle accommode à ses habitudes et au déclin
de son prestige un palais trop grand pour sa
mesure.

Peut-on dire que le dix-huitième siècle a créé un cinquième Versailles : On en aurait presque le droit, si l'on songe aux énormes renouvellements qui se sont produits dans le Château. Louis XV a fait construire le Salon d'Hercule, qui appelle ici le nom d'un excellent architecte, Robert De Cotte : à la fin du règne, s'est élevée la grande salle de l'Opéra, un des meilleurs travaux du plus célèbre des Gabriel. En revanche, le Roi a détruit la Petite Galerie et l'Escalier des Ambassadeurs ; il a changé et compliqué, pour ses commodités personnelles, l'ancien appartement privé de Louis XIV, et modifié ceux de la Famille royale et de la Cour. Cette transformation si radicale de Versailles n'a pas été l'œuvre de quelques années ; elle s'est faite peu à peu, durant le long règne de Louis XV, et continuait encore sous Louis XVI. En somme, le Château intérieur, tel que nous le voyons aujourd'hui, n'est point exactement celui du Grand-Roi : si les pièces de représentation datent pour la plupart du dix-septième siècle, tout le reste est seulement du dix-huitième.

Il n'a pas tenu à Louis XV que la construction même de Louis XIV ne fût détruite dans toute la partie centrale du côté des cours. Les architectes souffraient depuis longtemps de ne point trouver d'équilibre entre le petit château de briques trop élégant, trop peu royal, et les grandioses façades du parc. Mansart n'avait-il pas déjà proposé de masquer au moins l'entrée par des colonnades : On adopta au dix-huitième siècle un projet de reconstruction générale, qui fut nécessairement dans le style gréco-romain, alors à la mode. Le commencement d'exécution de ce projet a produit la fâcheuse aile Gabriel. Le grand artiste, dont le nom y demeure joint, venait d'ètre mieux inspiré en élevant pour son maître l'exquise maison du Petit-Trianon. A Versailles mème, on ne peut juger équitablement son œuvre que par ses dessins d'ensemble, car la laideur de l'unique morceau exécuté tient surtout à ce qu'il est sans cohérence avec le reste des bâtiments.

Dans le parc, replanté tout entier au commencement du règne de Louis XVI, d'autres transformations étaient projetées, et plus d'un vieux bosquet fut menacé. Comme pour le Château, les fonds manquèrent ; bientôt, la Révolution transporta le gouvernement à Paris ; nous lui devons peut-être la conservation des jardins de Louis XIV, aussi bien que celle des plus anciennes constructions.

A partir de la disparition de la Monarchie, qui en faisait un centre de production d'art, Versailles n'offre plus le même attrait. Il ne serait pas, cependant, sans intérêt de voir de quelle façon Napoléon, qui habita quelquefois Trianon, s'est plu à envisager le domaine le plus fameux du régime ancien, l'usage qu'il rêva d'en faire et les travaux d'entretien qu'il y ordonna. Il ne serait pas inutile de noter les restaurations tentées sous Louis XVIII, qui avait pensé un instant, en 1814, à rentrer dans la demeure où le comte de Provence avait vécu sa jeunesse. Il faudrait se rendre compte de l'état des lieux, au moment où le roi Louis-Philippe conçut l'idée d'utiliser le palais définitivement abandonné, en le consacrant, sous forme de musée, « à toutes les gloires de la France ». Ce n'était plus cet éphémère musée de peinture de l'École française, qu'y avait installé le Directoire, mais une collection historique, amassée aux frais du Roi et destinée à présenter aux générations à venir l'image des grands faits et des grands hommes de la nation.

Les erreurs inévitables commises dans la réalisation d'un aussi vaste plan de musée ont relativement peu d'importance, puisque, dès la fin du siècle, on a entrepris de les rectifier, en donnant sa valeur complète à cette intéressante pensée. Il n'en va pas de même des destructions qui accompagnèrent l'œuvre du roi Louis-Philippe. Que de profanations furent commises ! que de vandalismes inutiles s'accomplirent, que de sacrifices inintelligents de l'art ancien à des appropriations parfois malheureuses ! D'admirables ensembles décoratifs provenant des appartements supprimés furent dispersés sans scrupule, comme l'avait été, quarante ans plus tôt, par la vente aux enchères, l'incomparable trésor que formait le mobilier du Château. Les commissaires de la Convention avaient eu pour but, à cette époque, de faire disparaître des vestiges jugés inutiles ou odieux, tandis que Louis-Philippe s'inspirait d'une idée réparatrice et de l'honneur du nom français. Ses bonnes intentions n'en aboutirent pas moins à une dévastation nouvelle.

L'irréparable perte faite alors est chaque jour sentie avec plus de force, à mesure que grandissent le respect et l'amour des arts du passé. On est porté à être sévère pour le roi qui l'a décidée, et c'est à peine une excuse pour lui d'avoir partagé le goût à peu près général de son temps. Il n'a fait que mettre en pratique le dédain que le plus grand nombre professait alors pour cet art du dix-huitième siècle, dont les intérieurs de Versailles étaient l'expression. Mais disons aussi que ce grand Château inhabité, où la royauté du droit nouveau ne pouvait songer à paraître, allait être voué, dans un siècle utilitaire, à des usages peut-être destructeurs. Si Louis-Philippe a fait à Versailles un mal à jamais déplorable, il l'a sauvé sûrement de malheurs pires ; il l'a sans doute même conservé au pays, de la seule façon qui fût digne de ses souvenirs, en lui assurant l'immuable destination de Musée national.

Une époque plus voisine de nous a donné à certaines parties du Château, que le Musée n'occupe point, une destination bien inattendue pour le palais de Louis XIV. Versailles est redevenu le siège du gouvernement de la France à la suite d'événements tragiques. Aujourd'hui encore, d'après la Constitution républicaine de 1875, le Château est réputé palais du Parlement. Ce rôle moderne, qui n'est plus rappelé maintenant que par l'élection présidentielle, a exigé des transformations considérables. Le beau théâtre de l'Opéra, après avoir été aménagé pour les séances de l'Assemblée nationale de 1871, s'est trouvé réservé au Sénat, qui n'y a plus reparu depuis 1879 ; une vaste salle neuve, construite pour la Chambre des députés dans une des cours du midi, sert aujourd'hui aux réunions du « Congrès ». Plus tard, ont commencé les importantes restaurations d'ensemble, que le délabrement des façades et des bassins rendait indispensables et qui se sont étendues aux deux Trianons. Enfin, le Musée de l'histoire de France s'est réorganisé, les collections ont été remaniées, présentées d'après une méthode différente, et des salles ont été aménagées en grand nombre sur un plan nouveau, achevant à l'intérieur de Versailles l'œuvre du dix-neuvième siècle et commençant aussi celle du vingtième.

Il est permis de penser que le Château ne subira plus de longtemps de changement notable. Il se prête encore, dans une certaine mesure, à des fêtes, qui n'ont pas manqué au cours du siècle dernier, sans rappeler, il est vrai, l'éclat de celles de l'ancien régime. Mais l'intérêt de Versailles est plus élevé et l'on en doit attendre d'autres services. Sans parler des collections historiques, où se groupent tant de richesses, le Château, ses jardins et les Trianons forment un Musée d'art décoratif unique au monde. Voilà ce qu'il faut, avant tout, mettre en lumière. On y arriverait plus aisément, si l'on pouvait rendre à ces belles pièces abandonnées une partie du mobilier qui s'y trouvait jadis; l'essai vient d'être fait pour des tapisseries et quelques meubles de nos trois grands styles, et nulle part assurément ils ne se trouvent mieux présentés.

Même nu et démeublé, même mutilé comme il nous est parvenu, Versailles reste un magnifique livre d'histoire, toujours ouvert sous les yeux de la nation et compréhensible à tous. Mais, quoi qu'on fasse, c'est une grande ruine et un grand tombeau. Ce qui l'animait n'est plus et ne saurait ressusciter sous une autre forme; la splendeur de deux siècles est par endroits méconnaissable. Les efforts qu'on tenterait pour la reproduire sont d'avance condamnés à échouer. Qui prétendrait reconstituer, autrement que par l'imagination, cette somptuosité disparue? L'espoir chimérique de restaurer le passé conduit, presque toujours, à en achever la destruction. Jouissons plutôt de ce qui a survécu; conservons à tout prix ce que les touches du temps ont contribué à embellir; respectons l'harmonieux ensemble qu'il a créé, et devinons, par les débris qui en demeurent,

ce que fut l'œuvre de Louis XIV dans son inté-
grité glorieuse.

Une idée historique, qui s'impose à tout
visiteur averti, doit servir à diriger les travaux
qui restent à faire. C'est que Versailles a cessé
d'exister, en tant qu'œuvre d'art vivante, à
partir de 1789. Rien n'aurait pu être plus intéressant pour nous que de l'avoir exactement
conservé tel que l'a trouvé la Révolution. Tout
ce qui est antérieur à cette date, sans avoir
subi l'outrage des restaurations, garde un
charme particulier et demande un respect que
les parties modernes ne méritent point. Celles-
ci peuvent être reprises et rectifiées sans scrupule ; il faut hésiter longtemps avant de toucher
à celles qu'un autre temps a conçues et qu'ont
exécutées des mains expertes ; leur secret nous
manque et presque toujours leurs habitudes
techniques sont perdues.

Les artistes d'autrefois se détruisaient les
uns les autres par un droit que leur don de
création leur conférait. Les boiseries de Du
Goulon jetées au grenier sous Louis XV, pour
faire place à celles de Verberckt, rappellent le
sort des fresques de Piero dei Franceschi, dans
les Chambres Vaticanes où Raphaël, commandé par Jules II, les a recouvertes sans

pitié. Les ordres du maître qu'on servait alors
étaient naturellement inspirés par le renouvellement continu du goût, et c'était grâce à
des sacrifices, souvent bien cruels, que l'art
cheminait sans se fixer en formules. Non seulement nous avons perdu ce droit de remplacer
une œuvre par une autre, mais nous ne devons
même plus songer à refaire celles qui n'existent
plus. Pouvons-nous, en effet, en présenter aux
yeux exercés autre chose qu'une ressemblance
imparfaite, dénuée de toute puissance d'évocation? Les restaurations qui se sont succédé
au cours du dernier siècle dans les édifices historiques ont, sur bien des points, altéré le style
des ouvrages anciens, parce que la véritable
règle y a manqué.

Versailles fut si riche en tous les genres, que
l'art s'y rencontre souvent dans sa fleur première et son originelle beauté. De tant de merveilles, un grand nombre a disparu entièrement; d'autres, indiscrètement retouchées,
n'ont plus qu'une valeur d'image et de souvenir; mais beaucoup, par bonheur, demeurent
intactes, sans que rien laisse penser qu'elles
soient exposées à se détruire. Le Parterre d'eau,
par exemple, que glorifient les bronzes des
Keller, fait un ensemble qui paraît impéris-

sable. De tels morceaux, restés où la volonté
des créateurs les a posés, ne sont point rares à
Versailles. On les reconnaît promptement et
on les salue entre les autres, comme des témoins
fidèles et vénérables. Ils honoreront la France
de deux grands siècles, tant qu'il y aura des
artistes pour les visiter et que les hommes
aimeront les lieux où les attendent les figures
ressuscitées de l'histoire.

LA CRÉATION

DE

VERSAILLES

CHAPITRE PREMIER

VERSAILLES SOUS LOUIS XIII

VERSAILLES ne fut, pendant plusieurs siècles, qu'un humble village de l'Ile-de-France, sur les confins du diocèse de Chartres, perdu au milieu des bois et des étangs. Quelques anecdotes le mentionnent au temps des Valois; mais les rois de France ne s'y intéressent point encore. Au mois de juillet 1589, Henri de Bourbon, roi de Navarre, marchant sur Paris révolté, pour l'assiéger d'accord avec Henri III, couche deux nuits dans l'habitation féodale de Versailles, chez le maréchal de Retz, Albert de Gondi. Il se rend de là à Saint-Germain-en-Laye et, quelques jours après, à Saint-Cloud, où l'assassinat de son cousin fait de lui Henri IV, roi de France. Plus tard, grand chasseur comme le seront ses descendants, il vient assez souvent courre le cerf du côté de

Versailles; il y est même traité à dîner, le 13 janvier 1609, par Henri de Gondi, évêque de Paris. Telles sont les premières circonstances qui mettent le nom de Versailles dans l'histoire des Bourbons, où il doit briller de tant d'éclat.

Les destinées du Versailles moderne commencent seulement avec Louis XIII. C'est le fils du Béarnais qui construit, sur l'étroite éminence que Louis XIV agrandira, la première maison royale, de laquelle nous savons, en réalité, bien peu de chose et moins encore qu'on ne l'a cru. Le récit de ces origines est l'introduction naturelle à notre sujet. Il était resté jusqu'à nos jours encombré de légendes, parfois absurdes, qui provenaient d'imaginations aventureuses ou de documents mal interprétés. Comme on les entend répéter encore par une tradition docile, il faut les faire oublier en reconstituant cette époque incertaine sur les seuls témoignages contemporains et en réduisant au strict nécessaire l'induction permise[1].

1. Le siècle dernier n'a guère connu que des fables sur les origines du Château de Versailles. Le ton assuré des auteurs qui les répétaient sans aucun contrôle et l'apparente documentation qui les appuyait ont cessé de faire illusion sur la solidité de ces traditions. Deux érudits surtout, par ailleurs dignes d'estime, s'en trouvaient responsables : J.-A. Le Roi (*Louis XIII et Versailles*, Versailles, 1849, réimprimé en partie dans *Curiosités historiques*, Paris, 1864) et L. Dussieux (*Le Château de Versailles, histoire et description*, Versailles, 1881, 2 vol.). On a présenté pour la première fois un essai de discussion critique des sources, dans une série d'articles de la *Revue de l'Art ancien et moderne* (livraisons de mai-août 1898). Malgré l'imperfection de ce premier travail, il démontrait déjà que presque tout ce qui s'imprimait sur le Versailles de Louis XIII était inexact ou grossièrement faux. Les plus anciens plans du parc et du Château possédés par la Chalcographie du Louvre, qu'on invoquait et qu'on reproduisait sans cesse sur l'époque de Louis XIII, sont

Depuis le milieu du quinzième siècle, alors que s'était éteinte l'ancienne famille qui avait porté quatre cents ans le nom de Versailles[1], cette terre passa par achats successifs en diverses mains. A l'époque de la Saint-Barthélemy, elle appartenait à l'ancien secrétaire des finances de Charles IX, Martial de Loménie. « En ce temps, raconte un chroniqueur, la bonne dame Catherine, en faveur de son mignon de Retz, qui voulait avoir la terre de Versailles, fit étrangler aux prisons Loménie, auquel ladite terre appartenait. » Albert de Gondi, comte de Retz, maréchal de France, en traita commodément avec les tuteur et curateur des enfants mineurs de Martial de Loménie; la terre avait quelque étendue, car le défunt venait de l'agrandir par des acquisitions nombreuses, notamment celle de la Grange-Lessart, au plateau de Satory, et le favori de Catherine de Médicis dut, pour l'obtenir, débourser une somme de trente-

postérieurs aux premiers travaux ordonnés par Louis XIV et font connaître, non l'état qu'il a trouvé, mais les premiers agrandissements qui lui sont dus. Le récit de Mlle de Scudéry et le tableau 765 du Musée de Versailles, dont Dussieux se servait pour décrire le Versailles primitif, datent l'un e autre de 1668 seulement, vingt-cinq ans après la mort de Louis XIII, sept ans après le commencement des grandes transformations de Louis XIV. Le même dédain des notions chronologiques indispensables se retrouvait dans la suite de l'histoire du Château, et il a été nécessaire de rectifier un grand nombre d'erreurs, qu'une érudition superficielle y avait accumulées.

1. L'histoire de Versailles aux temps féodaux n'intéresse pas notre sujet; notons seulement que la plus ancienne mention du nom de *Versaliæ* se rencontre, en l'année 1075, dans le *Recueil des Actes de Philippe Ier*, publiés par M. Prou, Paris, 1908, p. 179. Le Roi confirme par l'apposition de son sceau un acte par lequel Geoffroy de Gometz donne à l'abbaye de Marmoutiers divers biens, parmi lesquels *tres prebende aput Versalias*.

cinq mille livres. La seigneurie entra ainsi, en 1575, dans la puissante maison de Gondi, qui en arrondit les terres et en doubla presque l'importance; elle appartenait au petit-fils de l'acquéreur, au premier des archevèques de Paris, Jean-François de Gondi, qui fut l'oncle du cardinal de Retz, quand Louis XIII la fit acheter pour le domaine royal[1].

L'hôtel seigneurial se dressait alors, avec son portail flanqué de tourelles, sur une butte dominant un pays de bonnes cultures, malgré ses étangs et ses bois, qui n'a pas entièrement perdu son ancien caractère. Au pied de cette demeure, qu'on n'habitait plus, s'élevait un village d'une certaine importance, puisqu'il y résidait un bailli, c'est-à-dire un magistrat chargé de rendre la justice au nom du seigneur. Ce village, qui comptait quatre ou cinq cents habitants, était dénommé « Versailles-au-Val-de-Galie », du nom du principal des rus ou ruisseaux qui couraient dans les parties basses de la contrée. On y trouvait un prieuré, qui remontait sans doute au onzième siècle, une église du douzième, dédiée à Saint-Julien de Brioude, et plusieurs hôtelleries. Les droits de haute et basse justice attachés à la seigneurie exigeaient une prison et des fourches patibulaires. Un moulin à vent tournait sur la butte, qui faisait face à une autre hauteur nommée

1. La plupart des renseignements et textes cités dans ce premier volume trouvent leurs références dans notre livre sur *La Création de Versailles*, Versailles, 1901, où les curieux devront les chercher. Quelques renvois seulement, qui semblent indispensables ou d'un intérêt général, ont été conservés dans l'annotation présente, où figurent en revanche beaucoup d'indications nouvelles.

Montbauron. Elles sont marquées, avec une importance égale, dans la plus ancienne carte des environs de Paris où soit en évidence le nom de Versailles, celle de l'enlumineur royal Jean Boisseau, qui peut dater de la dernière année du règne de Louis XIII et qui indique les nombreux étangs de la région. Le territoire de Versailles et des environs était bien cultivé et fort habité. Autour du lieu auquel les prédilections de Louis XIII allaient s'attacher, bien d'autres villages et châteaux peuplaient le Val-de-Galie : d'un côté, Montreuil, bourg considérable et siège d'une prévôté, les hameaux de Chaville et de Viroflay, et le château de Porchéfontaine, qui avait été jadis la clef du vallon et que possédaient les Célestins de Paris ; du côté opposé, les villages de Trianon-la-Ville, Fontenay-le-Fleury, Choisy-aux-Bœufs, paroisse importante avec un prieuré relevant de l'abbaye Sainte-Geneviève, plus loin le bourg de Villepreux où passait le chemin de Paris à Dreux, et, sur la lisière de la forêt de Marly, les châteaux de Noisy, de Bailly, de Rocquencourt ; puis, à moindre distance, les hameaux de Saint-Antoine-du-Buisson, du Chesnay, de Glatigny et la tour de Clagny, auprès du large étang que longeait le chemin de Saint-Germain. Les coteaux du midi étaient dominés par les « hostels » de Satory et de Lessart. Ne se trouvant point sur une des grandes routes du royaume, Versailles n'était guère qu'un rendez-vous pour les chasseurs qui fréquentaient le Val-de-Galie, ou une halte pour les rouliers, qui conduisaient à la capitale les bœufs de Normandie par

un ancien chemin dit Chemin-aux-Bœufs. Rien ne
préparait ce lieu ignoré à fixer la résidence d'un
petit-fils de Henri IV et à devenir le siège du gouvernement de la France.

Le duc de Saint-Simon, dans un passage célèbre
où il met comme toujours quelque exagération et
son goût pour l'antithèse, parle du château de
Louis XIII en des termes dont il faut cependant
retenir le peu d'importance de l'habitation. Il dit
qu'on voit, de son temps, « une ville entière où il
n'y avait qu'un très misérable cabaret, un moulin
à vent, et ce *petit château de cartes* que Louis XIII
y avait fait pour n'y plus coucher sur la paille, qui
n'était que la contenance étroite et basse autour de
la cour de Marbre, qui en faisait la cour, et dont le
bâtiment du fond n'avait que deux courtes et petites
ailes ; mon père l'a vu et y a couché maintes fois[1] ».
Saint-Simon, dont le père avait servi Louis XIII et
que tous les actes de ce prince intéressaient pas-
sionnément, est ici tout à fait exact : ce premier
château n'avait que vingt-quatre mètres de long sur

1. Saint-Simon, *Mémoires*, éd. Chéruel et Régnier, t. XII, p. 81.
Il y a un autre témoignage de Saint-Simon, dans ses additions
au journal de Dangeau, sur les origines de Versailles, « qui était
alors *un petit château de cartes* bâti par Louis XIII, ennuyé, et
sa suite encore plus que lui, d'y avoir souvent couché dans un
méchant cabaret à rouliers et dans un moulin à vent, excédé de
ses longues chasses dans la forêt de Saint-Léger, et plus loin
encore de ces temps réservés à son fils, où les routes, la vitesse
des chiens et le nombre des piqueurs et de chasseurs gagés à
cheval a rendu les chasses si faciles et si courtes. Louis XIII n'y
couchait presque jamais qu'une nuit et par nécessité.... » *Journal
du marquis de Dangeau*, éd. Soulié et Dussieux, avec les *Additions inédites* de Saint-Simon, éd. Feuillet de Conches, Paris,
1854-1860, t. XVI, p. 41.

six mètres de profondeur, avec deux courtes ailes
en retour. C'est à cette construction que semble
penser Sourches, quand il mentionne Versailles
en ses mémoires comme « un *petit château de gentilhomme* »[1]. Le témoignage tout à fait contemporain de Bassompierre n'est pas différent. Au
cours d'une harangue prononcée devant l'Assemblée
des notables de 1627, après avoir constaté l'interruption des bâtiments royaux qui demeurent presque
tous inachevés, le maréchal remarque que l'incli-
nation de son maître « n'est point portée à bâtir et
que les finances de la France ne seront pas épuisées
par ses somptueux édifices, si ce n'est que l'on lui
veuille reprocher le *chétif château de Versailles*, de
la construction duquel un simple gentilhomme ne
voudrait pas prendre vanité[2] ». N'est-ce pas là
l'équivalent rigoureux du « petit château de cartes »
de Saint-Simon ?

Louis XIII avait pris goût, pour des raisons de
chasseur, aux environs boisés de Versailles. Il les
atteignait assez souvent de Saint-Germain, alors
le séjour le plus ordinaire des rois hors de Paris.
C'est du côté de Versailles qu'il avait fait sa première chasse, à l'âge de six ans, ce qui était un des
plus agréables souvenirs de son enfance. Ce souvenir remonte à 1607 ; dix-sept ans plus tard, dans

1. *Mémoires du marquis de Sourches sur le règne de Louis XIV*,
publiés par le comte de Cosnac, A. Bertrand et Ed. Pontal,
Paris, 1882-1893, t. I, p. 78.

2. *Journal de ma vie; Mémoires du maréchal de Bassompierre*,
éd. de la Société de l'histoire de France, publiée par le marquis
de Chantérac, Paris, 1877, t. III, p. 286. Les autres éditions de
Bassompierre sont incorrectes pour le passage sur Versailles.

l'hiver de 1623 à 1624, le Roi imagine d'avoir à Versailles un rendez-vous de chasse commode, où il lui soit possible de passer la nuit. Il charge un des secrétaires de son cabinet d'acheter ou d'occuper provisoirement quelques terrains, qu'on paiera plus tard, et d'y faire bâtir sans délai sur les fonds de ses « menus plaisirs ». Pour ce bâtiment, bientôt accompagné de dépendances et qui devient une fantaisie personnelle du Roi, on ne dépensera pas moins de 213.600 livres[1]. Il va, dès le mois de mars, voir les travaux tout en chassant, jusqu'à trois fois dans la même semaine ; il couche même à Versailles, le 9, dans une maison du village, après avoir envoyé chercher son lit à Paris. A la fin de juin, le château est habitable. Le 28, revenant de Compiègne, après avoir passé par Paris pour

---

1. Salomon de Brosse est encore, à cette date, « architecte général des Bâtiments du Roi et de la Reine » ; mais on hésite à penser qu'il ait pu s'occuper lui-même d'une construction aussi minime, confiée sans doute à un moindre architecte du service. Quant au chiffre des dépenses de Louis XIII, nous l'empruntons, ainsi qu'une partie des détails relatifs aux travaux et aux acquisitions de terres, au livre de M. Louis Batiffol, *Louis XIII à vingt ans*, Paris, 1910. La constitution du jardin primitif s'y trouve restituée à Jacques de Menours ; plus tard, des comptes de 1639 montrent que Claude Mollet fut chargé de le remanier ; le « jardinier du Roi, en son parc de Versailles », s'appelait alors Hilaire Masson (*La Création de Versailles*, p. 205). Vers le même temps, Claude Denis, ingénieur fontainier du Roi, réparait la pompe, dont il allait doubler les effets en 1642 par une seconde pompe construite dans le jardin. Ces divers travaux attachent d'autres noms à l'histoire du petit domaine créé par Louis XIII en dehors des châteaux de la Couronne ; ils ont suivi de près les lettres patentes données à Saint-Germain, le 26 avril 1638 (et enregistrées le 6 mai par le Parlement), où Sa Majesté déclarait et ordonnait qu'elle affectait « particulièrement à ses plaisirs » les terres de Versailles et les domaines, fruits et revenus qui en dépendaient.

poser la première pierre du nouveau Louvre, il
arrive à Versailles à cinq heures, chasse, soupe et
se couche ; il y passe toute une semaine, allant à la
messe au prieuré, courant le cerf, le lièvre et le
renard, donnant la curée à ses chiens et faisant
faire l'exercice à ses mousquetaires. Le 2 juillet, il
voit tracer le plan de sa basse-cour. Il revient
coucher le 2 août, s'amusant à voir des ameublements, que le premier gentilhomme de la
Chambre a fait acheter, et jusqu'à de la batterie de
cuisine ; mais, comme il est venu pour son plaisir
favori, il dort tout vêtu dans son lit et, dès trois
heures du matin, se jette dans les bois avec son
limier pour détourner le cerf, qu'il va courre
ensuite dans la forêt de Marly. Le journal de son
médecin Héroard est plein d'indications du même
genre, qui marquent la place de plus en plus
grande que prend Versailles dans la vie du jeune
roi. En novembre 1626, on nous y montre la Cour
pour la première fois, laissant ainsi supposer que
la maison est bien finie : « Le Roi fit un excellent
festin aux reines et princesses, où il porta le premier
plat, puis s'assit auprès de la Reine. Il fit garder
un ordre merveilleux, puis leur donna le plaisir de
la chasse. » Désormais Versailles appartient à l'histoire de la Cour et, quand le journal du médecin
cesse, c'est la gazette de Renaudot, la future
Gazette de France, qui nous renseigne sur les
séjours de Louis XIII et les petites fêtes qu'il se
plaît à y donner.

Dès l'origine, il y a eu autour du château un
petit domaine constitué par un très grand nombre

de morceaux de terre, que le mauvais état des finances n'a pas permis de payer. Les années 1631 et 1632 sont occupées à la liquidation de ces comptes, comprenant les indemnités dues pour la non-jouissance depuis sept ans. On voit que le terroir de Versailles est partagé entre beaucoup de petits propriétaires, puisque les gens du roi ne passent pas moins de vingt-six contrats de vente ou d'échange, dont quelques-uns pour un arpent ou un demi-arpent. Ces premières dépenses représentent, en principal d'indemnités, une somme de 9.856 livres. Mais les acquisitions importantes vont venir. Aux 117 arpents du domaine primitif s'adjoignent, dès 1632, les 167 arpents de prés et pâtures, acquis des héritiers d'un auditeur de la Cour des Comptes nommé Lebrun et qui seront payés 16.000 livres. Enfin, le Roi achète l'ancienne terre seigneuriale de Versailles, que lui cède, le 8 avril 1632, l'illustrissime et révérendissime Jean-François de Gondi, archevêque de Paris, au prix de 66.000 livres. L'habitation féodale, qui est située au sud-est de la maison nouvelle de Sa Majesté, est désignée dans l'acte de vente, comme « un viel chasteau en ruines ». Avec ses deux tourelles sur le portail, son colombier, sa bergerie, sa grange et ses étables, c'est plutôt une ferme qu'un château, et ses dépendances comportent plus de quatre cents arpents de terres labourables, vignes, prés, bois, taillis, etc., comprise la grande ferme de la Grange-Lessart[1].

---

1. V. dans *La Création de Versailles*, p. 204, la désignation des nombreux cartons des Archives nationales contenant les

Le Roi devenant seigneur de Versailles, le village y gagne en importance. Le 25 mai 1632, en présence du curé et de plusieurs habitants, on arrache le poteau « où sont les armes du sieur archevêque de Paris, ci-devant seigneur dudit Versailles », et à l'orme du principal carrefour on affiche les armes de Sa Majesté. En conséquence, le simple bailli seigneurial devient « bailli, juge royal civil et criminel au bailliage royal de Versailles-au-Val-de-Galie pour le Roi notre sire », le Roi ayant résolu, sur le fait de ses nouvelles acquisitions, « d'y maintenir et conserver les officiers de la justice pour être désormais royaux ». C'est le premier de ces agrandissements de Versailles, dont ce livre explique la succession.

Versailles venait alors d'entrer dans l'histoire par un événement d'importance, connu sous le nom de « Journée des Dupes ». On sait comment la Reine mère, Marie de Médicis, appuyée sur un parti nombreux ayant pour chef le garde des sceaux Michel de Marillac, avait compté satisfaire sa haine contre Richelieu en obtenant de Louis XIII le renvoi de son ministre. Elle avait déclaré à son fils qu'elle ne paraîtrait plus dans ses conseils, tant que le cardinal n'aurait point abandonné la Cour; et personne à Paris ne doutait de sa victoire, quand le Roi, qui avait quitté, pour l'aller voir au Luxembourg, « son plaisir de Versailles »,

baux et acquisitions pour le parc de Versailles et les titres des seigneuries dépendant du domaine. J.-F. **Blondel** a tiré parti le premier d'un de ces dossiers dans l'Introduction historique mise en tête de son beau travail d'architecte sur Versailles (*Architecture françoise*, t. IV, Paris, 1756, p. 93).

y revint dans la soirée du 11 novembre 1630. « Il n'avait encore mené en ce lieu pas un conseil, ayant fait bâtir cette petite maison pour se distraire entièrement des affaires. » Voici, d'après les *Mémoires de Richelieu*, ce qui se passa à Versailles : « Le garde des sceaux, qui, sur le bruit du grand éclat qu'avait fait la Reine et la créance qu'il avait que le cardinal eût obtenu son congé et s'en allait coucher à Pontoise, pensait avoir gagné la partie, s'en alla dès le jour même à Glatigny, proche de Versailles. Le soir, à son coucher, il reçut la désagréable nouvelle que le cardinal était auprès du Roi, qui non seulement lui avait fait bonne chère, mais l'avait logé en une chambre au-dessous de la sienne ; et, le matin, à son réveil, en reçut une qui lui fut d'autant plus fâcheuse qu'elle était plus éloignée de son espérance, qui fut que Sa Majesté lui envoya faire commandement de lui renvoyer les sceaux et lui donna des gardes pour s'assurer de sa personne.... » Le soir même, M. de Châteauneuf était mandé à Versailles, pour recevoir les sceaux et prêter serment entre les mains du Roi. La Reine mère était vaincue, son palais du Luxembourg déserté des courtisans, et Richelieu régnait sans contrôle. C'était M. de Saint-Simon, disait-on, qui avait arrangé le rendez-vous royal de Versailles et d'abord introduit le cardinal par un escalier dérobé[1]. De toute façon,

---

1. On a voulu longtemps rattacher au récit de la Journée des Dupes le petit escalier à vis qui débouche près de l'Œil-de-Bœuf, et qui aurait été celui qui permit à Richelieu, logé au rez-de-chaussée, de se concerter secrètement avec le Roi. Mais cet escalier n'existait point dans le château primitif, puisqu'il est en

l'affermissement définitif du ministre fut facilité par ce séjour et par la commodité qui lui fut donnée, grâce aux communications secrètes du château, de tout préparer librement avec son maître.

Ces souvenirs devaient attacher Louis XIII à son petit château, et il est à remarquer que l'agrandissement du domaine royal et l'achat de la seigneurie des Gondi ont suivi de fort près la « Journée des Dupes ». L'année même de l'acquisition, au mois de février 1632, Louis XIII, revenant de Metz à grandes journées, est allé directement à Versailles, où il a passé deux jours. Il y séjourne en mars et en avril ; le 20 novembre, il retourne de Toulouse, après l'exécution de Montmorency, et se rend tout droit « en son agréable maison de Versailles », où il arrive avec ses quatre cents dragons, la pique à la main. « Le lendemain, le maréchal de Créqui vint saluer le Roi, qui vint coucher à Saint-Germain le 23, pour ce que le lieu de Versailles ne suffisait pas à recevoir le grand nombre de personnes de toutes conditions se venant prosterner aux pieds de Sa Majesté et se conjouir de ses victoires. » Quelques jours après, Louis XIII est encore à Versailles, « y entretient sa santé par le travail de la chasse et les autres exercices des princes », et y reçoit, le 14 décembre, la Reine Anne d'Autriche, qui l'a accompagné dans le Languedoc et en revient par une plus longue route.

dehors de ses limites. Il date probablement de Le Vau et a servi, sous Louis XIV, à établir la communication la plus directe entre les appartements du Roi et ceux de Monseigneur.

Le château est alors reconstruit presque entièrement de 1631 à 1634 et prend des commodités
nouvelles. Dans l'hiver de 1632, la façade sur le
parterre est démolie et la nouvelle se trouve avancée,
allongée et terminée aux deux bouts par des
pavillons décrochés. On bâtit à neuf sur la cour le
corps et les ailes, que terminent deux pavillons
symétriques à ceux du parterre. Le Roi va sans
cesse à Versailles, pour une ou plusieurs journées,
et il y passe les jours gras. Désormais, ce domaine
figure à chaque instant parmi les déplacements
que les gazettes font connaître au public. Souvent
en s'y rendant, Louis XIII s'arrête à Rueil pour
voir Richelieu, qui va le trouver à son tour aussi
commodément à Versailles qu'à Saint-Germain.
En avril 1634, le Roi passe en revue à Versailles
les cent soldats de la garde du cardinal-duc; en
octobre, après sa réconciliation avec son frère
Gaston, il y reçoit la visite du ministre, et la
journée royale se partage entre le conseil et l'exercice des mousquetaires. Un grand nombre des
lettres de Louis XIII sont datées de Versailles ou
annoncent qu'il va s'y rendre. C'est toujours la
chasse qui motive les séjours, répétés souvent une
dizaine de fois l'an : « La Reine vint hier ici, écrit-on
de Versailles à la *Gazette* le 13 avril 1635, accompagnée de la duchesse de Montbazon et de ses
filles. Monsieur y est aussi arrivé de Paris en
même temps. Sa Majesté est allée au-devant de la
Reine et, *après lui avoir fait voir la maison*, lui a
fait une très belle collation et aux dames de sa
suite, près desquelles il y avait des gentilshommes

ordonnés de sa part pour les servir. Après cette collation, la Reine et toutes les dames sont allées à cheval *dans le parc* voir chasser le renard aux chiens du Roi, qui ont fort bien chassé, et comme ce divertissement n'était que pour la Reine et les dames, il n'y avait aussi qu'elles à cheval ; le Roi, Monsieur et tous les seigneurs étaient à pied près d'elles. Cette chasse finie, Leurs Majestés ont pris la route de Saint-Germain et, ayant eu le plaisir de voir prendre cinq ou six lièvres aux lévriers, un sanglier heureusement rencontré et pris sur le chemin contribua à leur divertissement. Puis le Roi, ayant accompagné la Reine jusqu'à Marly, village à une lieue de Saint-Germain, s'est retiré en ce lieu, d'où Sa Majesté part aujourd'hui pour s'en retourner coucher à Saint-Germain. »

Les chastes amours de Louis XIII se rattachent par quelques anecdotes à sa maison de Versailles. En 1637, au plus fort de sa passion pour Mlle de la Fayette, il la supplia, dit Mme de Motteville, de venir demeurer à Versailles « pour y vivre sous ses ordres et y être toute à lui ». La proposition acheva d'effrayer la jeune fille et la décida à entrer en religion, malgré sa tendresse pour le Roi. C'est à Versailles qu'il alla cacher son chagrin ; il écrivait à Richelieu, de Saint-Germain : « Je m'en irai lundi à Versailles ou à Chantilly, pour essayer de passer mon affliction, qui me reprend de fois à autre extrêmement forte, surtout quand je suis seul. » Il se décida pour Versailles ; et, quand son carrosse quitta Saint-Germain, Mlle de la Fayette, d'une fenêtre, le regardait une dernière fois en pleurant. La *Gazette* en dit assez long en quelques mots officiels : « Le 19 mai, le Roi partit de Saint-Germain et fut coucher à Versailles. Le même jour, la demoiselle de la Fayette, l'une des filles d'honneur de la Reine, s'est rendue religieuse dans le monastère des filles de la Visitation et a été grandement regrettée du Roi, de la Reine et de toute la Cour. » Le 21, le cardinal-duc fut voir le Roi à Versailles. L'année suivante, reprenait la passion de Louis XIII pour Marie de Hautefort ; il lui offrit une collation à Versailles, le 27 mai : « Le Roi fit voir sa maison de Versailles à Mlle [de Montpensier], suivie de Mlle de Bourbon, de la princesse Marie, de Mme d'Hautefort, dame d'atours, et des filles de la Reine, lesquelles à cheval en capelines, eurent le plaisir de la chasse du renard dans le parc de cette belle maison, à l'issue de laquelle le Roi leur donna une magnifique collation, où elles furent servies par tous les seigneurs qui se trouvaient lors près du Roi. »

On peut évoquer, comme on le voit, dans le petit château de Louis XIII quelques-unes des belles galanteries que narre Mme de Motteville. C'était aussi, pour le recueillement qu'il s'y procurait quelquefois, la maison favorite du prince. « Elle était petite, pour n'y admettre que peu de gens et n'être point troublé dans le repos qu'il cherchait loin des importunités de la Cour et afin d'être plus libre dans l'exercice de ses chasses, lorsqu'il voulait s'y adonner. » Anne d'Autriche, elle-même, n'y parut guère. Le Roi écrit de

Picardie, le 1er octobre 1641, un curieux billet à
Richelieu, qui montre à quel point il considérait
Versailles comme une habitation privée, où il ne
voulait pas que la Cour séjournât : « La Reine
vient de me mander que la petite vérole augmente
fort dans Saint-Germain, et où je veux que mes
enfants aillent : je lui demande qu'elle les envoie à
Versailles et qu'elle loge à Noisy. J'avoue qu'elle
pourrait bien loger à Versailles, avec mes enfants ;
mais je crains ce grand nombre de femmes *qui me
gâteraient tout*, si la Reine y allait[1]. » L'attachement
qu'il portait à Versailles était si grand, qu'il trouva
le moyen de le mentionner dans son testament,
pour l'un des services religieux qu'il institua ; et,
quelques jours avant sa mort, advenue à Saint-
Germain le 14 mai 1643, il disait au père Dinet,
jésuite, son confesseur : « Si Dieu me rend la
santé,... sitôt que je verrai mon Dauphin en état
de monter à cheval et en âge de majorité, je le
mettrai en ma place et je me retirerai à Versailles
avec quatre de vos Pères, pour m'entretenir avec
eux des choses divines et pour ne plus penser
du tout qu'aux affaires de mon âme et de mon
salut. »

Cette maison favorite du roi Louis XIII, qui
tient tant de place dans sa pensée et dans sa vie,
nous en ignorons les dispositions intérieures ; les

---

1. *Louis XIII d'après sa correspondance avec le cardinal de
Richelieu*, par le comte de Beauchamp, Paris, 1902, p. 418.
Parmi les mentions de Versailles que renferme cette correspondance, on peut noter celle du 4 novembre 1635 : « Je vous envoie
par La Chesnaye des fruits de Versailles, dont vous ferez l'essai
avant que d'en manger. »

divisions actuelles n'y correspondent plus et l'on peut à peine reconnaître le mur primitif en quelques points du rez-de-chaussée ; mais un précieux renseignement sur les logements et le mobilier avant la réfection du château est fourni par un inventaire dressé en 1630[1]. L'appartement du Roi est au premier étage, probablement au centre du bâtiment, et se compose de quatre pièces : le cabinet, la chambre, la salle et la garde-robe. Les autres chambres sont désignées par le nom de leur occupant ordinaire. On trouve, à cette date, à l'étage du Roi, Monsieur le Premier, qui est alors le duc de Saint-Simon, le comte de Nogent, le comte de Beringhen, M. de Souvré, M. Lucas, secrétaire de la main, le duc d'Angoulême, M. de la Béraudière, seigneur de l'Isle-Rouet, le baron de Chapes, marquis d'Aumont, plus tard capitaine des gardes, et César de Choiseul, comte de Praslin, ayant ensemble une chambre à deux couchettes, enfin le duc de Montbazon, grand veneur de France. Au rez-de-chaussée habitaient les capitaines des gardes, puis le comte de Soissons et le duc de Mortemart ; et diverses pièces étaient réservées au garde-meuble, au magasin des armes, au « gobelet » et à la « bouche » du Roi, au service des maîtres d'hôtel, etc.

Le mobilier du château paraît d'une extrême

---

1. Cet inventaire a été dressé, à l'occasion du décès du concierge Mongey, le 24 septembre 1630, quelques semaines avant la « Journée des Dupes ». M. E. Coüard l'a fait connaître dans un travail d'abord publié par la *Revue de l'histoire de Versailles*, qui a pour titre : *L'intérieur et le mobilier du Château royal de Versailles à la date de la Journée des Dupes*, Versailles, 1906.

simplicité, conforme à sa destination de maison de chasse. Seul l'appartement du Roi a déjà grand air : le cabinet est décoré d'un tapis de Turquie et tendu de « cinq pièces de tapisseries de haute-lisse où sont dépeintes des déesses ». Le mobilier de la chambre est de damas vert, frangé de soie et d'or, et l'étoffe du dais royal est de brocatelle à fond blanc ; la tenture, de tapisserie de Bruxelles, représente « l'histoire de Marc-Antoine, sur trois aunes de haut et vingt-cinq ou vingt-six aunes de tour », et sept pièces figurent chez le Roi, la huitième étant en réserve « dans la chambre des meubles ». La salle du Roi est également tendue de six pièces de tapisseries ; on y voit « un jeu de billard tout neuf » ; les autres jeux sont dans le coffre du cabinet, qui contient « un trictrac, un jeu du troumadame, un jeu d'échecs, un jeu de tourniquet, un jeu de l'oie, un jeu de renard, un jeu de moine, un jeu de jonchets ». Il n'y a dans tout l'inventaire que deux tableaux, dont l'un représente le *Siège de la Rochelle.* Les meilleures chambres sont ornées de cette grossière tapisserie qu'on appelle « de Bergame » : sauf chez le Roi et le Premier écuyer, les meubles sont réduits au strict indispensable et appartiennent d'ordinaire aux habitants. Il semble impossible qu'une princesse puisse passer la nuit en une maison si dépourvue. Il en ira autrement dans Versailles agrandi, et l'on verra, quatre ans plus tard, la duchesse de Savoie offrir au Roi son frère, pour mettre en son château, « quatre ameublements complets de velours à fond d'argent, l'un bleu, l'autre gris de ciel, le troisième vert et le quatrième nacarat ». Les dames purent alors venir à Versailles autrement qu'en promenade ou en partie de chasse.

On a deux représentations du château avant les agrandissements de Louis XIV. L'une est une charmante vue d'Israël Silvestre, montrant la façade primitive sur le jardin. Cette petite estampe, que nous croyons de 1652, a la fidélité ordinaire des vues de Silvestre; c'est de beaucoup la plus ancienne de l'admirable série que ce maître va consacrer à Versailles et, pour être aussi la plus modeste, ce n'est pas la moins intéressante. La légende indique que Versailles est encore considéré par le jeune Louis XIV comme un simple rendez-vous de chasse, pour lequel il partage le goût de son père. Le second document met sous nos yeux un autre aspect, celui de l'arrivée; c'est une petite vue cavalière qui fait partie, avec celles d'autres maisons royales, de l'entourage du grand plan de Paris publié par Gomboust en 1652. Ce document fait connaître la construction remaniée en 1631, telle que Louis XIII l'a laissée.

Le château de Louis XIII était formé d'un corps de logis, au fond d'une petite cour carrée, dont deux ailes de bâtiment faisaient les côtés; on entrait par un portique à sept arcades ornées de grilles. Quatre petits pavillons s'adjoignaient aux quatre angles extérieurs du château, dont les façades intérieures avaient seulement de cinq à six fenêtres. La construction était toute de brique à chaînage de pierre, d'après l'usage de l'époque, et des tables de pierre s'appliquaient, pour tout ornement, au milieu des surfaces de brique. Les toits étaient percés alternativement de mansardes et de lucarnes correspondant aux fenêtres; tout autour régnait, suivant un système de défense employé même pour des maisons de plaisance, un large fossé à fond de cuve revêtu de briques et de pierres de taille et apparemment mal pourvu d'eau. Il était fortifié, sur les trois côtés du jardin, par une fausse-braye ou basse enceinte, bordée d'une balustrade et servant de terrasse de promenade. Sur la façade dessinée par Israël Silvestre, un étroit balcon, n'ayant que la largeur de la porte, s'appliquait à la fenêtre centrale du premier étage; un pont formant perron donnait passage sur la fausse-braye, d'où quelques marches menaient au jardin[1].

Louis XIV a fait très vite modifier les dispositions d'architecture de l'ancien château; l'adjonction du grand balcon de fer qui entoure l'édifice, l'aménagement des combles, le remaniement même des ouvertures ont transformé tout l'aspect de la façade. Le côté de la cour a dû subir des changements analogues : mais l'habitation n'a pas

1. Le château tout voisin de Wideville, construit vers 1620 pour Claude de Bullion, présente divers détails qui rappellent ce premier Versailles, notamment son pont en perron franchissant le fossé du côté du jardin. Les vestiges du bâtiment de Louis XIII sont rares. On a retrouvé, lors de travaux récents, les anciens fossés à fond de cuve et des fondations du mur des communs. Il y a quelques fragments des tables de pierre et des briques de la façade méridionale sur les petites cours du Dauphin; encore cette façade a-t-elle été avancée par Le Vau. V. Mauricheau-Beaupré et Hennet de Goutel, *Le Château de Versailles et ses jardins*, Paris, 1924, p. 23.

été agrandie. Elle était fort restreinte, à en juger par l'aire de la cour intérieure, qui est exactement celle de la petite cour pavée de marbre sous Louis XIV. C'est encore, d'ailleurs, par l'étude de la cour de Marbre, dont deux côtés sur trois paraissent avoir conservé, sauf pour l'ornementation, le principe de l'architecture primitive, qu'on peut se faire quelque idée de la construction Louis XIII, de l'élégante disposition de la brique et de la pierre, et de l'heureuse coloration qu'elles présentaient aux yeux. La première moitié du dix-septième siècle goûtait beaucoup ce genre de construction, que devait abandonner avec dédain l'époque de Louis XIV. Sauval décrit en ces termes l'hôtel de Rambouillet : « C'est une maison en briques rehaussée d'embrasures, d'amortissements, de chaînes, de corniches et de pilastres de pierre. Quand Artenice l'entreprit, la brique et la pierre étaient les seuls matériaux que l'on employait dans les grands bâtiments; ils avaient paru avec tant d'applaudissements sur les murs de la place Dauphine, de la place Royale, *du château de Versailles*, de Monceaux, de Fontainebleau; la rougeur de la brique, la blancheur de la pierre, la noirceur de l'ardoise faisaient une nuance de couleur si agréable en ce temps-là, qu'on s'en servait dans tous les grands palais, et l'on ne s'est avisé que cette unité les rendait *semblables à des châteaux de carles* que depuis que les maisons bourgeoises ont été bâties de cette manière. » Saint-Simon, comme on le voit, s'est approprié un mot de son temps.

A quel architecte attribuer le château de
Louis XIII? Le siècle dernier en a fait honneur à
Jacques Le Mercier[1]. Son nom fut suggéré par
le souvenir de ses travaux du Louvre; mais le château de Richelieu et la Sorbonne montrent un
goût formé aux écoles d'Italie et tout différent de
celui du premier Versailles. Notre charmant édifice est visiblement l'œuvre d'un maître plus fidèle
aux habitudes nationales, et plus voisin de notre
Renaissance. On doit écarter aussi, dans le personnel d'architectes appointé par le service des
bâtiments du Roi, Jean du Cerceau et Pierre
Le Muet[2]. Cependant les marchés faits pour les
bâtiments commencés en 1631 et les quittances
réglées cette même année sont au nom de Philbert Le Roy, architecte assez obscur, qui s'était
proposé, quelques années plus tôt, pour continuer
le Louvre[3]. C'est donc lui qui dirigea la construction

1. La fausse tradition sur Jacques Le Mercier, architecte
supposé de Versailles, ne se trouve ni dans Percier et Fontaine, *Résidence des souverains, Parallèle*, Paris, 1833, ni dans
Vatout, *Souvenir historique des résidences royales, Versailles*,
Paris, 1837. L'hypothèse paraît prendre naissance dans l'imagination d'Alexandre de Laborde, *Versailles ancien et moderne*,
Paris, 1839, p. 86. On la doit peut-être au roi Louis-Philippe
lui-même, inspirateur de cet ouvrage. (Sur la valeur du témoignage indirect de Blondel, voir *La Création de Versailles*, p. 207.)
M. Jacques Pannier a fait une étude spéciale de la construction
de Louis XIII, dans son livre sur Salomon de Brosse (Paris,
1911), dont les conclusions d'attribution ne peuvent plus être
admises.

2. Un ouvrage de celui-ci, *Beaux bâtiments et édifices*, contient
les élévations du château de Pontz-en-Champagne, dont le plan,
qui figure dans le recueil de Marot, est analogue à celui du Versailles de Louis XIII. Le Muet l'avait construit en 1630 pour le
surintendant Bouthillier de Chavigny.

3. M. Louis Batiffol, à qui l'on doit le nom de l'architecte de

de Louis XIII. Au reste, c'est moins un nom qu'une désignation de style qu'il importe de fournir à l'histoire de l'Art à propos de la maison disparue, et il suffit d'avoir indiqué combien elle se rattache étroitement à l'ancienne tradition française.

Les dépendances de la demeure royale n'étaient pas considérables. Le pont-levis de la cour intérieure communiquait avec une étroite cour d'entrée à peu près carrée, fermée sur le devant par un mur ou par une grille et sur les côtés par deux étroits bâtiments de communs. Ces bâtiments ne sauraient être identifiés avec ceux qui ont existé plus tard avec une disposition analogue et qu'on voit dans les grandes estampes de Silvestre[1]. L'avant-cour constituée par les bâtiments de brique ordonnés par Louis XIV, et qui est devenue la cour Royale, fut beaucoup plus large que cette avant-cour primitive. Deux petites tours, flanquant la clôture du côté de l'arrivée, achevaient de donner à la maison de plaisance de Louis XIII l'aspect défensif et guerrier qu'expliquaient les habitudes du temps.

1631, a retrouvé depuis un mémoire, par lequel Philbert Le Roy, « ingénieur et architecte de Sa Majesté », offre ses services au Roi et à son Conseil, lors de la décision « de faire parachever son château du Louvre suivant le dessein commencé ».

1. La « Vieille Aile », à gauche de la cour Royale, a porté à tort jusqu'à nos jours le nom d' « aile Louis XIII ». On verra, au chapitre suivant, qu'elle a été faite pour servir aux premières écuries de Louis XIV. Mais l'erreur est fort ancienne et, dès le dix-huitième siècle, les architectes des Bâtiments du Roi croyaient que les premières des grandes planches de Silvestre représentaient l'état de Versailles sous Louis XIII.

Les jardins du château ont été peut-être tracés, en tout cas exécutés par Jacques de Menours, qui reçut la somme de 42.560 livres « pour ouvrages par lui faits au parc de Versailles ». Ce personnage devait succéder plus tard, comme « intendant général des jardins du Roi » à son oncle Jacques Boyceau, sieur de la Barauderie, qui a lui-même travaillé pour Versailles. Boyceau est l'auteur d'un des plus anciens traités théoriques de l'art des jardins, le *Traité du Jardinage selon les raisons de la nature et de l'art*, publié après sa mort, en 1638, précisément par les soins de Jacques de Menours. Parmi les gravures sur cuivre de cet ouvrage, celles qui se rapportent à Versailles sont des dessins de parterres. On y juge la manière de l'ingénieux artiste, qui donne à ces parterres l'aspect de grandes « broderies », exécutées en buis taillés, en espaces sablés et en pelouses de couleur différente, et dont les dessins rappellent ceux des recueils de broderies et de dentelles gravés au seizième siècle.

Le petit château est entouré de carrés de plates-bandes en arabesques, au milieu desquels jaillissent quelques minces jets d'eau. L'espace assez étroit qu'ils occupent semble limité par des taillis et des pelouses. Ce sont assurément les parterres de Boyceau; mais on a exagéré d'une façon ridicule le rôle qu'il a pu remplir à Versailles, en faisant de lui, sans l'ombre d'une preuve, l'auteur du dessin général du parc et du tracé des dix-neuf massifs boisés que présentent les plus anciens plans de Louis XIV. Son livre même rectifie implicitement ces erreurs en ne mentionnant, comme travail exécuté à Versailles, que des allées en charmille plantées par lui : « [La] diversité bien ordonnée donnera grâce à la besogne et plaisir à la vue par la diversité des verts qui feront les palissades, plantées chacune de différents plants; les dessins qu'en baillons ici, et qu'avons fait planter *à Versailles et ailleurs*, pourront être suivis ou au moins en pourra-t-on tirer ce qui se pourra trouver bon et en faire de différentes inventions[1]. » Le premier Versailles n'ayant jamais été qu'une maison pour la chasse, c'est seulement en vue de ce divertissement qu'avait été clos et disposé le parc de Louis XIII. Personne alors ne fait allusion aux jardins qui s'y trouvaient. Blondel, fort bien informé sur les origines de Versailles, se borne à dire : « Ce petit édifice était environné de bois, de plaines et d'étangs, dont la nature alors faisait seule les frais. » En accordant une mention à Jacques Boyceau et à Jacques de Menours, on reste assuré qu'ils ne méritent à aucun degré de retirer à Le Nôtre une part quelconque de sa gloire.

Ces jardins, sous Louis XIII, ne pouvaient avoir plus d'importance que n'en avait la maison de chasse, cette gentilhommière dont parlent en termes semblables Bassompierre, Sourches et

---

1. Jacques Boyceau, *Traité du jardinage*, Paris, 1638, p. 66. Il n'y a pas un mot de plus sur Versailles. Dussieux avait tiré de cette modeste phrase de Boyceau les conséquences les plus inattendues (*Le Château de Versailles*, t. I, p. 21; t. II, p. 197). Rectifions ces inexactitudes par la tradition qu'a recueillie Blondel : « Louis XIII fit percer ce bois, planter les plaines et cultiver *un parc*, qui n'occupait de son temps que l'étendue qu'enferment aujourd'hui *les jardins* de Versailles »

Saint-Simon. Nous avons détruit le Versailles chimérique construit par la fantaisie des historiens. Ils y faisaient commencer les grands travaux hydrauliques du parc, alors que c'est à peine si une modeste pompe amenait les premières eaux sur la butte de Versailles, pour la commodité de l'habitation, l'alimentation des fossés et des bassins et les usages du jardin; c'était déjà, il est vrai, un petit moulin à chevaux, qui prenait l'eau à l'étang de Clagny, comme le fit plus tard la grande Pompe, et l'envoyait à un réservoir. Ce travail était dû au flamand Jacques Lintlauer, qui avait amélioré par ses inventions les fontaines du Louvre et des Tuileries. Outre le prétendu tracé des bosquets attribué si gratuitement à Boyceau, on a décrit des annexes du château, qui sont purement imaginaires. Il n'y avait en réalité qu'un jeu de paume, comme dans toutes les maisons royales, pour le plaisir du Roi et de sa compagnie, et aussi un potager. Ce potager était placé du côté du village et dépendait sans doute de l'ancienne propriété des Gondi. La création d'une orangerie dès cette époque serait absolument inexplicable: celle que représentent les vues anciennes, et qui occupait une partie de l'emplacement du parterre du Midi, n'est autre que la première orangerie de Louis XIV, construite par Le Vau. Quant à l'édification d'une ville qui aurait compté, à la mort de Louis XIII, plusieurs milliers d'habitants, il suffit de regarder la vue du vieux Versailles par Van der Meulen pour que cette légende aussi s'évanouisse.

L'histoire des origines de Versailles se trouve désormais débarrassée des exagérations et des erreurs qui la défiguraient. On sait ce qu'il faut penser de cette agréable maison, qui n'a pas été comparée à tort à un « petit château de cartes ». C'est bien Louis XIV qui reste le vrai créateur de Versailles, et nous allons le voir à l'œuvre, entouré de ses premiers collaborateurs, Colbert, Le Vau, Francine et Le Nôtre.

CHAPITRE DEUXIÈME

LES PREMIERS TRAVAUX DE LOUIS XIV

A LA mort de Louis XIII, le petit château de Versailles était demeuré abandonné. C'était d'ailleurs une dépendance de Saint-Germain et il n'y avait pas de « capitaine » particulier. La Fronde n'y laissa aucun souvenir. Quand le jeune Louis XIV, à douze ans, vint y chasser pour la première fois, il trouva intacte la maison favorite de son père. La *Gazette* note cette visite au 18 avril 1651 : « Le Roi étant allé prendre autour du château de Versailles le divertissement de la chasse, et le maréchal de Villeroy, gouverneur de Sa Majesté, qu'il accompagnait, ayant demandé à dîner au président de Maisons, surintendant des finances, capitaine de ce château et de celui de Saint-Germain, le Roi voulut honorer de sa présence ce repas; auquel il parut qu'une personne d'ordre l'est partout, car, encore que Sa Majesté eût défendu à ses officiers d'y aller, elle fut si magnifiquement traitée avec toute sa cour. en des tables qui se trouvaient servies à mesure que l'on s'y présentait, que tous en furent extraordinairement satisfaits[1]. » Le 15 juin, le petit roi dîna encore à Versailles et, le 28, « dès la pointe du jour, fut voir son château de Versailles et prit autout de là le divertissement de la chasse ». Chaque année, depuis lors, Louis XIV y chasse une ou plusieurs fois l'an, tantôt avec son frère, tantôt avec le cardinal Mazarin. Les gazettes rimées mentionnent quelquefois ces plaisirs, que suit d'ordinaire une nuit au petit château :

> Le Roi, Monsieur d'Anjou son frère,
> Pour jouir, comme de raison,
> Des douceurs de cette saison,
> Se transportèrent à Versailles,
> Pays de bois et de broussailles
> Et très propre pour s'exercer
> A courir, sauter et chasser.
> L'Éminence fut du voyage...
> De cette courte promenade
> Fut aussi certaine brigade
> De gens triés sur le volet,
> Savoir : des joueurs de palet,
> Quelques capitaines des gardes,
> Plusieurs porteurs de hallebardes,
> Des commandeurs, des officiers
> Et même des bénéficiers.
>
> . . . .
>
> L'air était gai, doux et riant;
> Mais, quoique le temps fût propice
> Pour prendre aux champs de l'exercice,
> Il est toutefois très certain
> Qu'on revint dès le lendemain.

---

1. Ce renseignement et les suivants sont tirés de la *Gazette de France* et des lettres en vers de Loret. Le repas offert par le président de Maisons au jeune Louis XIV fournit au gazetier rimeur sa première mention de Versailles, qu'il fera suivre de tant d'autres (*La Muze historique*, éd. Livet, t. I, p. 110).

C'est le moment où Israël Silvestre dessine et grave la première vue du Château, qui est encore exactement celui de Louis XIII, en l'indiquant comme un « château royal où le Roi se va souvent divertir à la chasse ». Il est rare que le Roi y paraisse autrement qu'en chasseur. Le 27 avril 1652, revenant de Corbeil, avec la reine mère Anne d'Autriche, d'une entrevue avec Charles II d'Angleterre, qui vient de se réfugier en France, il dîne à Versailles avant de rentrer à Saint-Germain. Le 25 octobre 1660, quatre mois après son mariage, il y conduit la jeune reine Marie-Thérèse.

L'année 1661 est une des plus importantes dans l'histoire de Louis XIV. Elle a vu mourir Mazarin, disgracier Foucquet, séduire Louise de la Vallière; il faut joindre à ces événements le commencement des travaux de Versailles. Le 16 mars, huit jours après la mort de Mazarin, était nommé intendant des finances l'homme qui allait donner au règne sa direction définitive, et qui, parmi tant d'autres plus sérieux titres de gloire, allait attacher son nom à l'œuvre qui nous intéresse. Dès 1661, Colbert faisait entreprendre de grands ouvrages dans les résidences du Louvre, des Tuileries, de Fontainebleau, de Saint-Germain et de Versailles. Pour Versailles, ce fut une véritable transformation qui commença. Colbert n'en fut cependant point le conseiller. Ce qui apparaît le mieux dans les documents, un peu obscurs de cette période, c'est que tout d'abord le jeune souverain écouta seulement son caprice, qui devint plus tard un goût sincère et réfléchi des belles constructions.

A l'âge qu'avait alors Louis XIV, l'exemple d'une création personnelle avait dû le frapper, celle du château de Vaux-le-Vicomte par le surintendant Foucquet. Malgré la discrétion des contemporains à ce sujet, le rapprochement des dates laisse penser que le spectacle des splendeurs de Vaux étonna l'esprit du Roi au point d'exciter non seulement sa jalousie, mais son émulation. Il les avait entrevues pour la première fois au mois de juillet 1659, et il était venu en fêter l'achèvement en août 1661 ; il conçut dès lors le désir d'effacer, par des œuvres encore plus belles, le souvenir des merveilles tant célébrées de la maison de son ministre.

A l'époque, en effet, où vont commencer les travaux de Versailles, Nicolas Foucquet a mis la dernière main à ce château d'une importance considérable et d'une richesse jusque-là inouïe, qu'on évalue à seize millions. Il a fait travailler chez lui les maîtres les plus renommés dans chaque genre et tous les artistes attachés au service des Bâtiments du Roi. La construction a été dirigée par l'architecte Louis Le Vau; André Le Nôtre a tracé les amples jardins; les plus habiles des fontainiers ont aménagé les eaux et les cascades; enfin, un décorateur et un directeur de fêtes incomparable, Charles Le Brun, a peint les principaux salons et ordonné l'ensemble des intérieurs[1]. Ce sont précisément les futurs créateurs de

---

1. On a depuis peu tout le détail des travaux dans le livre très documenté de M. Jean Cordey, *Le Château de Vaux-le-Vicomte*, Paris, 1925.

Versailles, dont Louis XIV a pu admirer l'œuvre accomplie, de même que sur le théâtre de son surintendant il a vu se révéler Molière. Il semble n'avoir eu qu'à employer le groupe d'hommes que Foucquet a formés et qui viennent de donner à Vaux la mesure de leur génie.

Vaux était trop beau pour un ministre; ce fut, ou du moins cela parut, la preuve imprudemment étalée de ses dilapidations. Après la prodigieuse fête du 17 août 1661, sa perte était résolue et, le 5 septembre, il était prisonnier d'État. A ce moment, les travaux sont commencés à Versailles[1]. Le Nôtre fait des projets pour les jardins; Le Vau prépare l'embellissement intérieur de la maison et dresse ses plans pour des agrandissements et des commodités nouvelles.

Il n'y a que bien peu de renseignements sur les ouvrages exécutés au cours de 1661 et 1662. On refit une partie des appartements et deux peintres, Charles Errard et Noël Coypel, furent chargés de les décorer. On constitua un appartement spécial pour le Dauphin, que Marie-Thérèse avait mis au monde le 1er novembre 1661. Au dehors, on démolit les bâtiments de l'avant-cour de Louis XIII, pour en construire de beaucoup plus vastes. C'est dans le parc toutefois qu'on semble avoir le plus travaillé. Colbert écrit, le 28 septembre 1663, qu'en deux années on a dépensé 500.000 écus, soit

---

1. La date de 1661 pour le début des travaux de Louis XIV concorde avec la lettre de Colbert. Elle est donnée par Félibien, historiographe officiel contemporain, et par Blondel, qui a eu sous les yeux les papiers de Charles Perrault. On la trouve aussi dans la notice de Guillet de Saint-Georges sur le peintre Errard.

un million 5oo.ooo livres. Une bonne partie de ces dépenses a porté sur les jardins, dont les grandes lignes sont alors entièrement tracées.

Le Nôtre a eu carte blanche, comme Le Vau, et c'est à ces deux conseillers de Louis XIV que Colbert fait allusion quand il écrit, inquiet des dépenses qui se multiplient au delà de toute prévision : « Votre Majesté observera qu'elle est entre les mains de deux hommes qui ne la connaissent presque qu'à Versailles, c'est-à-dire dans le plaisir et le divertissement...; que la portée de leurs esprits suivant leur condition, divers intérêts particuliers, la pensée qu'ils ont de faire bien leur cour auprès de Votre Majesté, joint à la padronance dont ils sont en possession, feront qu'ils traîneront Votre Majesté de desseins en desseins pour rendre ces ouvrages immortels, si elle n'est en garde contre eux[1]. » Colbert ne croit pas si bien prédire.

Versailles est devenu un des séjours favoris du Roi, et ce sont justement les travaux qui l'y attirent le plus. Le 22 janvier 1662, il y va en promenade; le 1er mars, il y conduit Marie-Thérèse, y chasse le 15, y traite bellement à dîner les deux Reines, le 20 juillet, et en fait de même le 17 septembre pour Monsieur et Madame (Henriette

---

1. *Lettres, instructions et mémoires de Colbert*, éd. P. Clément, t. V, Paris, 1868, p. 266. Cette pièce, dont le commencement est donné ici p. 49, est la fameuse lettre au Roi sur l'inutilité d'agrandir Versailles, alors que le Louvre attend son achèvement. On peut dater avec certitude ce document, qu'on a cru de 1665 et qui est du 28 septembre 1663. La discussion qui nous permet d'établir cette date est dans *La Création de Versailles*, p. 208.

d'Angleterre) avec un grand bal le soir, où danse
apparemment Louise de la Vallière, fille d'honneur
de Madame. Il vient se promener de Paris, le
1er octobre, chasser et dîner deux fois en novembre,
enfin, le 3o décembre, passer la journée après la
mort de sa fille. Le 21 janvier 1663, il y a chasse;
le 28, promenade; le 3 février, dîner en grande
compagnie avec la Reine, puis « chacun se divertit
à visiter les beaux appartements de ce château
très magnifiquement meublés ». A partir de ce
moment, les chasses et les simples promenades
sont continuelles, et il y a même de petits séjours
avec Marie-Thérèse, du 12 au 16 mars; du 29 mai
au 9 juin, le Roi ayant été pris de la rougeole à Versailles, du 11 au 20 août; du 15 au 20 octobre, etc..
Enfin, le 22 novembre, « le Roi fut à la promenade à Versailles, où Sa Majesté régala splendi-
dement à dîner le duc de Mecklembourg, ajoutant
aux bontés qu'elle lui a témoignées celle de lui
faire voir ses bâtiments et toutes les beautés de ce
beau lieu[1] ». Tel est déjà, on le voit, le ton adopté
par les récits officiels.

Charles Perrault, le poète, qui était alors contrôleur des Bâtiments du Roi, venait souvent à

---

1. Sur le séjour du 12 au 16 mars, on peut remarquer la mention suivante : « Le 16, Leurs Majestés retournèrent de Versailles, et le lendemain Monsieur et Madame pareillement de
Saint-Cloud, après avoir pris les divertissements que la nouvelle saison leur pouvait offrir en ces délicieuses maisons de
plaisance. » (*Gazette*, 1663, p. 267.) Cf. *Gazette*, 1663, p. 95, 119,
143, 196, 220, 240, 292, 320, 348, 372, 466, 514, 537, 561, 637, 638,
685, 738, 796, 820, 922, 1044, 1095, 1148. Ces renvois pour une
seule année montrent l'importance prise par Versailles dans la
vie du Roi.

Versailles, afin de renseigner Colbert sur les grands ouvrages qui s'y faisaient. Mais le ministre voulut placer à demeure un de ses agents, pour les surveiller et empêcher les abus qui pouvaient se commettre. Le sieur Petit eut aussi pour mission de rendre compte à son maître des visites de plus en plus fréquentes du Roi. Nous devons à cet honnête inspecteur une série de rapports commençant en février 1663 et qui vont nous révéler l'activité de cette première période, ignorée jusqu'à présent, de la création de Versailles. Ces lettres sont éparses aujourd'hui dans la vaste correspondance générale dont Colbert faisait garder les originaux, et de modestes notes de service sont insérées, à leur ordre chronologique, au milieu des plus graves papiers d'État, entre des lettres d'intendants, d'évêques, d'ambassadeurs[1]. Parmi tant de grands sujets qui occupent l'esprit du ministre, il est piquant de lui voir réserver une place dans ses préoccupations à des récits tels que celui qu'on va lire, le plus ancien qui nous montre Louis XIV dans son rôle de bâtisseur :

Versailles, le 17 février 1663.

Monseigneur,

Aussitôt que le Roi arriva hier à Versailles, il demanda à quoi on avait travaillé depuis le dernier jour que Sa Majesté

---

1. Les rapports de Petit à Colbert sont conservés à la Bibliothèque Nationale, *Mélanges Colbert*, vol. 114 à 153. Celui qu'on publie ici est au vol. 114, fol. 616. La série de ces documents n'est pas au complet; mais, malgré les lacunes, il est toujours possible d'y suivre la marche des travaux. On trouvera toutes les références et de nombreux extraits dans les notes de *La Création de Versailles*.

y avait été, et si les ouvrages s'avançaient. Nous lui dîmes
que la gelée empêchait de travailler à finir les plâtres du
dedans des corps de logis et pavillons des cuisines et écurie
[bâtiments de l'avant-cour]: mais que le tout était latté et
en état de finir dans trois semaines de beau temps, et que
Sa Majesté aurait satisfaction de notre diligence; — que
l'on ne pouvait travailler à l'Orangerie, ni aux deux petits
pavillons à la tête de la demi-lune en entrant·dans l'anti-
cour, que la gelée ne fût passée; — que la plomberie et
couverture des corps de logis et pavillons de ladite anti-
cour était faite et que dans peu Sa Majesté verrait beaucoup de menuiserie en place.

Aussitôt que Sa Majesté eut dîné, il fut dans son appartement haut, accompagné de la Reine, Mme de Navailles,
M. le duc d'Enghien, Mgr de Navailles, Mgr d'Armagnac,
Mgr de Montaigu, Mgr de Beaumont et Mgr de Chama-
rande, où Sa Majesté demeura près de quatre heures. Il fit
tapisser un des petits cabinets qui sont dans les angles en
saillie sur la cour; et après fit poser et attacher au pourtour dudit cabinet des tableaux et des tablettes, témoi-
gnant qu'il eût été bien aise que les peintres eussent
achevé leur travail desdits cabinets, parce qu'ils avaient
demandé encore trois jours pour finir. Mais Sa Majesté
m'ayant demandé la diligence, je l'assurai que le lendemain toute l'ouvrage serait faite et que l'on pourrait meu-
bler lesdits cabinets, ce que j'ai fait achever cejourd'hui.
Sa Majesté paraît satisfaite du reste.

Nos ristons [terrassiers], au nombre de quatre-vingt,
travaillent comme je vous ai donné avis par mon dernier.
Il nous en vient lundi (à ce qu'ils m'ont assuré) une autre
brigade, à qui je donnerai aussitôt emploi. Trois cent
trente terrassiers travaillent puissamment au transport des
terres de l'Orangerie et demi-lune du bout du grand·par-
terre, et au labour du jardin du Château Vieil. Mgr Blouin
m'a dit par deux fois que le Roi voulait que l'on fît des
portes de fer, qui ouvrissent et fermassent à clef sur les
balcons de fer qui sont au pourtour du dehors du Château,
pour séparer chaque appartement marché.

Si je ne craignais vous ennuyer, je vous manderais
amplement et de point en point l'état du travail qui se fait

ici. Aussitôt que vous m'en aurez donné le commandement, je vous en ferai rapport avec toute la fidélité que je
vous dois,

    Monseigneur,

        Votre très humble et très obéissant serviteur,

            PETIT.

Le tableau, qui est du reste assez vivant, se
trouve plein de révélations inattendues pour l'histoire de Versailles. Il est facile de reconnaître ici,
et dans la suite des rapports analogues reçus par
Colbert, les travaux de construction qu'il a fait
mettre en train pendant cet hiver de 1662-1663.
On vient de créer, en deçà du fossé de Louis XIII,
une avant-cour beaucoup plus large que l'ancienne,
et aux côtés de laquelle deux longs corps de logis
flanqués de pavillons d'habitation vont servir, à
droite, de cuisines, à gauche, d'écuries pouvant
abriter cinquante-quatre chevaux[1]. Une partie de
ces premières écuries de Louis XIV existe encore;
c'est la Vieille Aile dite à tort, par conséquent,
aile Louis XIII.) L'avant-cour se déploie en demi-
lune du côté de l'arrivée, et l'on construit à l'entrée
deux petits pavillons unis par une grille, où seront
les corps de garde des mousquetaires. La pente,
qu'on pave de grès avec soin, sera continuée hors

---

1. Le devis du charpentier P. Momoignon, « pour la construction de l'avant-cour que le Roi fait faire... consistant en deux
pavillons à deux corps de logis entre eux et sur le devant deux
petits dômes », est daté du 25 mai 1662. M. Louis Hautecœur
veut bien me communiquer cette indication, ainsi que d'autres
pièces du même temps conservées dans l'étude de Mᵉ Delestre.
On y trouve le marché des ouvrages de menuiserie à fournir
avant le 20 mars 1663, « pour l'écurie du Château de Versailles,
aux mangeoires, râteliers, lambris et piliers », passé le 14 février
pour la somme de 7.500 livres.

de l'enceinte par un terre-plein circulaire. Voici,
du reste, à la date du 4 mars, le détail des travaux
de l'avant-cour :

Toutes les chambres du corps de logis d'entre les pavillons des cuisines, au nombre de dix-huit, seront achevées
lundi prochain, dont il y en a quatorze qui ont des cheminées. Elles sont même toute carrelées de petits carreaux
de terre cuite.... La maçonnerie de toutes les chambres du
pavillon qui regarde le Château et où sera la Cuisine
Bouche, sera achevée dans six jours ouvrables, pourvu
que nous ne manquions point de plâtre.... — Du côté des
écuries. Une des voûtes de l'écurie est presque lam-
brissée.... La plupart des chambres des pavillons de ladite
écurie, même celles qui sont entre lesdits pavillons, sont à
moitié faites.... J'ai fait sceller la menuiserie de cent croisées, compris celles des lucarnes et petites croisées des
chambres susdites.... Il faut que les maîtres de chaque
vacation soient ici auprès de moi, pour finir ce qu'il y a à
faire dans les bâtiments de l'anti-cour avant Pâques.... —
Les quatre portes de fer qui ferment l'avenue des fausses-
brayes sont placées et scellées.... Le fer des six arcades, à
côté de la grande porte de la cour et qui porte le balcon,
est aussi en place. Je crois que Sa Majesté aura du plaisir
de voir ce travail. Je crois qu'il serait temps de faire travailler à la porte de fer de ladite porte de la cour.

Un des pavillons du corps de garde des mousquetaires
est élevé jusqu'au premier étage, et la charpenterie des
poutres et solives est placée pour poser l'engin pour élever
les pierres du reste de l'élévation dudit pavillon. Nous fai-
sons travailler en même temps à ériger l'autre pavillon,
pour loger en bref lesdits mousquetaires. J'aurai soin à ce
que Sa Majesté et vous soyez contents de la diligence.

Du côté du parc, le grand « parterre de broderies » devant le Château est appuyé par un terrassement en demi-lune, qui deviendra la descente
de Latone; la plus ancienne vue gravée par Pérelle

montre qu'il n'y a eu là tout d'abord que des pentes sans escalier. Une longue allée centrale se trouve prolongée, qui sera plus tard élargie et nommée l'Allée Royale (Tapis-Vert). Elle aboutit à un vaste bassin, appelé le « grand rondeau », qu'on trouve existant déjà dans les Comptes de 1664. On l'appelle le Bassin des Cygnes, à cause des oiseaux dont le Roi l'a fait peupler; ce sera un jour le Bassin d'Apollon et il restera le plus grand de Versailles, tant qu'on n'aura point creusé celui de Neptune. On a utilisé pour l'alimenter un rû assez important, qui traverse alors obliquement le bas du parc. En 1663, le transport des terres occupe régulièrement plus de quatre cents hommes. Un terrain joignant le village, et que marquent les anciens plans, est mis en état par Le Nòtre comme jardin fruitier et potager du Roi. Mais la création principale du moment est l'Orangerie. Rien ne montre mieux l'importance déjà prise par la maison de Versailles. Le Roi s'est réservé, dans la succession de Foucquet, douze cent cinquante arbrisseaux qu'il a ordonné de mettre dans ses pépinières, et ce sont des orangers de Vaux, transportés à Versailles, qui viendront y remplir l'Orangerie. Elle présente dans sa longueur onze arcades entre deux escaliers, et elle est bâtie de brique et de pierre, au midi du Château, sur une partie de l'emplacement du futur Parterre du midi.

Cette première Orangerie de Louis XIV a été plusieurs fois représentée, en même temps que la façade méridionale du Château, qu'elle rend si

LE PREMIER VERSAILLES DE LOUIS XIV

pittoresque. Les documents les plus fidèles sur ces anciens aspects de Versailles sont un grand dessin de Van der Meulen, conservé aujourd'hui parmi les œuvres d'art des Gobelins, et le tableau du Musée de Versailles qui a été peint par l'artiste d'après son étude et que Baudouins a gravé[1]. Le peintre s'est placé dans la plaine où sera creusée plus tard la pièce d'eau des Suisses; il y a marqué un étang sur la droite, vers l'emplacement du potager royal. La petite Orangerie apparaît entre ses deux rampes d'une vingtaine de marches seulement, au-dessous d'un parterre dont la grille se devine et que flanque sur la gauche un petit bois. A droite du Château, dominant les toits du village groupés autour de l'église, sont les autres constructions de Le Vau, et la pente de la butte, alors assez courte, dévale brusquement vers le couchant. On remarquera que de longs bâtiments de ferme s'avancent assez pour cacher aux yeux une partie du parterre de l'Orangerie. C'est bien la vue la plus instructive du Versailles primitif. Les détails anecdotiques y ajoutent un vif intérêt : tandis que dans la plaine manœuvre la Maison du Roi, Louis XIV à cheval, au premier plan, au milieu d'un terrain raviné qui s'élève vers Satory,

1. Tableau n° 725 du Musée de Versailles. Gravure n° 730 du catalogue de la Chalcographie du Louvre. Le crayon fait sur les lieux par Van der Meulen, pour la préparation de son tableau, fait partie des collections de la Manufacture des Gobelins. La petite Orangerie de Le Vau, qui apparaît dans les diverses représentations et dont nous suivons presque jour par jour la construction par les rapports de Petit à Colbert, est celle qu'on a attribuée à tort à Le Mercier et qui a été reproduite maintes fois comme « l'orangerie de Louis XIII ».

semble donner, la canne tendue, des instructions de travail à son entourage.

Jusqu'à ce qu'elle soit remplacée par celle de Mansart, c'est à l'Orangerie de Le Vau qu'il faut penser, quand les récits nous présentent des mentions admiratives. La vue de cette gracieuse construction est gravée encore à plusieurs reprises, au temps où est bâti le grand château neuf, par exemple dans une des petites estampes de Silvestre et dans une autre, fort infidèle à tous égards, de Pérelle. On la trouve, avec le château primitif, sur le frontispice de Silvestre pour *Les Plaisirs de l'Isle enchantée* et sur celui de *La Promenade de Versailles*, par Madeleine de Scudéry. La date de la construction de Le Vau est fournie par un rapport du 4 mars 1663 : « L'on peut se préparer lundi pour commencer les fondements de l'Orangerie. » Elle sort de terre dès la fin du mois : « Le Roi, visitant ses jardins fruitier et potager, témoigna une grande satisfaction de voir ensuite les deux premières assises de la façade de l'Orangerie et dit qu'il était très content de la bonté et solidité de cet ouvrage. En même temps, il arriva douze voitures de pierres de Saint-Leu, d'une navée qui a été déchargée à Saint-Cloud, de laquelle on voiture incessamment à Versailles pour diligenter le travail. » Quelques jours plus tard, François Le Vau, le meilleur collaborateur de son frère, écrit à Colbert du château de Saint-Germain, où d'autres travaux les occupent l'un et l'autre :

De Saint-Germain, le 11ᵉ d'avril 1663.

Monsieur,

Je fus dimanche dernier pour avoir l'honneur de vous rendre compte de mon voyage de Versailles et de Saint-Germain et recevoir vos commandements. Mais étant pressé de retourner le même jour, je ne pus avoir ce bonheur. Ce sera, s'il vous plaît, pour dimanche prochain. Cependant mon frère vous aura dit comment le Roi fut assez satisfait des avances des ouvrages de Versailles et le témoigna, en disant deux ou trois fois *que l'Orangerie s'avançait*. A vous dire le vrai, le chaos de tout ce mélange d'ouvrages se débrouille, et de jour en jour on verra croître quelque chose de nouveau. Reste à y faire un tour de temps en temps pour y donner les ordres nécessaires. Cependant j'ai planté mon piquet à Saint-Germain pour débrouiller encore un autre chaos des logements et appartements du château vieux et neuf, bien plus mélangé et confus que les ouvrages de Versailles, comme vous pouvez connaître par le mémoire que mon frère vous aura montré, mais bien éloigné de la dépense de ceux de Versailles[1]....

Dans ce domaine en création, les visites de Louis XIV se multiplient. La *Muze historique* de Loret et l'officielle *Gazette de France* indiquent ses promenades, dont les rapports à Colbert font connaître les occupations[2]. Le jeune Roi veut tout

1. *Mélanges Colbert*, vol. 115, fol. 553.
2. Voir notamment dans la *Muze historique* des lettres rimées de juin et octobre 1663 (éd. Livet, t. IV, p. 60, 110 et 115) :

> Leurs Majestés sont à Versailles,
> Château charmant, tranquille et coi...
> Où les chasses, les exercices,
> Les concerts, les banquets friands,
> Les jeux et spectacles riants
> Comme passe-temps nécessaires
> Succèdent au soin des affaires.

L'auteur lui-même a visité le petit château avec des amis :

> Nous vîmes le subtil dédale
> De cette demeure royale,

voir, tout décider, et cet esprit de minutie, qui d'ailleurs s'accorda toujours en lui avec la largeur des desseins, se révèle déjà en maint détail : « Le Roi ayant recommandé que le parquet de son cabinet, où fut tenu le Conseil jeudi dernier, fût achevé dans la présente semaine, sera posé et l'ouvrage fini samedi avant midi, et tout ce que Sa Majesté a ordonné dans le reste des appartements, particulièrement quelques filets d'or aux châssis dormants des croisées de son antichambre et à l'appartement de la Reine. » « La chapelle est parquetée et la peinture du plafond rétablie ainsi que Sa Majesté l'avait souhaité.... Les lambourdes pour asseoir le parquet de la Salle des gardes joignant ladite chapelle sont à moitié posées.... Je fais tous les jours la revue dans les appartements de Leurs Majestés, pour voir s'il ne manque rien, parce qu'il ne faut qu'une vitre ou une targette cassée pour faire parler quantité de contrôleurs et mécontenter Sa Majesté, qui paraît fort satisfaite quand elle vient ici. »

Louis XIV était pressé de jouir de sa première création; il voulait réunir la Cour à Versailles et y donner les fêtes qu'il rêvait. Colbert lui-même nous en fait le récit dans une des rares pages de souvenirs qu'on ait de lui. Peu après son retour de Lorraine, où il était allé recevoir la reddition de

> Du jardin les charmants attraits,
> Les belles chambres, les portraits ;
> Nous fîmes grande mangerie,
> Nous vîmes la Ménagerie....

Marsal, ayant passé deux semaines à Vincennes, le Roi vint à Versailles avec les deux Reines et y demeura du 15 au 22 septembre 1663 :

Comme le Roi aime particulièrement cette maison, qu'il se plaît à la rendre la plus galante et la plus propre à y donner aux personnes royales tous les divertissements de chaque saison, il serait difficile de bien exprimer la propreté et la beauté des meubles des appartements, et particulièrement de celui de la Reine-mère, dans lequel elle fut conduite par le Roi après l'avoir reçue à la descente de son carrosse. Elle fut surprise de voir tous ces appartements ornés de deux choses qui sont les plus agréables à Sa Majesté, savoir des ouvrages de filigrane d'or et d'argent de la Chine, et de jasmins. Jamais la Chine même n'a tant vu de ces ouvrages ensemble, ni toute l'Italie tant de ces fleurs. Après que Sa Majesté eut visité tous ses appartements, qu'elle trouva non seulement superbement, mais même fort galamment meublés et ornés de tout ce qui peut être agréable à la vue et à l'odorat, le Roi commença dès ce jour à donner aux Reines, Monsieur, Madame et toute la Cour, tous les divertissements qui peuvent être agréables en cette saison, ce qui a continué pendant les huit jours entiers qu'elles ont demeuré audit Versailles. Tous les jours les bals, ballets, comédie, musiques de voix et d'instruments de toutes sortes, violons, promenades, chasses et autres divertissements ont succédé les uns aux autres. Et ce qui est fort particulier en cette maison est que Sa Majesté a voulu que toutes les personnes auxquelles elle donne des appartements soient meublées. Elle fait donner à manger à tout le monde et fait fournir jusqu'au bois et aux bougies dans toutes les chambres, ce qui n'a jamais été pratiqué dans les maisons royales.

Les comédies données pendant ce séjour furent jouées par Molière et sa troupe, alors troupe de Monsieur, frère unique du Roi. On représenta *Don Garcie de Navarre*, *Sertorius*, *l'École des maris*, les *Fâcheux*, le *Dépit amoureux*, enfin une petite pièce nouvelle, composée, apprise et répétée en huit jours, l'*Impromptu*, qui fut aussitôt désignée et imprimée sous le titre d'*Impromptu de Versailles*. Molière était à ce moment attaqué avec violence par toute une cabale littéraire et mondaine, qui ne lui pardonnait pas les satires de l'*École des femmes*; il saisit cette occasion de répondre directement à ses détracteurs, en se mettant lui-même en scène, ainsi que ses acteurs en costume de ville et sous leur propre caractère. Malgré ce qu'avait d'audacieux cet aspect nouveau de la comédie, il plut extrèmement à Louis XIV; il applaudit l'*Impromptu*, qui prenait le nom de son petit château, comme il allait, à Versailles encore, l'année suivante, applaudir le *Tartufe*. C'est ainsi que Molière fut appelé à inaugurer les fêtes auxquelles il devait avoir tant de part dans la suite.

Colbert n'avait pas vu sans tristesse les fantaisies du jeune Louis XIV se porter aussi exclusivement sur Versailles. Il n'imaginait point que l'on pût tirer parti d'une disposition de terrain vraiment ingrate, d'une butte de peu de largeur, entourée de marécages et sans grande vue, et il ne jugeait pas qu'il valût la peine d'embellir davantage une résidence destinée, semblait-il, à rester toujours mesquine. Que le Roi s'en tînt à de petits séjours avec la Cour, comme celui du mois d'octobre 1663, c'était fort bien; mais les constructions déjà élevées étaient largement suffisantes, et l'on ne devait plus penser qu'à les entretenir. Faire davantage semblait à Colbert un gaspillage d'argent, alors qu'il y avait un édifice important à terminer, ce Louvre nouveau, qui devait d'après lui immortaliser le règne. Le 28 septembre 1663, avant même d'être nommé « surintendant et ordonnateur général des Bâtiments du Roi », il écrivit à son maître la lettre qu'on va lire. Il y eut quelque courage de sa part à critiquer les goûts bien affirmés du Roi et à exprimer son sentiment, comme il le fit, avec la franchise d'un serviteur fidèle :

Votre Majesté retourne de Versailles. Je la supplie de me permettre de lui dire sur ce sujet deux mots de réflexion que je fais souvent et qu'elle pardonnera, s'il lui plaît, à mon zèle. Cette maison regarde bien davantage le plaisir et le divertissement de Votre Majesté que sa gloire.... Il est bien juste qu'après une si grande et si forte application qu'elle donne aux affaires de son État avec l'admiration de tout le monde, elle donne quelque chose à ses plaisirs et à ses divertissements, mais il faut bien prendre garde qu'ils ne préjudicient à sa gloire. Cependant, si Votre Majesté veut bien chercher, dans Versailles, où sont plus de cinq cent mille écus qui y ont été dépensés depuis deux ans, elle aura assurément peine à les trouver. Si elle veut faire réflexion que l'on verra à jamais dans les comptes des trésoriers de ses Bâtiments que, pendant le temps qu'elle a dépensé de si grandes sommes en cette maison, elle a négligé le Louvre, qui est assurément le plus superbe palais qu'il y ait au monde et le plus digne de la grandeur de Votre Majesté[1].... Votre Majesté sait qu'au défaut des

1. La phrase reste en suspens dans le texte. Plus loin, Colbert ajoute : « Pour moi, j'avoue à Votre Majesté que, nonobstant la répugnance qu'elle a d'augmenter les comptants, si j'avais pu prévoir que cette dépense eût été si grande, j'aurais été d'avis de l'employer en des ordonnances de comptant, afin d'en ôter la connaissance. » Ces premières dispositions de Colbert ont-

actions éclatantes de la guerre, rien ne marque davantage la grandeur et l'esprit des princes que les bâtiments; et toute la postérité les mesure à l'aune de ces superbes maisons qu'ils ont élevées pendant leur vie. Ah! quelle pitié que le plus grand Roi et le plus vertueux, de la véritable vertu qui fait les plus grands princes, fût mesuré à l'aune de Versailles! Et toutefois il y a lieu de craindre ce malheur.

Cette lettre résume les observations et les regrets que le ministre avait dû sans doute faire entendre plus d'une fois. Louis XIV lui donna satisfaction pour ce qui regardait le Louvre. On sait qu'il fit venir de Rome le chevalier Bernin, le plus fameux architecte de l'Europe, pour présenter ses plans et conseiller les artistes français et, pendant quelques années tout au moins, les travaux du Louvre furent activement repris. Mais ceux de Versailles, bien loin d'être abandonnés ou même ralentis, reçurent en même temps une impulsion plus vive.

L'aspect du bâtiment de Louis XIII avait été sensiblement modifié. Il n'y a qu'à comparer les deux façades sur le jardin, dans la vieille estampe de Silvestre et dans celle de Pérelle, pour se rendre compte de l'importance des changements. Les plus apparents sont l'établissement d'un balcon de fer ouvragé[1], dégageant tous les appartements du premier étage, et la réfection complète des toitures. Dès 1664, Le Vau remania la couverture du Châ-

elles été pour quelque chose dans l'absurde légende relative à une destruction imaginaire des comptes de Versailles?

1. Le marché passé pour cette « balustrade », par Antoine Le Maistre, serrurier, au prix de 5 sols par livre de fer mise en œuvre, est du 11 janvier 1663 (Étude de Me Delestre).

teau, qui fut faite tout entière en plomb ; les
lucarnes Louis XIII firent place à des mansardes
décorées ; de hautes cheminées se dressèrent ; ces
cheminées et tous les cordons des combles furent
couverts d'ornements en cuivre doré ; enfin, en
1665, on posa des bustes dans la cour, sur des consoles qui existent encore[1]. Tandis que s'élevait un
bâtiment, qui devait contenir une grotte et un petit
réservoir, on construisait hâtivement les premières
habitations offertes par le Roi aux favoris de son
entourage : « Le pavillon du Roi, écrivait Petit en
mai 1665, est à la hauteur d'entablement ; celui de
M. de Navailles à la hauteur du premier étage ; la
première assise de pierre de taille est posée à celui
de M. le Prince ; l'on posera aussi, jeudi prochain,

1. La dorure des combles, que fait connaître le tableau nᵒ 765
du Musée, est décrite par l'abbé Locatelli (cité dans la note suivante). Elle est mentionnée avec admiration par Mlle de Scudéry :
« Tout l'or dont le comble du palais est orné.... Tous ces toits
dorés, tous ces parterres, tous ces bois verts.... » (*La Promenade de
Versailles*, Paris, 1669, p. 28 et 99.) Le *Mercure galant* (août 1682)
parlera plus tard des feux d'artifice, « donnant un nouvel éclat
à l'or dont le Château est couvert ». — La réfection de la couverture est attestée par un rapport de Petit à Colbert sur une
visite de Louis XIV, le 14 août 1664 : « Messieurs Le Vau et
Le Nôtre étaient auprès de Sa Majesté pour répondre de ce qui
se passait dans le Château, où j'avais donné ordre au mieux
qu'il me fut possible pour faire voir à Sa Majesté que nous ne
perdons point de temps pour son service. En effet, il vit la couverture du Château fort avancée, laquelle sera parachevée
entièrement dans un mois. Sa Majesté vit aussi la cour pavée
entièrement.... Je veux que cette cour soit pavée en perfection.
Sa Majesté trouva le reste des travaux en bon ordre. Monsieur
Le Vau vous donnera avis du détail de la satisfaction qu'eut
Sa Majesté, ayant toujours été auprès de lui. » Autre rapport à
Colbert, du 4 mai 1665 : « L'on avance fort la décoration des
façades des murs dans la cour et [vous] verrez beaucoup de
bustes posés. »

une assise à celui de M. le maréchal de Villeroy. »
Au mois d'août, il était question des pavillons de
M. de Turenne, de M. de Gramont, de M. de Bellefonds, et de celui « que le Roi a destiné pour
les cuisines, violons, musiciens et comédiens ».
Quelques-uns de ces pavillons sont visibles dans
la grande vue de Versailles peinte par Pierre Patel ;
ils sont, comme l'habitation royale, de pierre et de
brique mêlées, et flanquent, à droite et à gauche,
la place qui précède l'avant-cour. Ce sont là, en
réalité, les débuts d'une ville nouvelle qui se déve-
loppera plus tard. Les trois grandes avenues, qui
doivent aboutir au Château, sont tracées et plantées, et l'on a commencé au Cours-la-Reine, c'est-
à-dire à la sortie de Paris, les travaux de la route
magnifique qui doit conduire à Versailles. Déjà,
cette maison royale apparaît aux visiteurs comme
plus importante que l'antique Fontainebleau[1].

1. La plus ancienne description conservée est celle de Locatelli, prêtre bolonais, qui demeura à Paris de novembre 1664 à
mai 1665. Il s'extasie sur ce qu'il a vu à Versailles : « In materia
di fabriche, di comodità, di caccie et di delizie, non ha il Re di
Francia cosa più degna. *Fonteneblò cede a Versaglia*; i coperti
del cui palazzo sono tutti di piombo, mà le cordonate, le fascie,
i camini et certe cupolette sono ricoperte di rame dorato, che
in lontananza fà una vista mirabile. » Le voyageur parle d'une
volière extraordinaire, en fil de cuivre, remplie d'oiseaux rares
(qui se trouve peut-être à la Ménagerie), et des ornements des
intérieurs, « buona parte de' quali ha contribuito, vivendo, il
cardinale Mazzarini, e dopo lui il suo erede ». Le récit insiste
tout spécialement sur les travaux des routes, dont la difficulté
sera grande, « per essere paese tutto collinette.... Ma chi ha
saputo unire i duoi mari spianerà ben anche questi monti, per
gloria del suo nome ». (Cf. *Voyage de France; Relation de
Sébastien Locatelli*, traduite par Ad. Vautier, Paris, 1905, p. 194.)
Je cite, d'après une communication de M. Vautier, le texte du
manuscrit original.

Dans le parc, les modifications ne sont pas moins rapides. Les Comptes des Bâtiments du Roi, qui ouvrent leurs registres en 1664, avec une régularité admirable poursuivie jusqu'au règne de Louis XVI, permettent de suivre, année par année, avec l'aide des rapports faits à Colbert, ce qui se prépare ou s'accomplit[1] Ils montrent, par exemple, qu'on dispose à nouveau les « parterres du gazon » du côté des réservoirs, ce qui est la première forme du parterre du Nord. On a tracé des labyrinthes et planté des allées de tilleuls et de chênes verts ; on a construit des glacières munies de glace pour trois ans ; on a transporté de Normandie des ifs et des sapins ; des milliers d'arbres ont été mis en pépinière dans le grand parc, un certain nombre provenant des pépinières de Vaux-le-Vicomte. On a embelli en même temps le petit « Parterre à fleurs » ou « Jardin du Roi », situé entre le Château et l'Orangerie, et on l'a clos d'une grille coupée de termes de pierre. Ce parterre, visible dans le tableau de Patel, est celui que montre une estampe de Le Pautre, avec son bassin orné d'un Amour de Lerambert, qui lui vaut le nom quelquefois donné de « Parterre de l'Amour » ; il est décoré de buis en boules et en pyramides.

Au cours de 1665, le parc prend l'aspect d'ensemble qu'on voit sur les premiers plans dessinés

---

1. Les registres de la comptabilité nouvelle établie par Colbert sont conservés aux Archives nationales à partir de 1664. Dès ce point de mon travail, j'emprunte une foule de détails aux *Comptes des Bâtiments du Roi sous le règne de Louis XIV*, publiés en cinq volumes, Paris, 1881-1901, par Jules Guiffrey, et qui permettent de résoudre une quantité de problèmes restés jusqu'à ce jour posés.

par ordre du Roi, ceux du sieur Delapointe. Au
delà des parterres et des petits bois du Nord et
proche l'étang de Clagny, qui longe le chemin de
Saint-Germain, est creusé un grand rondeau qui
deviendra le bassin du Dragon. Presque en même
temps, d'importantes fouilles de terre se font
au-dessous du « Parterre en broderies », qu'on
soutient par de grands perrons, et on crée le
« jardin bas » ou « nouveau parterre », avec un
rondeau de forme ovale; ce seront plus tard le
Parterre et le Bassin de Latone. Ce travail est
tellement considérable qu'on a dû employer les
Suisses pour prêter main-forte aux terrassiers.
Colbert a même fait demander au curé de Versailles la permission de travailler les jours de fête,
ce que Petit raconte ainsi, en mettant en scène le
Roi : « M. Bontemps demanda au Roi si l'on travaillait demain, jour de l'Octave de la Fête-Dieu
et jour de la Saint-Barnabé ; à quoi Sa Majesté
répondit que non. Je dis au Roi que vous m'aviez
ordonné de voir M. le curé pour cet effet, lequel,
après avoir donné permission de travailler après la
messe, Sa Majesté conclut qu'il fallait faire ce que
M. le curé m'avait dit; aussitôt, je donnai avis aux
ouvriers de la volonté du Roi, lesquels travailleront
demain après la messe. »

Cependant, à l'une des extrémités du grand parc,
assez loin de la clôture des jardins, on s'occupe
très activement, et depuis 1663, de la Ménagerie
du Roi. C'est une réunion de petites constructions,
de volières, de cours, destinées à abriter des
animaux rares et à devenir bientôt « le palais le

plus magnifique que les animaux aient au monde ».
Au milieu s'élève un château en miniature, dont la
pièce principale est un salon octogone, sous lequel
doit être aménagée une grotte de rocaille. On a
installé une pompe, pour produire quelques effets
d'eau dans les cours disposées en éventail autour
de l'habitation centrale. Là, du reste, comme au
Château, tout a été créé sur les ordres minutieux
du Roi, qui « veut en ordonner lui-même » ; il a
étudié et décidé les moindres détails, aussi bien
pour l'installation des animaux que pour la décoration des appartements, qui a été particulièrement
soignée. On l'apprend par les rapports de l'agent
de Colbert :

Aussitôt que le Roi est arrivé ici [à la Ménagerie], il me
demanda si vous y aviez été et sut que vous aviez donné
vos ordres pour finir en bref partout. Il recommanda fort
la corniche du salon et qu'elle eût assez de saillie pour y
mettre des porcelaines et autres curiosités. Il serait nécessaire d'avertir M. Le Vau pour nous envoyer un stucateur
pour y travailler promptement. Sa Majesté veut aussi que
l'on fasse une manière de lambris au bas du pourtour du
salon et chambre, qui soit seulement de peinture, et *veut
en ordonner lui-même.* Elle presse aussi la volière pour y
mettre les pigeons.... Je crois qu'à votre prochain voyage
vous verrez un très grand changement. (Mars 1664.)

Sa Majesté demandant au sieur Le Vau l'état de la
pompe de la Ménagerie, il fit réponse à S. M., craignant
de se méprendre, qu'elle était fort avancée, et je lui
donnai aussitôt avis que les jets d'eaux des cours et de la
laiterie étaient en état de donner satisfaction à S. M.,
desquels j'avais fait faire épreuve auparavant. Le Roi
entrant à la Ménagerie, avant que de voir le salon..., me
demanda en quel état était le réservoir ; et incontinent que
Sa Majesté fut sur le balcon dudit salon, on fit jouer les
jets d'eaux des bassins des cours, et ensuite Sa Majesté fut

dans la laiterie, où elle-même prenait plaisir à ouvrir et fermer les robinets, sans pouvoir s'exempter d'être un petit mouillée. Elle s'approcha ensuite des bassins pour considérer lesdits jets d'eaux, qui lui semblèrent trop petits, ainsi que les jets d'eaux dans leur hauteur, moins agréables qu'un petit bouillon de quatre à cinq pieds de haut. Et, en effet, Sa Majesté faisant jouer les trois jets d'eaux de la volière, qui peuvent s'élever jusques et par-dessus la laiterie, elle fit ôter les ajustoirs pour réduire lesdits jets d'eaux à quatre à cinq pieds de haut, ce qui formait des bouillons d'un pouce et demi de diamètre. Sa Majesté, s'étant divertie dans toutes les cours, fut au réservoir, vit l'effet de la pompe et la quantité d'eau qu'elle élevait.... Je fus bien consolé de ce que Sa Majesté paraissait contente. (Août 1664.)

Cette première époque des constructions de Louis XIV est aussi celle de la première décoration sculpturale de Versailles. Toute une série d'œuvres d'art vient orner les jardins, chaque jour agrandis et embellis. Elles sont oubliées ou détruites aujourd'hui ; mais les Comptes les mentionnent, les estampes les reproduisent, et elles offrent l'intérêt qui s'attache au commencement des grandes choses. Les travaux ordonnés par Colbert, pour le Versailles primitif, aux sculpteurs qu'il employait en même temps pour le Louvre, nous permettent d'honorer leurs noms que suivront bientôt de plus illustres[1].

---

1. Ce n'est point aux jardins de Versailles qu'avaient été destinés ces enfants chevauchant des sphinx, dont le modèle primitif, exécuté plus tard en bronze, fut une des dernières œuvres de Jacques Sarrazin, mort en 1660. L'attribution que nous avons réclamée pour eux les met au rang le plus ancien parmi les œuvres de la sculpture française à Versailles; mais ces motifs charmants ne se trouvent pas dans les jardins avant 1670. (V. plus loin, p. 237.) Il en est de même des termes aujourd'hui posés

La première commande dont il reste trace est celle des termes de pierre à placer sur divers points du jardin. Dès 1664, Michel Anguier en sculpte six en pierre de Vernon, qu'on met dans l'Allée Royale. Ceux de Lerambert, élève de Sarrazin, sont payés dans l'hiver et l'été de 1664 : « A Louis Lerambert, sculpteur, pour prix de douze termes de pierre dure faits dans le Jardin à fleurs de Versailles... 2.200 livres » ; Jacques Houzeau, sculpteur marbrier, est occupé en même temps à treize termes « pour la clôture du Jardin des fleurs », qui paraissent plus importants puisqu'on les paye 13.000 livres. On distingue nettement, dans la vue peinte par Patel, une vingtaine de termes à double face soutenant, d'espace en espace, la grille du Parterre de l'Amour, qui ressemblent aux grands termes du même genre ornant encore aujourd'hui l'entrée du château de Vaux[1]. L'œuvre de Lerambert était sans doute plus délicate ; il y eut de lui de fort beaux termes bicéphales de la même époque, gravés par Le Pautre comme appartenant aux jardins de Versailles. Neuf estampes représentent, avec des attributs indiqués sur le socle, les couples mythologiques que voici :

aux quinconces du Nord et du Midi, qui furent exécutés à Rome sur le désir de Foucquet, d'après des modèles de Nicolas Poussin, et transportés de Vaux à Versailles en 1683.

1. Un croquis de Pérelle montre qu'il y avait encore, même après la construction de l'Aile du midi, quelques termes doubles conservés dans un reste de grillage du Parterre de l'Amour. (V. *Gazette des Beaux-Arts*, 1902, t. I, p. 401.) Sur les ouvrages d'art dont on parle ici, notamment sur les figures de Lerambert et de Buyster, on pourra consulter un article de la même revue : *Les premiers Sculpteurs de Versailles* (1899, t. I, p. 89).

Apollon et Daphné, Bacchus et Ariane, Comus et Pan, Endymion et Diane, Hercule et Omphale, Jupiter et Junon, Mercure et Minerve, Persée et Andromède, Adonis et Vénus. En l'année 1664, Thibaut Poissant avait aussi posé « des termes de pierre dans le petit parc de Versailles », payés 2.300 livres ; ces huit morceaux de douze pieds de hauteur représentaient Jupiter, Neptune, Pluton, Junon, Vénus, Apollon, Mercure et Pan. Ce furent peut-être ceux que montrent certaines estampes autour du Parterre de Latone et auxquels La Fontaine fait allusion.

Le nom des frères Marsy n'apparaît à Versailles, avant 1666, que pour des travaux d'intérieur, des corniches de stuc au vestibule et au salon de la Ménagerie ; il en est de même pour Baptiste Tubi, qui fournit seulement des modèles en cire pour deux vases de bronze et, avec son compatriote Philippe Caffieri, douze scabellons de bois de chêne sculpté. Ces artistes donneront plus tard une grande part de leur activité à la transformation de Versailles ; il convient de noter qu'ils y ont été, dès le début, employés par Colbert.

Mais voici les grandes statues qui se montrent dans les jardins. Lerambert est payé de 1.400 livres, dont le premier acompte est du mois de mai de 1665, « pour les quatre figures de pierre qu'il a faites et posées autour du grand rondeau » ; Philippe Buyster reçoit 1.300 livres dans les mêmes conditions et pour quatre figures de même destination. L'éloge académique de l'artiste bruxellois fournit quelques détails : « Notre sculpteur eut beaucoup de part aux ouvrages de Versailles. Dans le jardin, proche de la fontaine d'Apollon, sur les angles des palissades qui s'y terminent, on voit huit figures de pierre, chacune haute de sept pieds, qui furent faites en 1665. Quatre de ces figures sont de M. Buyster, et de ces quatre il y en a deux qui représentent des satyres et deux qui représentent des hamadryades ou nymphes des bois et des eaux. Les quatre autres figures sont de M. Lerambert, qui a été adjoint à professeur dans l'Académie. » Les figures de Lerambert sont indiquées par le même historiographe de l'Académie, Guillet de Saint-Georges : « L'une représente le dieu Pan, qui tient un cornet à bouquin ; la seconde, une hamadryade qui danse ; la troisième, une nymphe avec un tambour de basque, et la quatrième, un faune ou dieu des forêts. Il avait composé des vers enjoués, qui devaient être écrits au bas de chaque figure ; mais on s'est contenté d'y mettre son nom, et on a pu le faire à sa gloire, puisqu'en effet ces figures ont été estimées de tous les connaisseurs. » Ce passage rappelle les goûts littéraires de l'académicien, né au Louvre, fils du garde des marbres et figures antiques du roi Louis XIII, qui fut élevé au milieu des objets d'art et resta l'un des meilleurs amis de Le Brun et de Le Nôtre. Lerambert, mort dès 1670, après avoir été associé par ses amis à la décoration de Vaux et à celle de Versailles, a fait dans nos jardins une partie des groupes d'enfants de l'Allée d'eau. Ses œuvres primitives, antérieures à celles-ci de quatre ou cinq ans à peine, devaient avoir les mêmes qualités de noblesse et de grâce sérieuse.

Tout l'ensemble de figures de pierre réuni autour du grand rondeau était encore en place au commencement de 1693 ; il fut transporté alors dans le jardin du Palais-Royal, où Le Nôtre faisait travailler. A la fin du règne de Louis XV, l'état de délabrement des statues de ce jardin était tel qu'on dut les retirer pour les jeter aux gravois. On peut, d'après des estampes contemporaines, se faire une idée du caractère de ces premières statues de Versailles. Le voisinage de celles de Lerambert faisait du tort, paraît-il, à celles de Buyster ; mais les unes et les autres s'accordent assez bien par le style de leur exécution avec le décor de paysage à la Poussin, où les graveurs du grand siècle se plurent à les montrer.

La sculpture ornementale n'a point eu, avant la création des fontaines, beaucoup d'occasions de s'exercer hors des appartements. Lors du remaniement des façades de la cour, Antoine Poissant le cadet a fait la plupart des bustes et des consoles qui les supportent. En 1665, Colbert a commandé de fondre dix vases de bronze, sur les cires de Laurent Magnier, Nicolas Legendre et Tubi ; chaque modèle est payé cent livres, et les fontes sont confiées à Ambroise Duval, à Denis Prévost et à François Picart. Les modèles des deux grands vases qu'on demandera à Michel Anguier, l'année suivante, lui seront comptés 250 livres l'un. Enfin, c'est sur les comptes de 1665, au modeste chapitre de « couverture et plomberie », que paraît la première figure de plomb, fournie par le plombier

Pierre de la Haye, « représentant un Amour sur un cygne, pour mettre à un bassin de fontaine de Versailles ». Ce genre de travaux va se multiplier avec l'installation prochaine des fontaines et des jeux d'eau, qui commence en 1666 ; mais la première décoration sculpturale ne connaît que les termes et les quelques statues et groupes de pierre qu'on vient d'indiquer.

Toute cette décoration, d'ailleurs, est destinée à disparaître du domaine royal et même à n'y pas laisser mémoire. Les changements du goût de Louis XIV, le désir d'avoir sans cesse du nouveau à présenter, la nécessité de faire place aux œuvres de plus jeunes artistes, seront les causes qui contribueront à ce renouvellement. Le Versailles de pierre devra peu à peu céder la place au Versailles de marbre. Les ouvrages de la première heure, ceux d'Anguier, de Lerambert ou de Buyster, seront comptés pour peu de chose, alors qu'on n'aura plus assez d'espace pour ceux des maîtres qui s'annoncent, Girardon, Tubi, les Marsy, Le Gros, Desjardins, Coyzevox et tant d'autres, qui vont, pendant trente ou quarante ans, travailler pour le Roi.

CHAPITRE TROISIÈME

DANS ce domaine nouveau, où l'attire sans cesse le besoin de voir naître et grandir l'œuvre personnelle qu'il a rêvée, le jeune Louis XIV aime réunir sa cour, soit pour des comédies et des bals, soit pour de somptueuses collations après la chasse. La *Gazette* est pleine de tels récits, et Mlle de Montpensier mentionne, en ses mémoires, ces parties de Versailles, « où il y avait très peu de monde » et qui furent « très agréables ». Une grande fête est donnée du 7 au 9 mai 1664, au plus fort de l'amour du Roi pour Louise de La Vallière. Beaucoup de gens savent, malgré la présence des deux Reines, que c'est à la jeune maîtresse qu'elle est offerte, et le succès qui y est ménagé à son frère, le marquis de La Vallière, vainqueur de la course de bagues, peut l'apprendre à tout le monde. Le choix de Versailles s'explique par la beauté déjà fort goûtée du petit château : « Quoiqu'il n'ait pas, dit un des auteurs qui la racontent, cette grande étendue qui se remarque en quelques autres palais de Sa Majesté..., il charme de toutes les manières, tout y rit dehors et dedans, l'or et le marbre y disputent de beauté et d'éclat.... Sa symétrie, la richesse de ses meubles, la beauté de ses promenades et le nombre infini de ses fleurs, comme de ses orangers, rendent les environs de ce lieu dignes de sa rareté singulière. »

La Cour y séjourne avant et après la fête, du 5 au 14 mai, et le Roi y traite plus de six cents personnes, outre le personnel de la danse, de la comédie et les artisans de toute sorte venus de Paris, « si bien que cela paraissait une petite armée ». Les détails ont été inventés par Vigarani, « gentilhomme modénois », fort habile aux décors et aux machines, et qui va être, sous le titre modeste d'ingénieur du Roi, le metteur en scène des fêtes de Versailles. Le duc de Saint-Aignan, premier gentilhomme de la Chambre, a été chargé par le Roi de trouver un lien entre les divertissements; il s'est adjoint le poète Benserade et le président de Périgny, qui s'entendent aux plans de ballets et aux vers de circonstance, et il a été décidé qu'on reproduirait un des épisodes les plus connus du *Roland furieux.* Louis y doit jouer le premier rôle, celui de Roger retenu avec les braves chevaliers, ses compagnons, dans l'île de l'enchanteresse Alcine, jusqu'au moment où la bague d'Angélique, mise au doigt de Roger, vient le délivrer des sortilèges qui l'ont fait captif des plaisirs. Tel est le sujet des trois journées, dont Israël Silvestre dessinera et gravera les principaux moments et dont la relation officielle sera imprimée, par l'ordre de

Sa Majesté, sous le titre des *Plaisirs de l'Isle enchantée*[1].

L'Allée Royale, moins large alors que le Tapis-Vert d'aujourd'hui, a été réservée aux diverses parties de la fête. On reconnaît les trois points où elle fut donnée, grâce au récit d'un témoin, M. de Marigny, qui parle ainsi du premier emplacement préparé pour la course de bagues : « L'on arrive, par la grande allée qui est au bout du parterre,

---

1. Toutes les citations de nos récits ont leurs références et leur complément topographique dans *La Création de Versailles*, p. 218 et suiv.; mais quelques lecteurs peuvent avoir intérêt à trouver ici une note générale sur la fête de 1664. Cette fête a été relatée cinq fois, à notre connaissance, dont deux fois sous forme officielle : dans un numéro de l'extraordinaire de la *Gazette*, n° 60, daté du 21 mai 1664 *(Les Particularités des divertissements pris à Versailles par Leurs Majestés)*, et dans le recueil qui a pour titre : *Les plaisirs de l'Isle enchantée, Course de bague, Collation ornée de machines, Comédie de Molière de la Princesse d'Élide, meslée de Danse et de Musique, Ballet du Palais d'Alcine, Feu d'artifice et autres Festes galantes et magnifiques faites par le Roy à Versailles, le 7 mai 1664, et continuées plusieurs autres jours*. À Paris, chez R. Ballard... MDCLXIV, in-folio (réimprimé in-12, en 1665; in-folio en 1673, à l'Imprimerie royale, avec les neuf planches d'Israël Silvestre; et enfin in-16, en 1880, formant un volume de la réimpression des éditions originales de Molière). Une relation plus familière est celle de Marigny, dont l'achevé d'imprimer est du 17 juin 1664, et qu'on retrouve dans *Les Œuvres en vers et en prose de Monsieur de Marigny*, Paris, 1674. Ces deux dernières sont reproduites dans le Molière des « Grands Écrivains », t. IV, p. 107 et 251, ainsi que le livret de la fête. Enfin, un beau manuscrit de parchemin, relié aux armes et au chiffre de Louis XIV, à qui il a certainement appartenu, est à la Bibliothèque Nationale, *Fonds fr. 7834*. La dédicace est signée *de Bizincourt*. Les vers adressés aux Reines y figurent; il y a neuf grands dessins en couleur ou au lavis, relatifs à la première et à la troisième journée, et chaque page contenant les devises des chevaliers ayant pris part à la fête est ornée d'ornements allégoriques et d'écussons peints. Le frontispice et une planche de la première édition de notre *Histoire* sont empruntés à ce recueil.

I.   5

dans un rond fort spacieux coupé par une autre allée de même largeur; ce lieu, qui est à cinq ou six cents pas du Château, fut choisi pour le plus propre à faire paraître les premiers divertissements du palais enchanté d'Alcine. » C'était à peu près le milieu de l'Allée Royale qui s'y élargissait en rond-point. La représentation de la *Princesse d'Élide*, dans la seconde journée, eut lieu tout au bas de l'allée : « On avait dressé un grand théâtre, environ cent pas au-dessous du rond où les chevaliers avaient couru la bague. » C'était sans doute un peu au-dessous de l'endroit où débouche à présent l'entrée du bosquet des Dômes. Enfin, pour le troisième jour, le palais d'Alcine, qui fut embrasé par un feu d'artifice, était construit sur le grand rondeau, « dont l'étendue et la forme, dit la relation officielle, sont extraordinaires »; c'était la belle pièce d'eau du bas du parc, le futur bassin d'Apollon, qui avait déjà ses proportions, mais qu'aucun groupe n'embellissait encore.

Le 7 mai, sur les six heures du soir, la Cour se réunit au lieu aménagé pour la première fête. « L'on avait élevé, dans les quatre avenues du rond, de grands portiques ornés au dehors et au dedans des armes et des chiffres de Sa Majesté. L'on avait mis le haut dais justement à l'entrée du rond, et derrière, en remontant l'allée, l'on avait arrangé des bancs en forme d'amphithéâtre pour placer deux cents personnes. De grandes machines, entrelacées dans les arbres du rond, soutenaient des chandeliers [lustres] garnis d'un nombre infini de flambeaux pour faire, s'il était possible, une lumière égale à celle du soleil, lorsqu'il aurait fait place à la nuit. »

Dans le champ clos, les chevaliers nommés par l'Arioste défilèrent d'abord devant les dames, accompagnés d'un somptueux cortège de pages, trompettes et timbaliers ; après eux vint un gigantesque char d'Apollon, à quatre chevaux, mené par le sieur Millet, cocher du Roi, portant les attributs du Temps et entouré des douze Heures du jour et des douze Signes du Zodiaque allant à pied. Des vers furent récités par les acteurs et actrices de la troupe de Molière, qui figuraient les Siècles d'or, d'argent, d'airain et de fer et le dieu Apollon. Puis le jeu d'adresse, la course de bagues, commença. C'était un prétexte à montrer d'élégants habits et de nobles jeunes hommes. « Le Roi, représentant Roger, montait un des plus beaux chevaux du monde, dont le harnais couleur de feu éclatait d'or, d'argent et de pierreries. Sa Majesté était armée à la façon des Grecs, comme tous ceux de sa quadrille, et portait une cuirasse à lame d'argent, couverte d'une riche broderie d'or et de diamants. Son port et toute son action étaient dignes de son rang ; son casque, tout couvert de plumes couleur de feu, avait une grâce incomparable ; et jamais un air plus libre, plus guerrier, n'a mis un mortel au-dessus des autres hommes. » Après s'être fait admirer en plusieurs courses, le Roi laissa la victoire se décider entre les autres chevaliers. « Le duc de Guise, les marquis de Soyecourt et de La Vallière demeurèrent à la dispute, dont ce dernier emporta le prix, qui fut une épée d'or enrichie de diamants, avec des boucles de baudrier de valeur, que donna la Reine mère et dont elle l'honora de sa main. »

La nuit venant, « le camp fut éclairé de lumières et, tous les chevaliers s'étant retirés, on vit entrer l'Orphée de nos jours, vous entendez bien que je veux dire Lully, à la tête d'une grande troupe de concertants, qui, s'étant approchés au petit pas et à la cadence de leurs instruments, se séparèrent en deux bandes, à droite et à gauche du haut dais, en bordant les palissades du rond ». Les violons jouèrent pendant l'entrée des quatre Saisons, dont les montures étaient un cheval d'Espagne, pour le Printemps, et pour les autres, un éléphant, un chameau et un ours. Quarante-huit personnages habillés suivant la saison qu'ils accompagnaient avaient sur la tête des bassins remplis de mets et de fruits pour la collation; c'étaient douze jardiniers, douze moissonneurs, douze vendangeurs et douze « vieillards gelés ». Pan et Diane, portés sur un petit rocher planté d'arbres, parurent aussi, avec une suite qui offrit « des viandes de la ménagerie de Pan et de la chasse de Diane ». Pan était représenté par Molière. Des compliments en vers furent récités aux Reines; puis le Roi, Monsieur, les Reines et les dames s'assirent à une grande table toute fleurie, en forme de croissant, ce qui fit un beau spectacle. « Dans la nuit, auprès de la verdeur de ces hautes palissades, un nombre infini de ces chandeliers peints de vert et d'argent, portant chacun vingt-quatre bougies et deux cents flambeaux de cire blanche, tenus par autant de personnes vêtues en masque, rendaient une clarté presque aussi grande et plus agréable que celle du jour. Tous les chevaliers, avec leurs casques couverts de plumes de différentes couleurs et leurs habits de la course, étaient appuyés sur la barrière; et le grand nombre d'officiers richement vêtus, qui servaient, en augmentaient encore la beauté et rendaient ce rond une chose enchantée; duquel, après la collation, Leurs Majestés et toute la Cour sortirent par le portique opposé à la barrière et, dans un grand nombre de calèches fort ajustées, reprirent le chemin du Château. »

Le lendemain à la nuit, on se rendit à la salle de théâtre, dressée aussi en rond de verdure. Le dessein de cette seconde fête était que Roger et ses chevaliers, « après avoir fait des merveilles aux courses, que, par l'ordre de la belle Magicienne, ils avaient faites en faveur de la Reine, continuaient en ce même dessein pour le divertissement suivant; et que, l'île flottante n'ayant point éloigné le rivage de la France, ils donnaient à Sa Majesté le plaisir d'une comédie dont la scène était en Élide ». Grâce à cette fiction, la troupe de Molière représenta une comédie, imitée de l'espagnol, en cinq actes, dont le premier seul était en vers et qui comportait six intermèdes. Le personnage de la princesse d'Élide, courtisée par trois princes au milieu des divertissements de la cour de son père, était tenu par « Mademoiselle de Molière »; son mari y joua un rôle bouffon assez important, celui du « plaisant » de la princesse, et un intermède de chasse, où sa poltronnerie eut à se défendre

contre un ours, donna fort à rire à la compagnie
La pièce se termina par un ballet de faunes, de
bergers et de « bergères héroïques », « et toute
cette scène fut si grande, si remplie et si agréable,
qu'il ne s'était encore rien vu de plus beau en
ballet ».

La soirée du 9 mai fut réservée aux plus singu-
liers artifices des machines de Vigarani. Au milieu
du rondeau s'élevait, sur une île, le château de l'enchanteresse Alcine; au devant, s'avançaient deux
lignes de petits rochers illuminés, où des tapisseries fixées par des mâts faisaient les deux côtés
d'une sorte de scène sur l'eau. Les musiciens y
parurent, dès que la Cour se fut assise auprès du
bord, violons d'une part, trompettes et timbaliers
de l'autre. « Mais ce qui surprit davantage fut de voir
sortir Alcine de derrière le rocher, portée par un
monstre marin d'une grandeur prodigieuse. Deux
des nymphes de sa suite, sous les noms de Célie
et de Dircé, partirent au même temps à sa suite
et se mettant à ses côtés sur de grandes baleines,
elles s'approchèrent du bord du rondeau, et l'Enchanteresse commença des vers, auxquels ses
compagnes répondirent et qui furent à la louange
de la Reine, mère du Roi. » C'était Mlle du Parc
qui faisait Alcine; Mlle de Brie et la femme de
Molière représentaient ses nymphes. Quand elles
eurent récité, les monstres les ramenèrent « du
côté de l'Ile enchantée, où était le château, qui,
s'ouvrant à leur arrivée, surprit agréablement les
yeux par les beautés d'une architecture si merveilleuse que l'on eût cru que c'était de l'invention de

Vigarani, si l'on n'eût été prévenu que c'était un enchantement d'Alcine. Alors les concertants redoublèrent les accords et l'on vit [à l'intérieur du château] des géants d'une prodigieuse grandeur qui firent la première entrée du ballet ». Il y eut six entrées, dont la dernière fit paraître Roger recevant l'anneau libérateur. Au même instant, un coup de tonnerre suivi d'éclairs marqua la fin des enchantements; et le palais d'Alcine s'abîma dans un feu d'artifice, dont l'effet fut doublé par l'eau qui reflétait les fusées et les échos qui répercutaient le bruit des boîtes.

Les plaisirs de l'Ile enchantée prenaient fin. Le Roi les prolongea quelques jours encore par des divertissements. Le 10 mai, il voulut courre les têtes à l'allemande, jeu de cavaliers, qui consistait à emporter à toute bride, et successivement avec la lance, l'épée et la javeline, une tête de Turc, de Maure et de Méduse. Le jeu eut lieu dans les fossés sans eau du petit château. « Toute la Cour s'était placée sur une balustrade de fer doré, qui régnait autour de l'agréable maison de Versailles et qui regarde le fossé, dans lequel on avait dressé la lice avec des barrières. » Le Roi remporta le prix de deux courses, mais sur-le-champ redonna à courre celui qu'offrait la Reine aux chevaliers qui avaient été de sa quadrille; c'était une rose de diamant, et le marquis de Coislin, qui la gagna, la reçut des mains de la souveraine. Le lendemain, il y eut promenade à la Ménagerie, où le Roi fit admirer les nouveaux bâtiments qu'il venait d'ordonner et un grand nombre d'oiseaux rares. « Le soir, Sa Majesté fit représenter sur l'un de ces théâtres doubles de son salon, que son esprit universel a lui-même inventés, la comédie des *Fâcheux* faite par le sieur de Molière, mêlée d'entrées de ballet et fort ingénieuse. » Le lundi 12, après avoir dîné, le Roi fit tirer aux dames une loterie « de pierreries, ameublements, argenterie et autres choses semblables : et, quoique le sort ait accoutumé de décider de ces présents, il s'accorda, sans doute avec le désir de Sa Majesté, quand il fit tomber le gros lot entre les mains de la Reine ». Puis, on fut assister au défi échangé par deux des nobles figurants de la première journée, le marquis de Soyecourt et le duc de Saint-Aignan ; ils coururent les têtes dans leurs costumes héroïques de Guidon le Sauvage et d'Olivier, et provoquèrent entre leurs partisans de nombreuses gageures d'argent. M. de Saint-Aignan gagna le défi. « Le soir, Sa Majesté fit jouer une comédie nommée *Tartufe*, que le sieur de Molière avait faite contre les hypocrites... » C'étaient seulement les trois premiers actes d'une pièce encore inconnue, qui allait faire quelque bruit dans le monde. Le lendemain, le Roi voulut encore courre les têtes, et la comédie fut le *Mariage forcé*, « encore de la façon du même sieur de Molière, mêlée d'entrées de ballets et de récits ». Le 14, la Cour partit pour Fontainebleau.

Cette série de divertissements dépassait en intérêt et en éclat ce qu'on avait vu à la cour de France ; on avait admiré « le projet avec le succès, la libéralité avec la politesse, le grand nombre avec l'ordre, et la satisfaction de tous » ; et la relation officielle ne manque pas d'ajouter que « les soins infatigables de M. de Colbert s'employèrent en tous ces divertissement, malgré ses importantes affaires ». Mais le petit château ne se prêtait aucunement au séjour des grandes foules et, si le Roi avait fait des heureux, il y avait eu aussi des mécontents. On le sait par un témoignage, indirect il est vrai, de Mme de Sévigné. Olivier d'Ormesson, racontant dans ses mémoires le procès de Foucquet, s'interrompt pour noter : « Mme de Sévigné nous conta les divertissements de Versailles, qui avaient duré depuis le mercredi jusqu'au dimanche, en courses de bagues, ballets, comédies, feux d'artifice et autres inventions fort belles ; que tous les courtisans étaient enragés, car le Roi ne prenait soin d'aucun d'eux, et MM. de Guise, d'Elbeuf n'avaient pas quasi un trou pour se mettre à couvert. » Le village avec ses auberges de rouliers offrait, en effet, peu de ressources aux courtisans qui suivaient le Roi. Qui aurait pu penser que vingt ans plus tard, on y trouverait une ville ?

Quelques parties de cette fête de 1664 se répétèrent les années suivantes, qui sont les plus brillantes de la jeune cour. En 1665, il y eut de nombreux séjours de Louis XIV à Versailles, avec chasses, spectacles, bals et régals, et l'on donna, le 13 juin, la comédie suivie de danses dans un vaste salon de verdure élevé par Vigarani sur l'Allée Royale et éclairé de cent lustres de cristal.

Au mois de juillet, la reine d'Angleterre, venue en France pour les couches de Madame, sa fille, visita Versailles et y demeura cinq jours avec sa maison, magnifiquement traitée par le Roi. En septembre, la Cour y fêta la Saint-Hubert, pendant quatre journées ; il y eut une grande chasse, où parurent en amazones la Reine, Madame, Mademoiselle, Mlle d'Alençon et les autres dames, et une comédie entremêlée de ballets, première représentation de l'*Amour médecin*. Les gazetiers beaux-esprits y trouvèrent comme toujours matière à rimer, et Robinet en tira sa lettre hebdomadaire à Madame :

> Dimanche où le ciel tout exprès
> Se para de tous ses attraits,
> Notre Cour courut à Versailles
> Pour y rire et faire godailles.
>
> . . . .
>
> L'admirable et plaisant Molière...
> Illec avec sa compagnie
> Fit admirer son gai génie ;
> Son jeu fut mêlé d'un ballet
> Qui fut trouvé drôle et follet.

En 1666, le deuil pour Anne d'Autriche, morte le 19 janvier, suspendit les fêtes, mais n'interrompit point les courts séjours à Versailles. Les plaisirs champêtres s'y multipliaient. Dans le petit parc, outre le Jeu de paume, qui datait de Louis XIII, la Cour trouvait un jeu nouveau, une « ramasse », sorte de glissoire en bois, qui avait grande analogie avec ce qu'on a appelé depuis les « montagnes russes » :

Dans ce lieu délicieux
Notre Cour s'ébaudit des mieux.
La ramasse, l'escarpolette,
Le volant avec la raquette
Et d'autres petits jeux nouveaux,
La chasse, le vol des oiseaux,
Et le plus souvent des cœurs mêmes,
Sont là les délices suprêmes
Que l'on goûte à ce renouveau
Où l'Amour, mille fois plus beau,
Se fait de toutes les parties
Qui sans lui sont mal assorties[1].

En 1667 eurent lieu à Versailles les divertissements de la fin du carnaval et l'on revit, à cette occasion, les courses de tête et le défilé des brillants cavaliers dans ces riches costumes de fantaisie que Louis XIV aimait à revêtir. Le jour de ce carrousel, une partie des beautés de la Cour étaient à cheval, « toutes admirablement équipées, conduites par Madame, avec une veste des plus superbes et sur un cheval blanc houssé de brocart, semé de perles et de pierreries, ainsi que son habit. Le Roi marchait après, ne se faisant pas moins connaître à cette haute mine, qui lui est particulière, qu'à son riche vêtement à la Hongroise, couvert d'or et de pierreries, avec un casque de même, ondoyé de plumes, et à la fierté de son cheval, qui semblait plus superbe de porter un si grand monarque que de la magnificence de son caparaçon et de sa housse pareillement couverte de pierreries. » Monsieur, en Turc, et le duc

1. *Les Continuateurs de Loret*, t. I, p. 806 (lettre de Robinet, 10 avril 1666).

d'Enghien, en Indien, chevauchaient auprès du Roi, et les seigneurs suivaient en dix quadrilles. On fit le tour du camp, établi devant la petite orangerie de briques de Le Vau, et, après avoir salué la Reine et les princesses, elles aussi toutes galamment déguisées, le Roi courut la première course et après lui tous les chevaliers. « Ce divertissement fut vu d'un nombre infini d'étrangers, entre lesquels il y avait quantité de seigneurs allemands placés sur de grandes balustrades et terrasses, qui semblaient avoir été préparées à cet effet, quoique ce soient les ornements naturels de ce beau lieu. »

On comprend, après de telles journées, que Versailles se présentât déjà aux imaginations comme le cadre par excellence des fêtes de Louis XIV. Le caractère de cette maison est bien marqué par un écrivain du temps : « C'est assurément une belle et agréable chose de voir le Roi en ce beau désert, lorsqu'il y fait de petites fêtes galantes ou de celles qui étonnent par leur magnificence, par leur nouveauté, par leur pompe, par la multitude des divertissements éclatants, par les musiques différentes, par les eaux, par les feux d'artifice, par l'abondance de toutes choses, et surtout par des palais de verdure, qu'on peut nommer des lieux enchantés, dont jamais la nature et l'art joints ensemble ne s'étaient avisés.... Mais quiconque a vu le Roi pendant la campagne de Flandre l'admirera encore mille fois plus parmi les plaisirs, que ne font ceux qui ne l'ont point vu à la guerre... étonner les premiers capitaines de l'univers par sa capacité, charmer tout le monde, jusqu'aux simples soldats, par une familiarité héroïque,... aller à la tranchée avec une fermeté intrépide, résister à la fatigue, aux veilles et à tout ce que la guerre a de plus pénible, — et faire tout cela avec la même facilité et la même gaieté qu'il ordonne les fêtes de Versailles. » C'est l'auteur du *Grand Cyrus* qui tient ce langage, fidèle écho d'une opinion publique encore entièrement favorable au jeune Roi.

Les séjours de la Cour, pendant les années qui précédèrent la paix d'Aix-la-Chapelle, étaient pour Louis XIV l'occasion de suivre de près le développement des travaux qu'il ordonnait et qui, peu à peu, transformaient Versailles. Aussi semblait-il s'y plaire de plus en plus, malgré l'incommodité qu'offraient pour les logements un château aussi petit avec les quelques pavillons récemment construits au dehors. A l'intérieur, on avait fait ou refait pour le Roi, la Reine, la Reine mère et le Dauphin, quatre grands appartements, dont Mlle de Scudéry décrira bientôt les beautés. Monsieur et Madame ne devaient pas être moins dignement logés. Il y avait une chapelle, où Noël Coypel exécuta des peintures, en 1666. Pendant que la Reine tenait le cercle, ou avant la chasse, le Roi allait sur les chantiers. Un jour de septembre 1665, il rencontra dans sa promenade le cavalier Bernin. L'artiste romain appelé en France pour donner son avis sur l'achèvement du Louvre, après avoir visité les curiosités de Paris, consacrait une journée à Versailles, dont Le Nôtre lui faisait les honneurs. Laissons parler le narrateur qui tenait journal des gestes et paroles de l'homme illustre :

Étant descendus vers les terrasses auxquelles Le Nôtre fait travailler, il [Le Nôtre] lui a montré le dessin, les pentes, les descentes à pied et en carrosse, et lui a fort expliqué ce qu'il fait là exécuter. De là l'on est allé dans le Jardin de fleurs, autour duquel sont de petites terrasses de la hauteur de deux pieds ou environ, ornées d'arbres en pomme et en boule d'un vert de toutes saisons. Le cavalier a dit que tout cela lui semblait beau, même la descente qui conduit à l'Orangerie, dans laquelle il est entré et en a mesuré la largeur. L'on lui a dit que la voûte en terrasse était couverte d'un mastic appliqué sur une toile, laquelle en est imbibée et qui est un secret qu'a donné M. de Francini; que cette voûte a déjà fait l'épreuve de deux hivers. Il a trouvé l'Orangerie belle et a dit qu'on pourrait l'orner pour en faire un lieu qui, l'été, serait fort agréable, qu'il faudrait peindre de clair-obscur.... Après, revenant et entrant dans la cour du Château, il a rencontré le Roi qui en sortait. Il a dit à Sa Majesté qu'il avait trouvé tout ce qu'il venait de voir galant et fort beau; qu'il s'étonnait comment Elle ne venait dans un si agréable lieu qu'une seule fois la semaine; qu'il méritait bien qu'Elle y vînt au moins deux fois. Le Roi a témoigné être bien aise que le lieu lui plût et a passé.

Versailles va s'orner à présent de beautés d'un nouveau genre; l'on y admirera bientôt les jeux d'eau, œuvre des fils d'un ingénieur de Florence, Tommaso Francini, venu en France sous Henri IV et mort en 1651, titulaire de la charge d' « intendant général des eaux et fontaines de France ». Les Francine, qu'on nomme communément « Messieurs de Franchine », excellent ainsi que leur père dans l'art hydraulique; mais c'est l'aîné, François Francine, qui a hérité de la charge et du titre ; son frère, Pierre, travaille en sous-ordre comme simple « ingénieur pour le mouvement des eaux et fontaines des maisons royales ». Louis XIV n'est point servi à Versailles comme Foucquet le fut par les « Nymphes de Vaux » chères à La Fontaine. François Francine doit imaginer des effets supérieurs à tous ceux qu'on a déjà réalisés, loin de toute source importante et sur un sol qui se prête bien mal à cette expérience. Mais les ingénieurs, aux prises avec des difficultés qui semblent insurmontables, sont soutenus par la volonté d'un maître qui force la nature à lui obéir.

Le grand travail de l'année 1665 a été la construction de la Pompe et de la Tour d'eau. Cette tour élevée par Le Vau, sur l'emplacement où est aujourd'hui l'hôtel des Réservoirs, est destinée à recevoir l'eau à une grande hauteur, à la conserver et à la distribuer suivant les besoins aux réservoirs du parc et aux fontaines. La Pompe prend l'eau dans le grand étang de Clagny, qui se déploie au bas des pentes septentrionales de Versailles et sur le bord duquel sont des moulins à vent, dits moulins de Clagny[1]. Les machines primitives et tout

1. L'étang de Clagny occupait toute la partie basse de la ville actuelle, comme on le voit dans les grandes estampes d'Israël Silvestre de 1674. La Tour d'eau a fait le sujet de gravures assez rares reproduites dans *La Création de Versailles*, p. 57 et 123. — Pour toute l'histoire des travaux hydrauliques de Versailles, on dispose aujourd'hui d'un travail complet et d'une autorité exceptionnelle, enrichi de plans nombreux et dû à M. l'ingénieur L.-A. Barbet, *Les grandes eaux de Versailles ; installations mécaniques et étangs artificiels, description des fontaines et de leurs origines*, Paris, 1907. M. Barbet publie, p. 28 et suiv., des extraits des contrats de Denys Jolly concernant la pompe, le réservoir de la Tour d'eau et les canalisations des fontaines et remontant à mars et décembre 1664.

le mouvement de la Pompe, que met en action un manège à chevaux, ont été l'œuvre de Denis Jolly, maître de la pompe du Pont-Neuf. Ce Jolly, qui fournit aussi les conduites et reçoit, de ce chef seul, jusqu'à cent mille livres par an, doit être nommé au passage, avec une estime particulière, comme l'indispensable collaborateur des Francine.

Le Roi s'impatiente plus d'une fois de la lenteur de ces ouvrages compliqués, qui dépassent la durée d'une année, et il dit volontiers au sieur Jolly « qu'il n'y a personne de si long que lui dans son travail ». Charles Perrault, en sa qualité de contrôleur des Bâtiments du Roi, reste à Versailles des semaines entières pour surveiller l'ouvrage, l'activer et en rendre compte à Colbert jour par jour. Enfin, le 17 décembre, Le Vau voit fonctionner la Pompe portant l'eau jusqu'au sommet de la tour, et il prépare la visite de Sa Majesté, qui doit monter avec sa suite par le petit escalier de fer. Cette visite a lieu le 21, et paraît satisfaire le Roi. Mais le savant Huygens, visitant Versailles peu après, s'étonne de la construction faite et dit à Charles Perrault : « Il n'était point nécessaire de faire monter l'eau sur cette tour; la pompe l'aurait portée aussi aisément de l'étang dans les réservoirs, sans aucun entrepôt, et la dépense de la tour est assurément très inutile. » « Je compris la chose dans le moment même, raconte Perrault, et je le dis à M. Colbert, qui en demeura d'accord sans hésiter, en ajoutant : « Que voulez-vous ? il faut bien payer son apprentissage. »

L'inauguration des grands effets d'eau est de
1666. Cette année-là, les conduites sont posées
pour un certain nombre de bassins, où des « fontaines », suivant le mot du temps, commencent à
s'établir. Les récits inédits des visites royales
mentionnent, dès le mois d'avril, les premiers
essais de la distribution et du règlement des eaux :
« Le Roi visitant hier les travaux passa par le
bosquet vert pour voir l'effet du jet d'eau, qui fut
aussitôt arrêté que Sa Majesté fut passée.... Sa
Majesté remarqua dans le jardin fruitier le jet d'eau
du bassin qui est au bas d'icelui, qui ne va qu'à
cinq pieds de haut. Je crois qu'il était trop battu
du vent et que l'ajustage était trop gros; je dis à
Sa Majesté que Monseigneur [Colbert] faisait
changer les ajustages et que les ouvertures d'iceux
seraient proportionnées suivant la distribution de
l'eau qui sera donnée à chaque bassin. Après
qu'elle eut fait voir à M. de Liancourt son Orangerie, elle fit un tour dans les allées du Petit Parc,
et aussitôt fut au Jeu de paume, à la sortie duquel
Sa Majesté fut à la Ménagerie, où elle eut bien du
divertissement des eaux de la grotte et des dragons. Au retour, elle se promena une heure et
demie dans le Petit Parc et considéra nos ouvrages,
particulièrement le bassin et fontaine du jardin en
terrasse, que je ferai finir le plus tôt possible; je
ne crains que la longueur de M. Jolly pour les
tuyaux et conduites. » Souvent, par la suite, le
Roi vint se promener à pied et on lui donna chaque
fois « le contentement des fontaines ».

Un des effets d'eau les plus importants par la

masse est celui du rondeau où sera bientôt le Dragon et qu'on appelle alors le « bassin du Grand Jet » ; le travail s'y achève au mois d'août 1666. La partie du jardin où il se trouve sera bien vite, lors de la création de l'Allée d'eau, une des mieux aménagées au point de vue qui nous occupe. Au bassin de l'Ovale [Latone], six jets secondaires sont groupés autour du jet central, et l'on se dispose à l'entourer de termes sculptés par Houzeau. Au bas du parc, le grand bassin des Cygnes est orné, également dans l'été de 1666, d'une « infinité de jets d'eau qui, réunis ensemble, font une gerbe d'une hauteur et d'une grosseur extraordinaires ». Notons aussi la création des « bassin et fontaine du jardin en terrasse », qui se rapporte au parterre sur le devant du Château. Ces changements entraînent un certain remaniement des perspectives. De tous côtés, elles sont prolongées vers la campagne, par un artifice que les contemporains remarquent : « Au bout de toutes les allées on a mis des grilles, au delà desquelles on découvre des paysages agréables, qui font paraître les jardins plus beaux. » En 1667, on élargit l'Allée Royale, en abattant les arbres qui la bordent, pour permettre à la vue de descendre plus librement au bassin des Cygnes, où les eaux jaillissantes viennent d'être amenées.

Cette préoccupation d'étendre la vue déjà fort belle dont on jouit des fenêtres du Château, et surtout du haut du Fer-à-cheval au-dessus du bassin de l'Ovale, conduit Louis XIV à rêver une œuvre immense, que suggère la présence des eaux

dans les bas terrains. Dès que s'agrandit l'Allée
Royale, un canal commence à se creuser, réduit
d'abord à des proportions assez courtes, comme
le montrent quelques estampes de Pérelle et surtout la plus ancienne vue peinte du parc de Versailles. Le Roi a consulté Messieurs de l'Académie
des Sciences pour savoir s'il serait possible d'établir un canal dans cette partie du parc ; les niveaux
pris avec des instruments perfectionnés leur ont
permis de l'assurer. Les travaux occupent l'année
1668. Mais ce premier canal, tout en ayant sa
largeur définitive et déjà sa forme en croix, se
développe peu en longueur ; c'est plutôt une
amorce du grand ouvrage qui sera entamé en
1671. Tel qu'il est cependant, au milieu des allées
divergentes, dont les arbres commencent à grandir, il ajoute quelque majesté au paysage de
Versailles.

Le Canal a été creusé sur l'emplacement d'une
longue allée, qui partait d'un rond d'arbres et de
gazon, au sortir du Petit Parc, et se dirigeait vers
le mur occidental du Grand Parc. Tous ces tracés
sont visibles sur l'ancien plan de Delapointe.
D'autres travaux ont été exécutés en 1668 dans
cette partie du domaine : « Le 14 de septembre,
écrit Petit à Colbert, j'ai toisé ce que les ristons et
autres terrassiers ont enlevé de terre, tant au
Canal qu'allées et contre-allées le long d'icelui et,
hors dudit Canal, tant au grand rond sortant du
Petit Parc, que hors le Grand Parc. Nous avons
trouvé qu'il avait été fouillé et transporté 9.000 toises
cubes de terre. » Deux mois plus tard, le jardinier

Marin Trumel, préposé aux pépinières, plante de ses plus beaux ypréaux « l'allée qui conduit du grand rond à la Ménagerie », tandis que « l'on commence à poser les gros tuyaux de conduite qui mèneront l'eau du bassin des Cygnes dans le Canal ».

C'est à ce moment que Mlle de Scudéry décrit fort bien l'aspect que présente la partie basse du parc, où passent les promeneurs qui vont à la Ménagerie : « Nous sortîmes par une grande grille et nous entrâmes dans un vaste rond d'arbres, où grand nombre d'allées aboutissent et où aboutit aussi le Canal dont j'ai déjà parlé, dont le milieu est marqué par un grand carré d'eau ; et ce Canal de quatre cents toises est environné de deux terrasses bordées d'arbres, avec une grande place au haut du tertre, en forme de demi-lune, d'où l'on voit tout le palais et le jardin en amphithéâtre. » Le Canal primitif fait donc suite à une large étoile d'allées rayonnantes, et il est assez distant du bassin des Cygnes, où se dressera dans peu d'années le groupe du Char d'Apollon. La tête élargie du Canal définitif s'en trouvera plus rapprochée, alors que son triple prolongement à travers le Grand Parc changera singulièrement le caractère de toute cette plaine.

Il faut songer maintenant à décorer les nouvelles fontaines du jardin. Cette nécessité amène à faire aux artistes de nombreuses commandes. Les sculpteurs qui reçoivent les principales sont les frères Gaspard et Balthazar Marsy. En deux ans,

1666 et 1667, ils touchent près de dix mille livres
sur des « figures de plomb et ornements de sculptures pour les fontaines » ; toute l'ornementation
du bassin du Dragon est comprise dans cette
somme, le dragon, les quatre dauphins et les
quatre amours sur des cygnes. Ils ont fait également, pour la jolie fontaine du Triton ou de la
Sirène, située sur la terrasse à l'angle nord-ouest
du Château, des groupes qui sont déjà dorés en
1668[1]. On y voit un triton soutenant une sirène,
qui projette l'eau par une coquille portée à sa
bouche, et deux enfants assis sur des dauphins. Ce
groupe, qui disparaîtra avec le bassin, est indiqué
comme étant de bronze doré. D'ordinaire, pour
les fontaines, le métal employé par les sculpteurs
est un mélange de plomb et d'étain, que la dorure
rend semblable au bronze doré ; il faut se méfier
toujours, en lisant les descriptions, de cette mention
du bronze doré, faite à propos d'objets que nous ne
retrouvons point en ce métal et que les Comptes
indiquent comme exécutés en plomb.

Pendant cette première époque surtout, les
ouvrages de bronze sont extrèmement rares.
Cependant, en 1666, Louis Mazeline, qualifié

---

1. La vaste décoration du bassin du Dragon, due aux Marsy,
avait disparu au dix-huitième siècle ; elle a été reconstituée de
nos jours, à la moderne, sans aucune utilité appréciable et au
grand détriment de l'unité de style dans le parc. Le Bassin de
la Sirène, décrit par Mlle de Scudéry et mentionné pour
réparations dans les Comptes de 1678, a dû disparaître, peu
après cette date, par suite des remaniements du Parterre d'eau.
Les groupes de Marsy posés dans ce bassin ne sont plus connus
que par la gravure de Le Pautre datée de 1679, dont le dessin
original est au Louvre.

maître plombier, fait un dauphin de bronze
« pour mettre à une des fontaines de Versailles »,
et Michel Anguier, le modèle en cire de deux
grands vases qui sont fondus en bronze pour le
Parterre du nord. En 1667, Lerambert est payé
pour une figure de l'Amour, évidemment « l'Amour
de bronze qui tire une flèche d'eau » de l'estampe
de Le Pautre, mis à la fontaine du Jardin de
fleurs ; l'excellent sculpteur exécute en même
temps « deux sphinx de marbre pour poser dans le
petit parc », que les premières estampes nous
montrent placés d'abord de chaque côté des degrés
de Latone, sans les enfants de bronze qu'ils porteront un peu plus tard. Divers ouvrages de
dorure et de bronzure pour les fontaines sont
indiqués par les Comptes, et l'on voit clairement
que le principe adopté alors est celui d'une dorure
complète des plombs et même des bronzes
employés à l'ornementation des bassins.

Le plus vaste travail d'art de l'époque, celui
auquel sont conviés les premiers artistes de Versailles, est la Grotte de Théthys, destinée, d'après
les idées des deux Perrault, à célébrer le Soleil que
Louis XIV a pris pour emblème. On s'est mis à
en construire les rocailles, dans un bâtiment spécial
élevé au nord du Château, à partir du mois de
juillet 1665. L'ouvrage compliqué du rocailleur
Delaunay a avancé très vite ; au mois de décembre 1666, il est fini. On achève alors le pavé et
le cailloutage de la Grotte, dans laquelle est installé un orgue hydraulique, qui imite le chant des

oiseaux. Il vient de la maison d'un particulier de Montmorency, qui paraît l'avoir offert au Roi. Les dates sont fournies par les rapports à Colbert, qui marquent aussi l'intérêt que porte Louis XIV à ces travaux. Citons, par exemple, la fin de sa visite du 27 avril 1666 : « Sa Majesté fut derechef à l'Orangerie et au jardin potager et, étant prêt de monter en carrosse, voulut voir la Grotte, qu'elle trouva fort belle, et dit qu'elle ne connaissait personne qui fût plus long dans ses ouvrages que le sieur Jolly. Il nous est arrivé ce matin le reste des orgues et autres machines prises à Montmorency, ce qui nous fait espérer que le sieur Jolly sera bientôt ici, dont nous avons grand besoin. » On remplit alors le réservoir ménagé au-dessus de la Grotte ; ses eaux, amenées dans tous les murs et jusque sous le pavé, par les soins de Denis Jolly, y produiront des effets variés et inattendus.

Un maître sculpteur se trouve occupé à la Grotte de Versailles au cours de 1666. C'est Gérard Van Opstal, d'Anvers, un des membres les plus anciens de l'Académie royale, de qui ce seront les derniers ouvrages. En peu de temps, sa figure de fleuve du fond de la Grotte et son importante décoration de la façade sont terminées : « Le sieur Van Opstal, écrit Petit à Colbert le 16 juin, ne travaille point encore aux bas-reliefs du dehors de la Grotte. Le fleuve, qui est au niveau de l'imposte du milieu de ladite Grotte, est entièrement ébauché, lequel sera fini dans deux jours. » Et le 18 septembre : « La sculpture du devant de la Grotte sera au plus tard finie dans la fin de la semaine prochaine. » A ce

moment, sont déjà accumulées à l'intérieur toutes
les curiosités de l'art du rocailleur, dont la description par les contemporains sera rappelée plus loin.
Les gravures de Le Pautre les remettent seules sous
nos yeux[1]. Delaunay y a employé des coquillages
de toute couleur, le corail, la nacre, les pétrifi-
cations, pour représenter le soleil, le chiffre du
Roi, des tritons, des sirènes, des dragons, des
masques, des guirlandes, des lustres, des oiseaux
et tous les ornements de l'architecture. Ajoutons
que Francine, qui a été l'ordonnateur de la Grotte
de Théthys, la plus fameuse de toutes celles qu'on
ait élevées, a dû se rappeler les travaux analogues
faits par Tommaso Francini, son père, à Saint-
Germain, la Grotte du Dragon, celle de Neptune,
celle des Orgues, où reparaissaient des dispositions familières aux villas d'Italie[2]. Pour inspirer
les décorateurs, il a sùrement consulté, outre les
estampes d'Abraham Bosse sur les grottes de

1. La grande publication sur la Grotte de Versailles fut faite
en 1679 à Paris, par l'Imprimerie Royale, comprenant vingt
planches et un texte de onze pages de Félibien, in-folio. Nous
connaissons deux spécimens conservés, dans la région de l'Ile-
de-France, de ces grottes qui ornaient alors tous les jardins,
celle d'Issy, dans les jardins de l'ancien Grand Séminaire, et
celle du château de Wideville, dont une partie de la décoration
a échappé à la ruine et dont les grilles de fer forgé portent la
date de 1643.

2. V. la description de ces grottes par André Duchesne, citée
par Georges Houdard, *Les Châteaux royaux de Saint-Germain-
en-Laye*, Saint-Germain, 1912, t. II, p. 125-128. On est frappé de
certains détails qui rappellent ceux qu'a relevés Montaigne, dans
ses descriptions des villas de Pratolino et de Castello, près de
Florence, et de la villa d'Este. (*Journal du voyage en Italie*, éd.
A. d'Ancona, Città-di-Castello, 1889, p. 164, 177, 174, 324.)
V. plus loin, p. 127.

Saint-Germain, le *Livre d'architecture* de son
oncle, Alessandro Francini ; il a pu y trouver
gravés de nombreux motifs de ces constructions à
l'italienne, devenues à la mode en France depuis
la Renaissance et dont la grotte de Meudon, célébrée par Ronsard comme celle de Versailles le fut
par La Fontaine, était, avant la création de celle-
ci, le plus mémorable exemple.

D'importants groupes de marbre furent destinés
au petit édifice et commandés dès lors à Girardon,
à Regnaudin, à Gilles Guérin et aux Marsy. La
construction de la Grotte était ordonnée, quand
Charles Perrault imagina la grandiose flatterie que
Louis XIV y devait recevoir. Déjà, dit-il, la plupart
des grandes décorations projetées à Versailles se
rattachaient à la fable d'Apollon ou du Soleil,
« car on avait mis sa naissance et celle de Diane,
avec Latone leur mère, dans une des fontaines, où
elle est encore ; on avait aussi mis un Soleil levant
dans le bassin qui est à l'extrémité du Petit Parc.
Je songeai donc qu'à l'autre extrémité du même
parc, où était cette Grotte, il serait bon de mettre
Apollon, qui va se coucher chez Théthys après
avoir fait le tour de la terre, pour représenter que
le Roi vient se reposer à Versailles après avoir travaillé à faire du bien à tout le monde. Je dis ma
pensée à mon frère le médecin [Claude], qui en fit
le dessin, lequel a été exécuté entièrement, savoir :
Apollon dans la grande niche du milieu, où les
nymphes de Théthys le lavent et le baignent ; et
dans les deux niches des côtés, il représenta les
quatre chevaux du Soleil, deux dans chacune niche,

qui sont pansés par des tritons. M. Le Brun, lorsque le Roi eut agréé ce dessin, le fit en grand et le donna à exécuter, sans presque y rien changer, aux sieurs Girardon et Regnaudin, pour le groupe du milieu, et aux sieurs Gaspard Marsy et Guérin, pour les deux groupes des côtés. »

Tout cet ensemble ne devait être terminé que beaucoup plus tard, et ce ne fut même qu'en 1672 que les modèles en plâtre furent posés et achevèrent, en attendant les marbres, le décor du « Palais de Théthys »[1]. La Fontaine, comme on le verra, a décrit les groupes par avance, ainsi que les figures d'Acis et de Galatée, dues à Tubi, dans le petit poème où il énumère les merveilles de la Grotte. Ce qu'on avait réalisé dès 1667 et ce qu'on trouve détaillé dans les premières descriptions, déjà fort admiratives, c'est la partie ornementale que Charles Perrault résume ainsi : « Mon frère fit aussi les dessins pour tous les autres ornements de cette grotte : figures, rocailles, pavé, etc. Il fit aussi le dessin de la porte, qui était un très beau soleil d'or qui répandait ses rayons, aussi d'or, sur toute l'étendue des trois portes, lesquelles étaient

---

1. Rapport de Colbert à Louis XIV, du 17 juillet 1672 : « ... Girardon fait le modèle en plâtre sur le lieu du socle ou piédestal du groupe des figures du milieu ; et les Marsy et Guérin vont aussi faire en plâtre le modèle sur le lieu du piédestal de leur groupe. » (Bibliothèque nationale, *Mél. Colbert*, vol. 160, fol. 858.) L'étude des premiers modèles avait dû être assez longue : des « figures faites pour la grande niche » sont payées à Girardon et Regnaudin, dès 1666. Leur parfait paiement pour les marbres, ainsi que celui de G. Marsy et de Tubi, est seulement de 1677 ; celui de Gilles Guérin paraît être de 1675 (Comptes, t. I, 963, 964, 830). Le rocailleur, au contraire, dont le compte s'élève à 20.619 livres, est complètement payé en 1668.

des barres de fer peintes en vert. Il semblait que le soleil fût dans cette grotte et qu'on le vît au travers des barreaux de la porte. » A partir de ce moment, la Grotte de Théthys, de plus en plus célébrée, fait partie des curiosités que les étrangers visitent à Versailles, et il est rare qu'elle n'ait sa place dans les divertissements et dans les fêtes.

Versailles a vu en 1668 la plus grande fête de Louis XIV, la plus somptueuse qu'il ait jamais donnée et celle qui est, par excellence, dans les anciens récits, la « fête de Versailles ». Elle ne dura qu'un jour, ou plutôt une nuit, celle du 18 juillet, et coûta environ cent mille livres. Il en existe plusieurs relations, sans parler du programme du spectacle, *le Grand Divertissement royal de Versailles*, imprimé avant la fête et distribué aux spectateurs. Félibien a été chargé par le Roi d'en écrire le récit officiel, plus complet que celui qu'on mit dans la *Gazette*; Mlle de Scudéry l'a fait, de son côté, d'une façon assez piquante; enfin, cinq belles estampes gravées par Le Pautre vinrent remettre sous les yeux du public, dix ans plus tard, les principaux épisodes de la fête[1]. Elle

1. Le récit officiel de Félibien sur la fête de 1668, qui paraît écrit à l'usage des gens de qualité, se trouve dans ses opuscules, p. 197-270. Celui de Mademoiselle de Scudéry forme l'avant-dernière partie de *La Promenade de Versailles*, p. 574-606. Il y a une relation espagnole de Pedro de la Rosa imprimée à Paris en 1668, in-4°, et une autre conservée manuscrite à la Bibliothèque de l'Arsenal, dans les papiers de Conrart, est de l'abbé de Montigny, qui l'écrivit par ordre de la Reine pour être envoyée à Madrid. Il faut indiquer aussi le curieux récit qui figure dans les lettres du marquis de Saint-Maurice, envoyé de Savoie, et que publie M. Jean Lemoine (*Lettres sur la Cour de*

resta donc longtemps dans la mémoire des contemporains, y marquant, en effet, le moment le plus
brillant de la jeunesse de Louis XIV.

C'était deux mois et demi après la paix d'Aix-la-
Chapelle. Le Roi voulait rendre à la Cour les
plaisirs du Carnaval, que la guerre avait empêchés.
Il désirait en même temps paraître aux yeux de
Mme de Montespan dans tout l'éclat dont l'entouraient les victoires de Condé et de Luxembourg.
La duchesse de La Vallière résidait encore à la
Cour comme maîtresse « déclarée » ; mais ce
n'était déjà plus pour lui plaire que se donnaient
les fêtes de Versailles. Le Roi choisit lui-même
les emplacements des jardins qu'on devait disposer
et décida les divertissements, dont les eaux nouvellement amenées allaient faire le principal
intérêt. Les divers organisateurs reçurent leur
rôle : le duc de Créqui, premier gentilhomme de
la Chambre, fut chargé de ce qui regardait la
comédie ; le maréchal de Bellefonds, premier
maître d'hôtel du Roi, prit soin de la collation et
du souper, et Colbert, comme surintendant des
Bâtiments, des constructions et du feu d'artifice.
Il distribua la besogne entre Vigarani, qui dressa

Louis XIV, 1667-1670. Paris, 1911, p. 200-209). Ce témoin résume
ainsi son sentiment sur cette mémorable journée : « Assurément
que, s'il y avait eu moins de confusion et de désordre à cette
fête de Versailles, l'appareil en était beau et pompeux, par la
quantité des édifices, par leur grandeur, par leur richesse et
architecture. Jamais il n'y eut de si belles eaux ni de si beaux
feux. Il en coûte au Roi plus de cinq cent mille livres.... Les
dames et hommes de qualité ont fait en leur particulier des
dépenses excessives ; il s'est vu des particuliers qui avaient jusqu'à quinze mille livres de point de France ».

la salle de comédie, Henri Gissey, dessinateur des plaisirs du Roi, qui accommoda celle du souper, et Le Vau, qui fit la plus importante, celle du bal. Jolly eut à diriger les effets d'eau, Gissey les illuminations, et il est à penser, sans qu'il soit nommé, que Le Brun donna des idées à tout le monde.

Au jour fixé, le Roi vient de Saint-Germain dîner à Versailles avec la Reine, le Dauphin, Monsieur et Madame [Henriette d'Angleterre]. Le reste de la Cour arrive dans l'après-midi et les officiers du Roi offrent des rafraîchissements au rez-de-chaussée : les principales dames sont conduites dans des chambres particulières où elles peuvent se reposer. Vers six heures, le Roi, la Reine et toute la Cour sortent sur le grand Parterre. « Cette agréable multitude de belles personnes extraordinairement parées » se répandent « en un instant dans tous les jardins, à peu près comme un grand amas d'eaux retenues et resserrées, qui s'épanchent tout d'un coup et qui inondent une grande étendue de pays ». Madeleine de Scudéry fait partie du brillant cortège et ces galantes images sont de sa plume. Le Roi cependant passe devant la Grotte de Théthys, descend le long du parterre de gazon et va, au rondeau du Dragon, faire admirer les figures de plomb doré qu'on vient d'y mettre. Puis, par les jeunes bosquets qui offrent déjà une ombre assez épaisse, on se rassemble dans une espèce de labyrinthe, dont le centre est un cabinet de verdure à l'aboutissement de cinq allées, plus tard nommé le Bosquet de la Montagne d'eau. Le rondeau qui s'y trouve est couvert par cinq buffets adossés au jet de la fontaine et dont chacun offre un aspect imprévu : l'un est une montagne dont les cavités ont été remplies de diverses viandes froides ; un autre, un palais bâti de massepains et de pâtes sucrées ; ces buffets sont séparés par des vases contenant des arbres, dont les branches portent des fruits confits. Les fruits naturels ne manquent pas non plus : ils sont encore sur leurs arbres, rangés le long des allées en charmille. On y peut cueillir, dans l'une, des poires de toute espèce ; dans la seconde, des groseilles de Hollande ; la troisième présente des abricots et des pêches ; la quatrième, des bigarreaux et des cerises ; et la cinquième est toute bordée d'orangers du Portugal. Il y en a pour les goûts les plus divers, et les yeux, au bout de chaque allée, sont charmés par une belle disposition de niches fleuries au chiffre du Roi, abritant la figure dorée d'une divinité sylvestre, d'un effet vif sur le fond vert des palissades.

« Après que Leurs Majestés eurent été quelque temps dans cet endroit si charmant, et que les dames eurent fait collation, le Roi abandonna les tables au pillage des gens qui suivaient, et la destruction d'un arrangement si beau servit encore d'un divertissement agréable à toute la Cour, par l'empressement et la confusion de ceux qui démolissaient ces châteaux de massepains et ces montagnes de confitures. » Le Roi monte ensuite en calèche, la Reine dans sa chaise, la Cour dans les carrosses particuliers, entrés par faveur spéciale ;

et l'on va faire « le tour du bassin de la fontaine des Cygnes, qui termine l'Allée Royale vis-à-vis du Château ». On y voit une haute gerbe d'eau formée d'un grand nombre de jets, en attendant le groupe du Char d'Apollon commandé à Tubi. Continuant par la grande allée de tilleuls qui borde le Petit Parc et remontant par celle qui sera l'allée de Saturne, on arrive au carrefour où sera un jour le bassin de l'Hiver. C'est là que Vigarani a élevé le théâtre. La scène est prise sur l'allée ; la salle peut contenir près de trois mille spectateurs. Au dehors, elle est toute en feuillage ; le dedans est tendu des plus belles tapisseries de la Couronne et éclairé de trente-deux lustres de cristal. De chaque côté de l'ouverture de la scène, deux statues, la Victoire et la Paix, rendent hommage à l'heureux conquérant de la Flandre. « La première face du théâtre fut un superbe jardin orné de canaux, de cascades, de la vue d'un palais et d'un lointain au delà. Une seconde collation fut offerte au bord du théâtre.... Ensuite une agréable comédie de Molière fut représentée ; le théâtre changea plusieurs fois très agréablement et la comédie de Molière fut entremêlée d'une symphonie la plus surprenante et la plus merveilleuse qui fût jamais, de quelques scènes chantées par les plus belles voix du monde et de diverses entrées de ballets très divertissantes.... La dernière surtout fut admirable par une prodigieuse quantité de personnages et de figures différentes, dont la foule régulière, s'il est permis de parler ainsi, occupa tour à tour toutes les places du théâtre avec tant d'ordre et de justesse qu'on n'a jamais rien vu de pareil. » Ce dernier ballet, où, pour la première fois en France, plus de cent personnes évoluèrent ensemble sur la scène, représentait le Triomphe de Bacchus et fut le triomphe de Lulli. Molière avait compté sur les conventions théâtrales acceptées de son temps pour entremêler les bergeries du ballet et la scène mythologique finale à deux actes d'une comédie bourgeoise assez joyeuse. Elle traitait des malheurs « d'un riche paysan marié à la fille d'un gentilhomme de campagne » ; et les couplets, si bien tournés qu'ils fussent, ne valaient point cette prose, qui était celle de *Georges Dandin*[1].

1. Voir dans Félibien les détails de la décoration et le texte poétique des *Fêtes de l'Amour et de Bacchus,* dont Lulli fit plus tard le troisième acte de son premier opéra, représenté sous le même titre, d'abord en 1672, puis en 1674, aux nouvelles fêtes de Versailles. Cf. l'édition Despois et Mesnard des *Œuvres de Molière,* t. VI, p. 599 et suiv., où se trouvent reproduits la relation de Félibien et le texte du « Grand Divertissement royal ». A côté des descriptions en prose, plaçons celle du gazetier Robinet :

> Dans le parc de ce beau Versailles...
> On vit lundi ce que les yeux
> Ne peuvent voir que chez les dieux
> Ou chez Louis qui les égale....
> Sus, Muse, promptement passez
> En cette autre brillante salle
> Qui fut la salle théâtrale.
> O le charmant lieu que c'était !
> L'or partout là certe éclatait.
> Trois rangs de riches hautes-lices
> Décoraient ce lieu de délices,
> Aussi haut sans comparaison
> Que la vaste et grande cloison
> De l'église de Notre-Dame....

Au sortir du spectacle, la Cour se dirigea vers
un autre rond-point du parc, où l'on aperçut de
loin l'illumination d'un salon octogone de feuillée,
couvert en dôme et orné de figures dorées, de
trophées et de bas-reliefs[1]. L'intérieur fut un
enchantement. Les effets d'eau et de lumière s'y
multipliaient. Au milieu du salon, un grand
rocher surmonté d'un Pégase et parsemé des
figures d'argent d'Apollon et des Muses, représentait le Parnasse ; d'abondantes cascades jaillissant du sommet formaient quatre petits fleuves,
qui allaient se répandre sur des pelouses. Toute
l'architecture était de feuillage, sauf les huit pilastres d'angle qui supportaient des coquilles de
marbre superposées se renvoyant des nappes d'eau.
La corniche soutenait des vases de porcelaine
garnis de fleurs, alternant avec de grandes boules
de cristal et des guirlandes de fleurs y étaient sus-
pendues par des écharpes de gaze d'argent. En
face de l'entrée, le principal buffet, dans un
cabinet assez profond, présentait la plus belle vais-
selle du Roi, la « nef », avec vingt-quatre énormes
bassins d'argent ciselé, « séparés les uns des autres

Maintes cascades y jouaient
Qui de tous côtés l'égayaient....
En ce beau rendez-vous des jeux,
Un théâtre auguste et pompeux
D'une manière singulière
S'y voyait dressé pour Molière....

1. L'emplacement du salon octogone était au rond-point où
fut peu après le bassin de Flore ou du Printemps. Les sculpteurs nommés par les Comptes, comme ayant travaillé aux
œuvres éphémères de cette construction, sont Houzeau, Van
Opstal, Le Hongre et Lerambert.

I.   7

par autant de grands vases, de cassolettes et de
girandoles d'argent d'une pareille beauté ». On y
avait mis aussi de hauts guéridons d'argent récemment faits aux Gobelins, sur lesquels posaient
d'autres girandoles, allumées de bougies de cire
blanche. Le Roi prit place devant le rocher, où
paraissaient incrustées les pâtes et les sucreries et
autour duquel se trouvaient dressées les tables
pour soixante personnes. Le festin eut cinq services, chacun de cinquante-six grands plats. Dans
les allées voisines, sous des tentes, la Reine tenait
sa table particulière, et beaucoup d'autres tables
étaient préparées pour les dames. Ne retenons
que celle de la duchesse de Montausier, où furent
réunies Mme de Montespan, la belle Mme de
Ludres, Mlle de Scudéry et Mme Scarron. A la
table du Roi, où était la duchesse de La Vallière,
avaient été conviées la marquise de Sévigné et
mademoiselle sa fille. Les ambassadeurs avaient
trois tables dans la Grotte de Théthys, et l'on en
avait mis en plusieurs endroits du parc, chargées
à profusion et « où l'on donnait à manger à tout
le monde ». Au reste, si l'on en croit des récits
privés, le service d'ordre, confié aux gardes du
corps, fut partout très mal fait, et il y eut un grand
nombre d'ajustements détruits et de « canons »
déchirés dans les bosquets encombrés et les passages trop étroits.

Le Roi, s'étant levé de table, sortit par un portique montant vers le Château et fut, en deux
cents pas, à la salle du bal[1]. Ce n'était plus, cette

1. La salle de bal était sur l'emplacement du bassin de Cérès

fois, une architecture de feuillage, mais une superbe construction à huit pans, revêtue, au dehors et au dedans, de marbre et de porphyre, ornée seulement de festons de fleurs. « Il n'y a point de palais au monde, s'écriait Mlle de Scudéry, qui ait un salon si beau, si grand, si haut élevé, ni si superbe. » Il y avait six tribunes en amphithéâtre, dont le fond était orné de grottes de rocaille. Les figures décoratives de plâtre ou de carton, auxquelles les bons sculpteurs des Bâtiments avaient travaillé de leur mieux, étaient celles d'Arion, d'Orphée chantant au milieu de nymphes, et de huit femmes, « qui tenaient dans leurs mains divers instruments, dont elles semblaient se servir pour contribuer au divertissement du bal. »

Les eaux réunissaient ici leurs effets les plus curieux. Elles coulaient des piédestaux des statues, du fond des grottes, et tout le long d'une allée qui s'ouvrait sur un des côtés de la salle. Cette allée, flanquée de cabinets dont des termes marquaient l'entrée, paraissait extrêmement profonde. Tout au bout, la grotte en rochers qui la terminait avec des figures dorées de divinités marines donnait naissance à des nappes d'eau, qui tombaient en des vasques successives, se divisaient et descendaient l'allée par deux canaux de marbre, pour se réunir dans un bassin, à l'entrée

ou de l'Été. Cette construction de Le Vau fut conservée quelque temps. C'est dans ce salon que se place un épisode de la *Promenade* et que La Fontaine fait la lecture de la seconde partie des *Amours de Psyché*.

du salon. Un grand jet d'eau dans ce bassin et seize moins grands, jaillissant des canaux, aidaient à prolonger la perspective. La splendeur du bal fut digne du décor; « et, si l'on pouvait faire concevoir l'effet merveilleux de cent chandeliers de cristal et d'un nombre infini de plaques, de girandoles et de pyramides de flambeaux dans ce grand salon, où l'éclat des eaux disputait de beauté avec les lumières, où le bruit des fontaines s'accordait avec les violons, et où mille objets différents faisaient le plus bel objet qui fût jamais, les nations étrangères auraient peine à croire qu'on n'ajoutât rien à la vérité ».

Un spectacle non moins surprenant termina la fête. Après le bal, le Roi et la Cour gravirent les rampes du Fer-à-cheval, autour du bassin de Latone, et trouvèrent mise en place une illumination grandiose, qu'aucun préparatif apparent n'avait laissé prévoir dans la journée :

Après avoir passé par quelques allées un peu sombres pour donner plus d'éclat à ce qu'on devait voir, comme l'on arrivait sur une magnifique terrasse, d'où l'on découvre également et le Palais et les terrasses qui vont en descendant et qui font un amphithéàtre de jardins, on vit un changement prodigieux en tous les objets; et l'on peut dire que jamais nuit ne fut si parée et si brillante que celle-là. En effet, le Palais parut véritablement le palais du Soleil; car il fut lumineux partout, et toutes les croisées parurent remplies des plus belles statues de l'Antiquité, mais de statues lumineuses et colorées diversement, qui répandaient une si grande lumière, que les ombres pouvaient à peine se cacher sous les bois verts qui sont à l'extrémité du parc.... Toutes ces diverses balustrades, aussi bien que les terrasses des divers jardins, qui ont

accoutumé d'être bordées de vases de porcelaine remplis
de fleurs, le furent de vases flamboyants, qui ornaient et
éclairaient en même temps la vaste étendue de ces superbes
jardins. Outre les statues du Palais et les vases des terrasses et des balustrades, on vit dans les jardins d'en bas
des allées de termes enflammés..., des colosses lumineux,
des statues, des caducées de feu entrelacés et mille objets
enfin qui, en se faisant voir eux-mêmes, servaient aussi à
faire voir les autres. Mais comme ce n'était pas encore
assez de charmer les yeux par tant d'objets éclairés qui
étaient fixes dans leur éclat, on entendit tout d'un coup,
par le bruit éclatant de mille boîtes, une harmonie héroïque
pour ainsi dire, qui fut suivie de mille aigrettes de feu
d'artifice, qu'on vit sortir des rondeaux, des fontaines, des
parterres, des bois verts et de cent endroits différents[1]....

Les deux éléments étaient si étroitement mêlés ensemble
qu'il était impossible de les distinguer.... En voyant sortir
de terre mille flammes qui s'élevaient de tous côtés, l'on
ne savait s'il y avait des canaux qui fournissaient, cette
nuit-là, autant de feux comme pendant le jour on avait vu

1. Cet alinéa est de Madeleine de Scudéry; ce qui suit
est de Félibien. Celui-ci ajoute à la description du feu d'artifice des indications topographiques : « Un grand bruit s'éleva
vers la grande Allée.... On la vit éclairée d'un bout à l'autre de
soixante-douze termes.... Il [en] partit en un moment un si grand
nombre de fusées, que les unes se croisant sur l'Allée faisaient
une espèce de berceau, et les autres... formaient comme une
palissade de feu.... L'on voyait tout au bas de l'Allée le grand
bassin d'eau, qui paraissait une mer de flamme... Cette grande
Allée ne fut guère en cet état que les trois bassins de fontaines,
qui sont dans le parterre de gazon au bas du Fer-à-Cheval,
parurent trois sources de lumière. Mille feux sortaient du milieu
de l'eau, qui, comme furieux et s'échappant du lieu où ils
auraient été retenus par force, se répandaient de tous côtés sur
le bord du parterre. Une infinité d'autres feux [sortaient] de la
gueule des lézards, des crocodiles, des grenouilles et des autres
animaux de bronze qui sont sur le bord des fontaines.... » Ces
détails font remarquer l'absence du groupe de Latone, que
Le Pautre a introduit plus tard dans son estampe du feu d'artifice. Au reste, les estampes de Le Pautre, numérotées de I à V
et munies de légendes latines, ne sont datées que de 1678-79;
elles montrent combien les souvenirs de cette journée demeu-
raient chers à Louis XIV.

de jets d'eau qui rafraîchissaient ce beau parterre. Cette surprise causa un agréable désordre parmi tout le monde, qui, ne sachant où se retirer, se cachait dans l'épaisseur des bocages et se tenait contre terre. Ce spectacle ne dura qu'autant de temps qu'il en faut pour imprimer dans l'esprit une belle image de ce que l'eau et le feu peuvent faire, quand ils se rencontrent ensemble et qu'ils se font la guerre. Et chacun, croyant que la fête se teminerait par un artifice si merveilleux, retournait vers le Château, quand, du côté du grand étang [de Clagny], l'on vit tout d'un coup le ciel rempli d'éclairs et l'air d'un bruit qui semblait faire trembler la terre. Chacun se rangea vers la Grotte pour voir cette nouveauté; et aussitôt il sortit de la Tour de la Pompe, qui élève toutes les eaux, une infinité de grosses fusées.... Il y en avait même qui, marquant les chiffres du Roi par leurs tours et retours, traçaient dans l'air de doubles L, toutes brillantes d'une lumière très vive et très pure. Enfin... toutes ces lumières s'éteignirent; et, comme si elles eussent obligé les étoiles du ciel à se retirer, l'on s'aperçut que de ce côté-là la plus grande partie ne se voyait plus, mais que le jour, jaloux des avantages d'une si belle nuit, commençait à paraître.

Telle fut la fête de 1668, la première apothéose de Versailles. En retournant au matin à Saint-Germain avec la Cour, Louis XIV put être satisfait de l'ouvrage de ses serviteurs, qui avaient surpassé, dans tous les genres, ce qu'on avait donné jusqu'alors en France pour les fêtes royales. Mais il était fier surtout d'avoir montré, dans tout son éclat, à ses trois mille invités le beau domaine qu'il avait créé; et peut-être songea-t-il, ce jour-là, à lui préparer pour l'avenir une étonnante fortune.

CHAPITRE QUATRIÈME

LES PREMIÈRES DESCRIPTIONS DE VERSAILLES

EN 1668, Versailles se montre comme un ensemble achevé. Dès l'année suivante, le caractère général en sera entièrement changé par les grandes constructions de Le Vau. Il se trouve que nous avons, de cet état qui va disparaître, plusieurs témoignages exactement de la même époque et d'une remarquable précision. Le premier est un tableau du Musée de Versailles, que nous datons avec certitude de 1668, car il porte comme exécutés tous les travaux faits alors et n'indique rien des transformations du bâtiment, considérables déjà en 1669. C'est une fine peinture anonyme, d'une minutie toute flamande, où se révèle un art fort habile de la perspective pour les constructions et le tracé du parc, présentés au complet de la façon la plus ingénieuse. Nous avons par les Comptes le nom du peintre, Pierre Patel, à qui il a été payé ; c'est sûrement l'œuvre la plus curieuse qu'aient de lui les collections françaises[1]. Il est possible que Patel se soit fait

---

1. Le tableau de Patel porte le n° 765 à l'ancien catalogue du Musée de Versailles, où il est anonyme et de date inexacte.

aider, pour exécuter cette commande du Roi, par le crayon très sûr d'Israël Silvestre, par exemple, qui était à cette date, d'après un de ses titres officiels, « dessinateur des perspectives des maisons royales ». En tout cas, la toile mérite d'être examinée avec soin et interrogée avec confiance : aucune des nombreuses peintures inspirées plus tard par Versailles, qu'elle vienne de Van der Meulen, d'Allegrain, de Cotelle ou des Martin, ne montre plus de conscience et de fidélité.

Par la route, qui sera un jour l'avenue de Saint-Cloud, arrive le carrosse rouge de Louis XIV. Il est mené ventre à terre par six chevaux bais, escorté d'une troupe de cavaliers et suivi du carrosse de **la Reine**, à six chevaux blancs. En avant, galopent sur deux rangs les mousquetaires, précédés de leurs tambourins et de leurs trompettes. Sur le terre-plein qui conduit à l'avant-cour et où se tiennent des valets et des carrosses, un double rang de gardes de différents costumes fait la haie et leurs tambours battent aux champs. Mainte petite scène, rixe entre laquais, chaise à porteur renversée, repas sur l'herbe, jeu de quilles, mettent de la vie sur la place, bordée par des hôtels symétriques de brique et de pierre, au portail orné de trophées. A droite de l'aile des cuisines, l'œil domine la nappe d'eau de trois réservoirs

Les travaux d'art de la Pyramide et de l'Allée d'eau, qui s'y trouvent indiqués, n'étaient probablement pas encore en place lorsqu'il fut peint; pour tout le reste, la concordance avec les documents littéraires est parfaite. C'est vers la même époque que se placent les premières vues de Versailles par Van der Meulen.

construits un peu au-dessous du bâtiment de la Grotte de Théthys. Sur la gauche s'élève le clocher aigu de l'église Saint-Julien. Deux allées d'arbres arrivent presque jusqu'au Château, de chaque côté du « parterre en broderies ». Dans le fond, au delà des parterres bas et des charmilles qu'égaient un certain nombre de statues, on aperçoit le Canal ou plutôt la courte amorce du Canal, creusée depuis peu, commençant à une assez grande distance du bassin des Cygnes (bassin d'Apollon). Le mur du premier Grand Parc, qu'on peut juger bien restreint, se distingue dans toute sa longueur au delà de la Ménagerie et de l'église du hameau de Trianon. Des allées droites et de plantation récente traversent une plaine où le peintre n'a pas manqué de marquer plusieurs étangs; enfin, épars au loin dans le paysage bleuissant, de Choisy-aux-Bœufs à Rocquencourt, à Trianon, à Saint-Antoine-du-Buisson, apparaissent tous les villages, aisément reconnaissables, du Val-de-Galie.

Le commentaire explicatif du précieux tableau est fourni surtout par *La Promenade à Versailles* de Mlle de Scudéry, qui en égale parfois l'exactitude et nous renseigne en outre sur les intérieurs. Les autres témoignages sont à chercher dans la relation de la fête de 1668 par Félibien, et dans les deux prologues du roman de La Fontaine, *Les Amours de Psyché et de Cupidon*. Tous s'accordent pour exprimer l'admiration ressentie par les contemporains pour l'œuvre de jeunesse de Louis XIV. Laissons d'abord la parole au fabuliste, qui se trouve être le premier en date des poètes amoureux de Versailles[1]. Il a raconté la visite qu'y firent ensemble quatre écrivains de l'époque, unis par l'amitié la plus étroite et par le goût commun des belles choses. Ce n'est pas une des moindres gloires de l'ancien Versailles que d'avoir pu occuper d'aussi bons esprits, toute une journée, et d'avoir inspiré vers et prose à Jean de La Fontaine.

Pendant l'automne de cette année 1668, La Fontaine ayant pris jour pour lire un manuscrit à ses amis, Racine proposa à cette occasion, la saison étant belle, de faire une promenade hors de Paris; Boileau conseilla de partir dès le matin, afin de voir les nouveaux embellissements de Versailles, et l'aimable et plaisant Chapelle fit le quatrième compagnon. Molière ne fut pas de la partie; il

1. *Les Amours de Psyché et de Cupidon*, par M. de la Fontaine, Paris, 1669. Le privilège est du 2 mai 1668; l'achevé d'imprimer, du 31 janvier 1669. Je cite l'édition des « Grands écrivains », t. VIII des *Œuvres*, Paris, 1892. Le récit abrégé dans notre texte est aux pages 27-31, 42. (L'annotation détaillée a été faite dans *La Création de Versailles*, p. 216 et suiv.) A propos de la visite de l'Orangerie, La Fontaine laisse entendre clairement que les vers de Racine n'ont point été inspirés par les jardins de Versailles. On doit rectifier aussi l'opinion courante sur la promenade des poètes, à propos du personnage appelé « Gélaste ». Les commentateurs ont confondu jadis la fête de 1668 avec celle de 1664, ce qui permettait l'identification de ce quatrième ami avec Molière. Mais le grand comique et Racine, à l'époque de la visite à Versailles, étaient brouillés cruellement et Molière avait joué la *Folle querelle* en 1667; d'autre part, si certaines théories émises par « Gélaste » rappellent celles que Molière exprime dans l'*Impromptu* (sur la comédie, contre la tragédie), le caractère bouffon, que prête par endroits La Fontaine au personnage, ne peut se rapporter qu'à Chapelle.

était définitivement brouillé avec Racine depuis Pâques de l'année précédente, et ce n'est pas sans regret qu'on doit renoncer à évoquer son souvenir en cette mémorable promenade. « Nos quatre amis, étant arrivés à Versailles de fort bonne heure, voulurent voir, avant le dîner, la Ménagerie.... Ils firent un tour à l'Orangerie », où la beauté des orangers et des autres plantes rappela à Racine quelques couplets de sa façon, qu'il « ne se put tenir de réciter ». « Tout leur dîner se passa à s'entretenir des choses qu'ils avaient vues et à parler du monarque pour qui on a assemblé tant de beaux objets[1].... Ils retournèrent au Château, virent les dedans...., passèrent dans les jardins et prièrent celui qui les conduisait de les laisser dans la Grotte jusqu'à ce que la chaleur fût adoucie. Ils avaient fait apporter des sièges. Leur billet venait de si bonne part qu'on leur accorda ce qu'ils demandaient ; même, afin de rendre le lieu plus frais, on fit jouer les eaux.... Les quatre amis ne voulurent point être mouillés ; ils prièrent celui qui leur faisait voir la Grotte de réserver ce plaisir pour le bourgeois ou pour l'Allemand[2], et

---

1. « ... Notre monarque se divertit à faire bâtir des palais ; cela est digne d'un roi. Il y a même une utilité générale ; car, par ce moyen, les sujets peuvent prendre part aux plaisirs du Prince et voir avec admiration ce qui n'est pas fait pour eux. Tant de beaux jardins et de somptueux édifices sont la gloire de leur pays. Et que ne disent point les étrangers ! que ne dira point la postérité, quand elle verra ces chefs-d'œuvre de tous les arts ! » Qu'aurait pu dire La Fontaine lui-même quinze ans plus tard !

2. Une des estampes de Pérelle montre à quel genre de surprises, usitées dans la plupart des grottes, notre poète fait allu-

de les placer en quelque coin où ils fussent à couvert de l'eau. Ils furent traités comme ils souhaitaient. Quand leur conducteur les eut quittés, ils s'assirent à l'entour de Polyphile, qui prit son cahier ; et, ayant toussé pour se nettoyer la voix, il commença par ces vers.... »

L'œuvre inédite dont Polyphile, c'est-à-dire La Fontaine, régala ses auditeurs dans le pittoresque décor de rocaille de la Grotte de Théthys, était la touchante histoire de Psyché. Le premier livre étant fini, ils s'en entretinrent assez longuement ; puis, l'un d'eux, « qui aimait extrèmement les jardins, les fleurs, les ombrages » et « converser avec les arbres et les fontaines » (c'était Racine), conduisit la compagnie à travers le royaume de

sion. Des curieux s'y trouvent entourés par les jets d'eau sortant de terre, à l'endroit qu'indique Mlle de Scudéry : « Quand on veut faire voir tous ces aimables objets d'un peu plus loin et qu'on a fait retirer la compagnie, mille petits jets d'eau croisés sortent à six pas de là, et ne s'élèvent qu'autant qu'il faut pour en défendre l'entrée et non pas pour en ôter la vue. » A l'intérieur encore, des jets montant jusqu'à la voûte pouvaient sortir, dit Félibien, « d'entre les petits cailloux qui servent de pavé et par mille trous imperceptibles ». C'est de ces derniers jets que parle La Fontaine. L'usage paraît d'origine allemande ; Montaigne décrit les jets d'eau déplaisants, qui surprennent les visiteurs dans un jardin des Függer, à Augsbourg, et « remplissent les cotillons des dames... de cette fraîcheur ». Il retrouve des effets semblables dans les grottes de Pratolino et de Castello : « Le jardinier les ayant... laissés de compagnie, comme ils furent en certain endroit à contempler certaines figures de marbre, il sourdit sous leurs pieds et entre leurs jambes, par infinis petits trous, des traits d'eau si menus qu'ils étaient quasi invisibles..., de quoi ils furent tout arrosés par le moyen de quelque ressort souterrain que le jardinier remuait à plus de deux cents pas de là. » Ces jeux avaient été importés en France, et Louis XIII enfant s'amusait à mouiller ainsi les visiteurs dans la grotte de Neptune, à Saint-Germain. Le goût de Versailles y a renoncé d'assez bonne heure.

M. Le Nôtre. Ils s'arrêtèrent longtemps au-dessus du Fer-à-cheval, « ne se pouvant lasser d'admirer cette longue suite de beautés toutes différentes qu'on découvre du haut des rampes » :

> Là, dans des chars dorés, le Prince avec sa cour
> Va goûter la fraîcheur sur le déclin du jour.
> L'un et l'autre Soleil, unique en son espèce,
> Étale aux regardants sa pompe et sa richesse....
> Ah ! si j'étais aidé des Filles de Mémoire,
> De quels traits j'ornerais cette comparaison !
> Versailles, ce serait le palais d'Apollon ;
> Les belles de la Cour passeraient pour les Heures.
> Mais peignons seulement ces charmantes demeures.

Rien ne nous est plus facile que de contrôler sur place les observations de La Fontaine et de bien savoir ce qu'il admirait, car la description qu'il va faire s'applique à l'un des rares points de Versailles où il n'y a eu depuis lors que des modifications partielles. Dans ces jardins, qui ont tant de fois changé d'aspect, cette exception mérite d'être signalée. Sans doute le long degré à palier, qui descend vers le bassin et que dominaient alors les deux sphinx de marbre sculptés par Lerambert (au lieu des vases qui s'y trouvent aujourd'hui), a agrandi ses proportions au moment de la création du Parterre d'eau ; mais les lignes du Parterre de Latone et la percée de l'Allée Royale sont restées, à peu de chose près, telles que La Fontaine les a vues :

> En face d'un parterre au Palais opposé
> Est *un amphithéâtre* en rampes divisé....
> D'arbrisseaux toujours verts les bords en sont ornés :
> Le myrte, par qui sont les amants couronnés,

Y range son feuillage *en globe, en pyramide :*
Tel jadis le taillaient les ministres d'Armide.
Au haut de chaque rampe, *un sphinx* aux larges flancs
Se laisse entortiller de fleurs par des enfants :
Il se joue avec eux, leur rit à sa manière
Et ne se souvient plus de son humeur si fière.
Au bas de ce degré, *Latone et ses gémeaux*
De gens durs et grossiers font de vils animaux,
Les changent avec l'eau que sur eux ils répandent....
La scène est un bassin d'une vaste étendue ;
Sur les bords, cette engeance, insecte devenue,
Tàche de lancer l'eau contre les déités.
A l'entour de ce lieu, pour comble de beautés,
Une troupe immobile et sans pieds se repose,
Nymphes, héros et dieux de la métamorphose,
Termes, de qui le sort semblerait ennuyeux
S'ils n'étaient enchantés par l'aspect de ces lieux.
Deux parterres ensuite entretiennent la vue.
Tous deux ont leurs fleurons d'herbe tendre et menue ;
Tous deux ont un bassin qui lance ses trésors,
Dans le centre en aigrette, en arcs le long des bords.
L'onde sort du gosier de différents reptiles ;
Là sifflent les lézards, germains des crocodiles,
Et là mainte tortue, apportant sa maison,
Allonge en vain le col pour sortir de prison.

Les amis s'entretinrent, comme on le voit, en marchant dans les jardins, des groupes symboliques qui allaient être placés aux deux extrémités de la grande perspective et devenir les fontaines de Latone et d'Apollon. Observons cependant que l'imagination guide le récit de La Fontaine. Il n'est point certain qu'il ait vu posés sur les sphinx de marbre, à cette date, les enfants de bronze, dont la fonte n'était pas terminée et dont la dorure est seulement de 1670 ; mais on peut assurer qu'il a décrit le groupe de Latone, entourée de ses enfants

et métamorphosant en grenouilles les paysans
inhospitaliers de la Lycie, alors que ce groupe
n'existait encore que dans l'atelier des frères
Marsy. Ceux-ci reçurent, en effet, au cours de 1668
et de 1669, plusieurs à comptes sur leur ouvrage ;
mais le dernier, qui complète la somme de
5.000 livres, est seulement du 24 décembre 1670,
« pour leur parfait paiement du groupe d'une
Latone de marbre blanc avec deux enfants, Apollon
et Diane, et dix figures de paysans qui se changent
en grenouilles, qui ont été posés dans trois bassins de Versailles »[1]. Cette installation est toute
récente et sans doute de l'année même. Dans la
première forme que présente alors la fontaine de
Latone, le groupe est sur un rocher à peine
exhaussé au-dessus du niveau du bassin et simplement entouré de roseaux ; du milieu de l'eau
sortent six paysans dont la métamorphose commence ; quatre autres sont dans les deux bassins
du parterre. L'eau est jetée par eux, ainsi que par
vingt-quatre grenouilles posées sur le bord de la
grande fontaine ; sur le bord des petits bassins, ce
sont des lézards et des tortues. Toute cette décoration de plomb et d'étain a eu dès l'origine l'as-

1. Comptes des Bâtiments, t. I, 252, 333, 406, 418. Le premier
paiement, du 13 mai 1668, est à Gaspard Marsy seul, « à compte
d'une figure de Latone de marbre blanc, qu'il fait pour une
fontaine de Versailles ». La peinture de bronze doré est de
1671 : « 18 octobre 1671 : A Jacques Bailly, peintre doreur, pour
avoir bronzé les baleines de la fontaine d'Apollon et les paysans
et grenouilles de celle de Latone.... » En 1679, un ferblantier
reçoit 900 livres, « à quoi montent les roseaux de fer-blanc qu'il
fait pour les fontaines des Lézards et de Latone ». (Comptes,
t. I, 509, 1185, 1314.)

pect du bronze doré ; on a essayé de le restituer de nos jours aux parties transformées et un peu réduites qui demeurent de l'œuvre des Marsy.

Nos visiteurs descendent au bas du Petit Parc, par l'Allée Royale, alors dépourvue de marbres, et vont admirer le Canal, encore dans la forme assez courte, et le grand bassin des Cygnes. L'œuvre d'un autre sculpteur excite ici la verve descriptive du poète :

> Enfin par une *allée* aussi large que belle,
> On descend vers deux mers d'une forme nouvelle.
> L'une est un *rond à pans*, l'autre est *un long canal*,
> Miroirs où l'on n'a point épargné le cristal.
> Au milieu du premier, Phébus, sortant de l'onde,
> A quitté de Théthys la demeure profonde ;
> En rayons infinis l'eau sort de son flambeau....
> Les coursiers de ce dieu, commençant leur carrière,
> A peine ont hors de l'eau la croupe toute entière :
> Cependant on les voit impatient du frein ;
> Ils forment la rosée en secouant leur crin.
> Phébus quitte à regret ces humides demeures :
> Il se plaint à Théthys de la hâte des Heures.
> Elles poussent son char par leurs mains préparé....

Dans cette description du majestueux groupe du Char d'Apollon, La Fontaine apporte une certaine fantaisie. Le projet seul lui en est connu par Le Brun, Le Nôtre ou Perrault, peut-être par Tubi lui-même. Ses relations avec les artistes, qui lui ont été fort utiles lorsqu'il préparait *Le Songe de Vaux*, se trouvent lui servir de la même façon pour Versailles. Mais c'est ici surtout que se justifie la réserve prudente qu'il a faite, dans la préface de son roman, sur toute une partie de sa description ; elle n'est pas, dit-il, « tout à fait conforme à l'état présent des lieux ; je les ai décrits en celui où dans deux ans on les pourra voir ». Pour le grand rondeau du bas des jardins, on renonça évidemment aux plans primitifs, et ce fut un motif assez différent qui fut placé, puisque Théthys n'accompagna plus Apollon et que, en place des Heures, il y eut, autour du char tiré par quatre coursiers, des tritons et des baleines. Tubi, qui recevait au mois de février 1669 un premier « à compte de l'ornement de fontaine représentant le Soleil levant », livra son groupe dans l'été de l'année suivante, sans doute vers le moment où les Marsy installèrent leurs ouvrages de Latone. Ce furent seulement, il est vrai, le dieu, le char et les chevaux, que « cinquante petits maîtres déchargeurs de pierre sur le port » amenèrent de Paris et fixèrent sur le massif de l'ancien bassin des Cygnes. On plaça, au cours de 1671, les tritons et les baleines, et l'artiste obtint, en diverses années, plus de 15.000 livres pour cet énorme ensemble de plomb, destiné à présenter l'aspect du bronze doré[1]. Nulle part la dorure n'était plus nécessaire ; ne convenait-il pas que le char glorieux d'Apollon, aperçu de la terrasse du Château, étincelât du milieu des eaux jaillissantes ?

Reprenons maintenant notre aimable guide et

1. Comptes des Bâtiments, t. I, 333, 419, 430, 513, 616. Le peintre doreur Bailly commence à être payé, le 28 août 1670, pour « avoir bronzé quatre tritons et quatre baleines de la fontaine d'Apollon ». Ce genre d'indications est tout à fait sûr pour l'installation des groupes de plomb ; il l'est un peu moins pour les marbres.

laissons avec lui les œuvres de l'art pour celles de la nature. Il s'agit de cette nature arrangée, dont Versailles lui fournit les plus beaux exemples :

> Cette figure à pans d'une place est suivie :
> *Mainte allée en étoile*, à son centre aboutie,
> Mène aux extrémités de ce vaste pourpris.
> De tant d'objets divers les regards sont surpris.
> Par sentiers alignés l'œil va de part et d'autre :
> Tout chemin est allée au royaume du Nôtre.
> Muses, n'oublions pas à parler du *canal :*
> Cherchons des mots choisis pour peindre son cristal ;
> Qu'il soit pur, transparent....
> Les lieux que j'ai dépeints, le *canal, le rond-d'eau,*
> *Parterres* d'un dessin agréable et nouveau,
> *Amphithéâtres, jets,* tous au Palais répondent,
> Sans que de tant d'objets les beautés se confondent.
> Heureux ceux de qui l'art a ces traits inventés !
> On ne connaissait point autrefois ces beautés.
> Tous parcs étaient vergers du temps de nos ancêtres ;
> Tous vergers sont faits parcs : le savoir de ces maîtres
> Change en jardins royaux ceux des simples bourgeois,
> Comme en jardins de dieux il change ceux des rois....

Ayant loué, comme il convenait, « l'intelligence qui est l'âme de ces merveilles », c'est-à-dire Colbert, qu'on ne nomme point et « qui fait agir tant de mains savantes pour la satisfaction du monarque », Racine, Boileau, Chapelle et La Fontaine entrèrent dans les bosquets et allèrent voir « le salon et la galerie, qui sont demeurés debout après la fête qui a été tant vantée ». C'était la salle construite par Le Vau pour le bal du mois de juillet précédent, et que prolongeait une galerie de verdure. « Nos amis s'assirent sur le gazon, qui borde un ruisseau ou plutôt une goulette, dont cette galerie est ornée. Les feuillages qui la couvraient, étant déjà secs et rompus en beaucoup d'endroits, laissaient entrer assez de lumière pour faire que Polyphile lût aisément »; et le second livre de *Psyché* conduisit les auditeurs jusqu'à l'heure où ils purent jouir d'un de ces admirables couchers de soleil fréquents à Versailles. « Je vous prie, dit Racine, de considérer ce gris-de-lin, de couleur d'aurore, cet orangé et surtout ce pourpre, qui environnent le roi des astres.... » On lui donna le loisir de considérer les dernières beautés du jour; puis, la lune étant en son plein, nos voyageurs et le cocher qui les conduisait la voulurent bien pour leur guide. »

Le Versailles vu par les poètes, en cette mémorable journée, nous est connu par un de leurs confrères moins illustres, mais dont le style se ressent de leur voisinage et s'ennoblit, sans effort, de la politesse du temps. Peu de semaines avant eux, Madeleine de Scudéry avait fait la même visite et en a conté les détails avec abondance, en un livre qui porte précisément au frontispice une assez jolie vue gravée du Château et de l'Orangerie de Le Vau[1]. Elle entremêle ses descriptions d'une fiction romanesque, histoire d'une belle et mystérieuse étrangère, à qui l'on fait, non sans quelque orgueil national, les honneurs du domaine créé par le jeune roi de France. Si nous écartons

---

1. *La Promenade de Versailles* a paru chez Barbin, avec la date de 1669; le privilège est du 16 mars. On suit commodément cette promenade sur le tableau de Patel.

tout ce qui s'ajoute de flatteries et de dissertations sentimentales à ces notes fidèles d'un promeneur avisé, nous pouvons réunir assez aisément les pages du premier « guide » de Versailles. Elles prennent, après notre classement des documents contemporains et en face du tableau de Patel, une précision singulière.

L'auteur, son amie Glicère et l'amateur des arts Télamon ont amené de Paris la belle Étrangère. Ils lui ont fait admirer de loin, couronnant l'éminence de Versailles, le château aux toits dorés, qui est « la petite maison du plus grand roi de la terre ». On a remarqué la largeur des avenues, majestueuses déjà, « malgré la jeunesse des arbres qui les forment », et la paisible nappe de l'étang de Clagny, qui n'est pas « un simple ornement que la nature aurait donné à ce beau paysage », mais bien, annonce Mlle de Scudéry, « la source de mille belles choses que vous verrez tantôt. » On a loué, comme un heureux choix du prince, ce que Colbert, Saint-Simon et tant d'autres se refusent à goûter, « cette vue qui n'est ni trop étendue, ni trop bornée, et qui a beaucoup de diversité en peu d'espace ». On a pris garde enfin, en arrivant, « à ces petits hôtels de campagne, qui sont bâtis proche du palais pour la commodité des grands de la Cour, et aux inscriptions qui les font connaitre », et considéré cette place en demi-lune, dont les pointes de la balustrade « finissent par deux obélisques portant la devise du Roi [le Soleil] à toutes les trois faces ». C'est là que les voyageurs envoient le billet, grâce auquel ils auront accès, et descendent de leur carrosse. Les voici bientôt dans l'avant-cour construite par Le Vau et sur le point de franchir le fossé de Louis XIII, derrière lequel les arcades grillées laissent apercevoir la cour intérieure :

Comme Télamon a beaucoup de connaissance de l'architecture, il trouva l'avant-cour d'une belle grandeur, d'une forme agréable, avec les deux ailes de bâtiments qui la ferment à droite et à gauche, et dont la noble simplicité sert à faire paraître l'aspect du Palais plus magnifique et plus riant. La belle Étrangère s'arrêta au bord des fossés revêtus de balustrades des deux côtés, et qui ont une vue champêtre à droite et à gauche, et les regards traversant ces grandes arcades, où l'or et le vert sont si bien mêlés ensemble, elle fut charmée de l'aspect de ce palais. Divers rangs de bustes ornent la face du bâtiment et les deux ailes aussi, dont un magnifique corridor à balustres dorés fait la communication et règne ensuite tout à l'entour du Palais, pour le rendre non seulement plus beau, mais aussi plus commode. Comme le soleil parut un moment fort à découvert, il sembla à la belle Étrangère que ce n'était que pour faire briller davantage tout l'or dont le comble du Palais est orné, et pour lui faire paraître plus agréable le ciel ouvert qu'on voit à travers le vestibule, et la belle vue qui s'étend aussi loin que les regards peuvent aller. Télamon tira alors ses tablettes et commença à prendre des mémoires de ce qu'il regardait....

Nous entrâmes dans le vestibule, qui, pour n'être pas extrêmement grand, ne laisse pas de plaire et d'être très ingénieusement pensé. Il est entièrement peint et doré, ayant plusieurs chandeliers de cristal pour l'éclairer la nuit; mais à peine y fûmes-nous entrés, que la belle Etrangère, étant surprise de voir deux cheminées aux deux bouts avec deux enfoncements, me demanda à quel usage cela était destiné : « C'est, Madame, lui dis-je, qu'aux autres maisons du Roi, on a cherché la magnificence par la grandeur des salles, des appartements et des galeries, et qu'en celui-ci, qui n'est pas d'une fort grande étendue pour les bâtiments, tout y est si bien ménagé que rien n'y est inutile, et le vestibule sert à plusieurs choses. Premièrement il est, comme vous le voyez, selon son usage naturel, un passage pour aller aux appartements bas et pour entrer dans les jardins ; et par-dessus cela le Roi, quand il lui plaît, en fait un lieu très commode pour la Comédie. Le théâtre est dans l'un des enfoncements, et les violons dans l'autre, sans embarrasser l'assemblée, et on y donne même le bal ; et quand on veut, en fermant ces deux enfoncements avec un lambris qui se met et s'ôte facilement, ce sont deux agréables chambres et un vestibule.

Ces premières indications sur le rez-de-chaussée du Château apportent un renseignement intéressant sur le lieu où furent donnés les spectacles de Versailles par Molière et sa troupe, devenus comédiens du Roi à partir d'août 1665. C'est dans le vestibule central du Château actuel et une partie des salles voisines, qu'il convient d'évoquer le souvenir des célèbres représentations du grand comique devant Louis XIV. On reconnaît dans le plan gravé par Silvestre les trois pièces du fond de la cour, qui pouvaient être réunies les jours de comédie. Deux théâtres· portatifs avaient été ordonnés par Colbert en février 1664. Presque tout le répertoire de Molière a été joué à Versailles ; il y donna en premières représentations, outre la *Princesse d'Élide* et *Georges Dandin* joués dans les jardins, l'*Impromptu de Versailles* (1663), les trois premiers actes de *Tartufe* (1664) et l'*Amour médecin* (1665). On saura désormais en quel endroit la Cour les applaudit. C'est même dans cette salle que Molière s'est amusé à placer la scène de l'*Impromptu*. Sa mort étant survenue en 1673, il n'a pas dû jouer ailleurs dans Versailles, sauf les jours où le Roi a fait donner la comédie hors du Château.

La belle Étrangère sortit du vestibule, et passa sur le pont qui traverse les magnifiques fossés de ce Palais. Mais je la priai de ne s'y arrêter guère, afin qu'elle vît les Appartements, avant que de voir les jardins, et je la laissai seulement regarder un instant les mêmes fossés qu'elle avait vus en entrant, revêtus de balustrades des deux côtés, et découvrir au delà des premiers jardins, qui sont d'une grande étendue, des rondeaux, des fontaines jaillissantes, des terrasses et des parterres....

Nous entrâmes à droite dans un appartement dont le Roi se sert quelquefois, quoique le sien soit véritablement au premier étage. A l'autre côté sont les appartements pour les personnes de la Cour, dont tous les meubles sont différents et fort propres, avec un air de grandeur qui se trouve partout. Lorsque nous fûmes dans cet appartement bas,... la belle Étrangère, en observant une certaine propreté sans grande magnificence qui est en tout l'ameublement, entra dans le cabinet et, se tournant vers moi : « C'est donc quelquefois ici, me dit-elle, que votre **grand** Roi a formé ces grands desseins, qui ont attiré tant de fois sur lui les yeux de toute l'Europe ? — Il n'en faut pas douter », lui dis-je....

Je fis sortir la belle Étrangère de cet appartement bas, et je la menai par l'escalier qui est à l'aile de ce côté-là ;... les marches en sont d'un marbre jaspé... et, pour n'être pas extrêmement grand, il est noble et commode. Il y en a un tout pareil à l'aile opposée, dont le dôme semble être un ciel ouvert. Je montrai d'abord à la belle Étrangère l'appartement de Monsieur le Dauphin, qui est en haut sur l'appartement bas du Roi. Les meubles en furent trouvés très propres et bien entendus, et surtout la vue de ce lieu-là charma Télamon. En effet, on voit de cet appartement un grand Jardin de Fleurs fermé d'une balustrade dorée, un rondeau au milieu, avec une vue champêtre au delà, ornée d'un temple rustique. Et comme il y a certaines fleurs qu'on appelle des immortelles, parce qu'elles ne passent point, je pense qu'on pourrait appeler ce jardin d'un nom approchant celui-là, car on y voit des fleurs en toutes les saisons qui succèdent les unes aux autres. On a en ce lieu-là, du côté de la cour, une vue sauvage et simple qui ne laisse pas de plaire....

Ensuite je menai la belle Étrangère dans l'appartement de la Reine, dont toutes les diverses pièces ont des plafonds fort beaux et fort différents. Et comme Glicère sait fort bien travailler en ouvrages, elle admira l'ameublement qui était alors dans la chambre de la Reine. « Voyez, dit-elle à la belle Étrangère, cet ameublement de point d'Espagne d'or, d'argent et de fleurs nuées sur un fond blanc ; peut-on rien voir de plus beau ni de mieux assorti ? » Ensuite nous entrâmes dans le grand salon qui est très superbe, dont tous les ornements sont très beaux, avec quantité de chandeliers très magnifiques et des brasiers de même. Les peintures du dôme sont très belles, et les tableaux maritimes des diverses faces sont fort agréables. Mais en cet endroit, ayant passé sur le corridor [balcon], la belle Étrangère, Glicère et Télamon firent un grand cri d'admiration pour la beauté de la vue. En effet, on voit de ce lieu-là devant soi plusieurs grands parterres, avec des rondeaux et des jets, et au delà de ces parterres, de ces jets et de ces gerbes d'eau, un Canal de quatre cents toises de long et de seize de large, qui, malgré la situation du lieu et malgré la nature, s'enfonce en droite ligne vers le haut d'un tertre ; et l'on aperçoit, à la gauche et à la droite, des bois qui s'abaissent comme ne voulant pas ôter la vue du lointain qui est au delà. J'eus de la peine à retirer cette aimable compagnie d'un lieu si charmant : « J'ai vu beaucoup de belles maisons en divers lieux de l'Europe, dit Télamon ; mais je n'ai jamais vu que celle-ci qui soit environnée de jardins de tous les côtés ; car si vous y prenez garde, il n'y a que l'entrée qui n'en ait point, encore est-elle ornée par de grandes avenues qui valent bien un jardin. » Ensuite, toutes ces personnes étant passées dans le grand cabinet, elles firent encore une exclamation pleine d'étonnement, qui me témoigna qu'elles étaient fort surprises de la magnificence d'un si beau lieu.

La belle Étrangère s'arrêta d'abord à la face qui est

opposée aux croisées, où l'on voit des pilastres de miroirs
entremêlés d'autres pilastres à feuillages dorés sur un
fond de lapis avec les chiffres du Roi ; ce qui fait un effet
merveilleux par la réflexion de tant de beaux objets dans
ces pilastres transparents, qui sont tous couronnés de
soleils d'or. Elle regarda ensuite un nombre infini de
choses magnifiques et rares, qui sont sur divers rangs de
superbes tablettes, dont la multitude et le brillant éclat
ôte la liberté du choix, et dont le grand amas fait un objet
fort surprenant. Pendant que la belle Étrangère regardait
tant de belles filigranes d'or et d'argent, Glicère considérait de petits obélisques d'orfèvrerie, des corbeilles, des
vases, des guéridons, des brasiers, des cassolettes et mille
autres choses, ne pouvant assez s'étonner de voir aussi des
fauteuils de filigrane d'argent sur un fond bleu, où l'on
voit le soleil à tous les dossiers et dont le prix fait assez
connaître la beauté. Cependant les sièges et les écrans
sont tous d'un même travail. Mais ce qui arrêta le plus les
dames, furent les portraits qui sont dans ce cabinet, et
surtout celui de la Reine, dont ils admirèrent la beauté....
La belle Étrangère loua aussi avec exagération la beauté
d'un grand nombre de dames, dont les portraits sont placés
et dans ce cabinet, et dans les autres appartements du
Palais ; et elle avoua n'avoir rien vu de si charmant en son
pays. Nous passâmes ensuite dans un autre appartement,
où l'on voit deux grands cabinets qui, n'étant fermés
qu'avec des glaces de miroir, laissent voir tout au travers
les plus riches cristaux du monde, les uns en grands vases
de diverses figures, les autres en coupes et en soucoupes.
Et la belle Étrangère s'arrêta avec plaisir à voir six pièces
admirables de ces cristaux qui sont sur la cheminée. Mais
comme Télamon avait impatience de voir cette multitude
de jardins qu'il avait remarqués du corridor, nous passâmes assez vite dans les autres appartements du Palais et
nous descendîmes par l'escalier opposé à celui par où nous
étions montés....

Ce qui suit donne, sur les premiers intérieurs de
Versailles et sur le goût régnant en ce moment du

siècle, des détails qu'on ne saurait chercher ailleurs. La Fontaine se borne à dire que ses compagnons et lui s'arrêtèrent longtemps « à considérer le lit, la tapisserie et les sièges, dont on a meublé la chambre et le Cabinet du Roi. C'est un tissu de la Chine, plein de figures qui contiennent toute la religion de ce pays-là; faute de brachmanes, nos quatre amis n'y comprirent rien ». Mlle de Scudéry satisfait mieux notre curiosité; elle décrit trois pièces bien distinctes, désignées dans nos documents inédits comme « la Chambre aux Miroirs », dont la sculpture était de Houzeau, « la Chambre aux Filigranes » et le « Cabinet des Cristaux[1] ». Ces diverses décorations remontaient à 1665 et avaient été inspirées par le goût du Roi lui-même. Elles sont dans son propre apparte-

[1]. Voici une série d'indications se rapportant à ces premiers intérieurs de Versailles et permettant de deviner quelque chose du goût décoratif de Louis XIV à ce moment du règne. Rapport à Colbert du 3 juin 1665 : « Toutes les glaces de la Chambre aux filigranes sont entièrement posées et font un très bel effet. Le miroitier s'en retourne à Paris ce matin et apportera lundi, sans faute, les glaces qui manquent dans la chambre qui conduit au Cabinet des cristaux. » Du 8 juin : « Sa Majesté remarqua que partie des glaces hautes de la *Chambre des filigranes* étaient basses d'un pouce au moins; et pour cacher cete difformité j'avais fait attacher bien proprement des petites tringles pour les rendre toutes égales, ce que Sa Majesté a trouvé à propos de laisser jusqu'à ce qu'on apporte d'autres glaces pour mettre à la place et que le miroitier remette la glace qui manque dans la grande chambre, proche le *Cabinet des cristaux*. J'oubliai de vous donner avis par mon dernier mémoire des deux glaces qu'il avait fêlées, à la place desquelles le Roi veut y en avoir d'autres. J'en ai donné avis ce matin à Monsieur Perrault. » Du 10 juin : « Le Roi fut content des glaces de la Chambre des filigranes et trouva en plus celle qui manquait proche l'entrée du Cabinet des cristaux » (Bibliothèque nationale, *Mél. Colbert*, vol. 130, fol. 79, 123, 133).

ment, où nous introduit ce récit, et nous pourrons remarquer en passant que l'appartement royal se trouvait déjà sur la droite du Château, où il est toujours demeuré :

La belle Étrangère loua fort ce qu'elle avait déjà vu du corridor, c'est-à-dire la vue de ces grands parterres, de tous ces jets d'eau qu'on voit de tous les côtés, de cette gerbe d'eau prodigieuse, qui est au Canal des Cygnes [Grand rondeau, plus tard bassin d'Apollon] et qui par cent aigrettes ramassées fait un objet qu'on ne peut trouver en nul autre lieu. Elle loua même fort tous les vases de fleurs, dont les balustrades des fossés et des terrasses sont bordées et qui font un objet si galant et si agréable; elle prit garde qu'une grande partie de ces vases sont de porcelaine et les autres de bronze d'un travail admirable principalement ceux qui sont sur la balustrade du premier parterre, où l'on voit de petits enfants appuyés sur les anses des vases, qui avec une attention enfantine semblent admirer les fleurs dont ils sont remplis[1]....

Nous tournâmes alors à la main droite, et, marchant entre la balustrade des fossés et celle de la première terrasse, nous arrivâmes à un escalier magnifique, au bas duquel est une belle fontaine avec plusieurs figures dorées qui jettent de l'eau en abondance [Fontaine de la Sirène] et, assez loin au delà, au milieu de diverses allées, un grand rondeau, où l'on voit Neptune dans son char tiré par six chevaux marins, d'où il sort une infinité de jets d'eau qui se croisent et qui environnent un autre jet d'une hauteur prodigieuse, et tous ces jets ensemble font un si grand murmure en retombant dans le grand bassin, que toute la surface du rondeau en est troublée [Fontaine du Dragon]. On voit aussi de ce même endroit d'autres parterres, d'autres fontaines et, à la gauche, une allée de pins fort sombre et mille objets différents. Mais enfin, après avoir descendu cet escalier, nous tournâmes encore à droite et

---

1. Les charmants vases de Claude Ballin se retrouvent au Parterre du midi, qui a remplacé, en quadruplant sa surface, ce premier « jardin des fleurs »

nous fûmes vers la Grotte, qui est au bout de l'allée ; et comme elle a trois grandes arcades, qu'elle est ornée de bassetailles, la belle Étrangère l'eût prise pour un magni-magnifique arc-de-triomphe, si elle n'eût pas remarqué que les arcades étaient formées par des portes à jour toutes dorées, d'un travail admirable, avec un soleil à celle du milieu.... Lorsque les portes s'ouvrirent et que toutes ces personnes aperçurent la merveilleuse beauté de cette Grotte, elles dirent cent choses ingénieuses pour marquer leur admiration....

Cette belle personne demandant d'où pouvait venir une si grande abondance d'eau : « Vous souvient-il, Madame, lui dis-je, que je vous ai priée en arrivant de regarder ce paisible étang [l'Étang de Clagny], qu'on voit à la droite de cette hauteur d'où l'on découvre Versailles ; c'est de là que viennent ces torrents, que l'art a entrepris d'élever pour le divertissement d'un grand Roi.... » En effet, on lui fit voir ces tuyaux d'une grosseur prodigieuse, par où l'eau s'élève d'une manière qui paraît surnaturelle à ceux qui ne savent pas jusqu'où s'étend la force de ces machines qu'on a inventées pour l'élévation des eaux.... Télamon fut ravi de voir tous ces divers réservoirs revêtus de balustrades, qui contiennent des fleuves entiers, s'il faut ainsi dire, et qui vont de l'un à l'autre jusqu'aux glacières et à un petit château [la Tour d'eau], où est la merveilleuse machine qui sert à tant de belles choses. Télamon admira la manière avec laquelle cette eau, après s'être élevée par de gros tuyaux, se répand dans la Grotte par plusieurs petits, et surtout la grande économie de toutes ces eaux, qui fait qu'il ne s'en perd point du tout et que la même eau qui a fait tant de miracles s'en retourne paisiblement d'où elle est venue et paraît aussi modeste et aussi tranquille qu'auparavant....

C'est encore au tableau de Patel qu'il faut recourir pour suivre la description qui précède, aussi bien que celle qui suit. Les réservoirs, « qui contiennent des fleuves entiers », y sont exacte-

ment représentés; mais on ne peut apercevoir la
« merveilleuse machine », c'est-à-dire la Pompe,
que le ton soutenu du style défendait sans doute
d'indiquer plus clairement. On remarquera que
Mlle de Scudéry, moins bien informée que l'auteur
des *Amours de Psyché*, ne s'intéresse point aux
œuvres d'art projetées pour les fontaines. Elle
insiste, en revanche, sur la décoration spéciale
aux jardins, comme le montrent les lignes suivantes, au moment où les visiteurs, quittant le
côté des réservoirs et passant de l'autre côté du
Château, commencent par voir le Parterre des
Fleurs ou de l'Amour, qui domine l'Orangerie :

Nous fûmes dans le Jardin des Fleurs à balustrade
dorée, bordé de cyprès et d'arbustes différents et rempli de
mille espèces de fleurs ; la face d'en bas est fermée par
une balustrade à hauteur d'appui, d'où la vue est fort
champêtre. Ce jardin, aussi bien que tous les autres, a ses
terrasses bordées de vases de cuivre peints en porcelaine.
Au-dessous de cette terrasse à balustrade est le Jardin des
Orangers, dont la belle Étrangère fut extrêmement surprise,
car elle ne comprenait pas qu'on pût mettre de si grands
arbres dans des caisses. Télamon, qui a extrêmement
voyagé, avoua n'en avoir jamais vu de si beaux et ne loua
pas moins les myrtes, dont l'ancienneté les rend admirables....
Nous fûmes, au sortir du Jardin des Orangers, voir en
passant le Labyrinthe et, entre des bois verts entrecoupés
d'allées et de fontaines, gagner le haut de ce superbe jardin,
qu'on appelle le Fer-à-cheval à cause de sa figure et dont
la magnificence toute royale montre assez qu'il ne peut
être à un particulier, quelque grand qu'il fût. La terrasse
qui règne au-dessus est un endroit admirable pour la vue,
rien de trop loin, rien de trop près ; elle est bordée d'arbustes sauvages toujours verts. Et ce grand jardin en
amphithéâtre, avec trois perrons magnifiques et trois ron-

deaux situés en triangle, a quelque chose de surprenant qu'on ne peut décrire[1]. Tout y rit, tout y plaît, tout y porte à la joie et marque la grandeur du Maître. Et cette belle allée, qui part de l'allée découverte et qui va se rendre au Canal des Cygnes, où est cette merveilleuse gerbe d'eau, fait un objet qui plaît infiniment, surtout depuis que ce Canal qui s'enfonce en droite ligne dans un tertre en a augmenté la beauté. Ce magnifique jardin, aussi bien que les autres, a ses vases de fleurs sur ses terrasses, et la vue des bosquets qui sont à droite et à gauche au delà inspire l'amour et les plaisirs à ceux qui en ont le cœur capable.

« Mais comment est-il possible, dit la belle Étrangère, qu'un si grand et si beau jardin se soit dérobé à mes yeux pendant que j'étais sur le corridor du Palais, d'où j'en ai découvert tant d'autres ? — C'est assurément, dit Télamon, une des grandes beautés de Versailles, que la variété des jardins et des bosquets : car il y a de tout ce qui peut rendre un lieu agréable. — Si nous avions le temps, dis-je alors, je vous mènerais dans un labyrinthe de berceaux rustiques entremêlés de statues, où vous trouveriez une solitude sauvage qui ne vous déplairait pas... ».

Après avoir trouvé cent étoiles d'allées grandes ou petites avec des fontaines, nous retournâmes au Canal des Cygnes, dont on ne peut trop admirer la beauté. « Pour moi, dit la belle Étrangère, ce que je trouve de plus singulier dans ces jardins, c'est qu'ils sont propres à toute sorte de divertissements. — Il est vrai, repris-je, qu'il y a des endroits pour des carrousels, et le Roi y en fit un, où toute la Cour parut avec éclat et où il effaça ceux qui pouvaient effacer

---

1. C'est à peu près le seul endroit où la description de Mlle de Scudéry puisse s'appliquer à un état du Parc aujourd'hui existant. Moins inexacte que La Fontaine, qui d'ailleurs s'en excuse auprès de son lecteur, la romancière ne fait aucune allusion aux œuvres d'art des fontaines, qui ne s'y trouvaient pas encore. On voit plus loin que l'Étrangère s'étonne de n'avoir pas aperçu du corridor [balcon] du Château les beautés du parterre de Latone. Même du château de Le Vau et de Mansart, ce parterre n'est visible qu'en partie pour le spectateur placé au premier étage; du château primitif, plus bas et un peu plus éloigné, il devait être tout à fait invisible.

tout le reste du monde. Mais il y a d'autres endroits, dans ces mêmes jardins, aussi propres pour le moins à la solitude et à la rêverie d'un amant mélancolique.... »

La galante compagnie, dont Mlle de Scudéry nous raconte le voyage, n'avait pas manqué d'aller voir en détail la Ménagerie du Roi et l'on aurait quelque intérêt à l'y suivre. Les principaux travaux d'aménagement pour les animaux et la construction du petit château étaient finis depuis 1665. Pendant les fêtes de mai 1664, une promenade de la Cour avait en quelque sorte inauguré la Ménagerie. Depuis, elle s'était enrichie de diverses nouveautés, surtout par les envois d'animaux rares que multipliaient maintenant les agents de Colbert dans le Levant. Cette instructive création était fort appréciée des visiteurs, bien qu'elle n'eût pas encore, surtout au point de vue des collections, l'importance qu'elle devait prendre par la suite[1].

La Grotte de Théthys, où ne manquaient plus que les groupes et les statues de marbre, venait d'être terminée. Aménagée, au nord du Château, dans un massif de pierre qui portait un réservoir, elle devint bientôt la plus rare curiosité de Versailles et effaça les œuvres les plus célèbres des rocailleurs antérieurs. Comme elle fut détruite en 1686, lorsque Mansart construisit l'aile du Nord, nous ne la connaissons que par des gravures et des relations, mais les unes et les autres

---

1. Sur la Ménagerie, voir *La Création de Versailles*, p. 80, et l'étude de M. Marquet de Vasselot dans la *Revue de l'histoire de Versailles*, année 1899, p. 81-96.

également copieuses. Les descriptions principales de l'époque, celle de Félibien, qui accompagne le recueil gravé paru en 1679, celle de La Fontaine, dans les *Amours de Psyché*, celle de Madeleine de Scudéry, dans la *Promenade de Versailles*, semblent rivaliser d'exactitude dans la minutieuse exposition de ces singularités, et des trois écrivains, le poète n'est pas le moins précis.

C'est une bonne fortune d'avoir à citer encore une jolie page de vers, alors que tant de versification médiocre a été inspirée dès l'origine par les beautés de Versailles[1]. La Fontaine mentionne d'abord en prose les trois portes grillées, où les rayons du soleil sont reproduits en dorure sur le fer des barreaux et que surmontent trois bas-reliefs. Van Opstal y a figuré le char d'Apollon plongeant dans les eaux au milieu d'amours portés sur des dauphins; c'est le Soleil, à la fin du jour, qui va se reposer chez Théthys. S'étant mis en verve en décrivant ces sculptures, le poète franchit le seuil :

Tant d'ornements divers tous capables de plaire,
Font accorder le prix tantôt au statuaire,

---

1. Il y a dix-sept vers sur la Grotte dans la lettre de Perrault à Bontemps, et toute une description, celle du fontainier C. Denis, dans un petit ouvrage resté manuscrit : *Explication de toutes grottes, rochers et fontaines du Château royal de Versailles, Maison du Soleil et de la Ménagerie, en vers héroïques* (Bibliothèque nationale, *Fonds fr.* 2348). Quelques vers descriptifs de La Fontaine, qu'on jugerait un peu lourds, s'allègent auprès de l'indigeste morceau où Denis célèbre, pour leurs ouvrages de la Grotte,

Girardon, Renaudin et Guérin, tous illustres,
Dont les noms régneront dans la suite des lustres.

Et tantôt à celui dont l'art industrieux
Des trésors d'Amphitrite a revêtu ces lieux.
La voûte et le pavé sont d'un rare assemblage.
Ces cailloux que la mer pousse sur son rivage
Ou qu'enferme en son sein le terrestre élément,
Différents en couleurs, font maint compartiment.
Au haut de six piliers d'une égale structure,
Six masques de rocaille, à grotesque figure,
Songes de l'art, démons bizarrement forgés,
Au-dessus d'une niche en face sont rangés.
De mille raretés la niche est toute pleine :
Un Triton d'un côté, de l'autre une Sirène,
Ont chacun une conque en leurs mains de rocher :
Leur souffle pousse un jet qui va loin s'épancher.
Au haut de chaque niche un bassin répand l'onde :
Le masque la vomit de sa gorge profonde ;
Elle retombe en nappe et compose un tissu
Qu'un autre bassin rend sitôt qu'il l'a reçu....
Quand l'eau cesse et qu'on voit son cristal écoulé,
La nacre et le corail en réparent l'absence :
Morceaux pétrifiés, coquillage, croissance,
Caprices infinis du hasard et des eaux,
Reparaissent aux yeux, plus brillants et plus beaux....

On trouve dans les bonnes planches tirées à l'Imprimerie Royale l'illustration des descriptions minutieuses du poète. Aucun détail du travail des rocailleurs n'y a été omis. Après les bas-reliefs sculptés sur la façade, voici les divers piliers, avec leur triton, leur sirène et le chiffre du Roi, gravés par Le Pautre; voici le détail des masques grotesques et des « chandeliers de coquillages et de rocaille » jetant de l'eau de chaque bobèche, gravés par Chauveau; voici les nobles estampes où Jean Edelinck traduit les marbres de Girardon, de Regnaudin, de Tubi, et les groupes des chevaux du Soleil, par Gilles Guérin et les

Marsy; voici enfin l'ensemble des trois niches de la Grotte, présenté par Le Pautre à la date de 1676. La Fontaine avait décrit déjà ces œuvres d'art, qui n'existaient pas encore au moment où il écrivait :

> Dans le fond de la Grotte, une arcade est remplie
> De marbres à qui l'art a donné de la vie....
> Quand le Soleil est las et qu'il a fait sa tâche,
> Il descend chez Théthys et prend quelque relâche[1];
> C'est ainsi que Louis s'en va se délasser
> D'un soin que tous les jours il faut recommencer....
> Ce dieu, se reposant sous ces voûtes humides,
> Est assis au milieu d'un chœur de Néréides....
> Doris verse de l'eau sur la main qu'il lui tend :
> Chloé dans un bassin reçoit l'eau qu'il répand :
> A lui laver les pieds Mélicerte s'applique ;
> Delphire entre ses bras tient un vase à l'antique ;
> Climène auprès du dieu pousse en vain des soupirs...,
> Rougit, autant que peut rougir une statue.
> Ce sont des mouvements qu'au défaut du sculpteur
> Je veux faire passer dans l'esprit du lecteur....
> Les coursiers de Phébus, aux flambantes narines,
> Respirent l'ambroisie en des grottes voisines.
> Les Tritons en ont soin ; l'ouvrage est si parfait
> Qu'ils semblent panteler du chemin qu'ils ont fait.
> Au deux bouts de la Grotte, et dans deux enfonçures,
> Le sculpteur a placé deux charmantes figures :
> L'une est le jeune Acis....

Le texte, qu'on doit abréger, montre que La Fontaine avait les renseignements les plus com-

---

1. La légende de l'estampe, gravée par Édelinck en 1678 d'après un dessin de Pierre Monier, porte : « Le Soleil, après avoir achevé son cours, descend chez Théthys, où six nymphes sont occupées à le servir et à lui offrir toutes sortes de rafraîchissements. » Telle est la désignation contemporaine du chef-d'œuvre de Girardon et Regnaudin.

plets sur les ouvrages confiés alors à Girardon, Regnaudin, Guérin et Marsy, ainsi que sur les deux figures de Tubi. Il faut rapprocher ses vers des groupes encore conservés et qui ont trouvé, après beaucoup de vicissitudes, une place définitive sous le rocher dessiné par Hubert Robert, qui orne le nouveau bosquet des Bains d'Apollon. La Fontaine n'omet pas l'orgue hydraulique, placé derrière la niche centrale, qui porte « un doux charme » aux oreilles et accorde ses flûtes au bruit des eaux; mais il insiste sur les effets si variés obtenus, par l'ingéniosité de Francine et de Jolly, dans la Grotte de 1668 :

> L'art en mille façons a su prodiguer l'eau :
> D'une table de jaspe un jet part en fusée,
> Puis en perle retombe, en vapeur, en rosée.
> L'effort impétueux dont il va s'élançant
> Fait frapper le lambris au cristal jaillissant....
> Mille jets, dont la pluie à l'entour se partage,
> Mouillent également l'imprudent et le sage.
> Craindre ou ne craindre pas à chacun est égal :
> Chacun se trouve en butte au liquide cristal.
> Plus les jets sont confus, plus leur beauté se montre ;
> L'eau se croise, se joint, s'écarte, se rencontre,
> Se rompt, se précipite à travers les rochers,
> Et fait comme alambics distiller leurs planchers [1].
> Niches, enfoncements, rien ne sert de refuge :
> Ma muse est impuissante à peindre ce déluge....

La Grotte de Versailles, immortalisée par la visite des quatre poètes, est aussi décrite au même

---

1. Ce passage de La Fontaine est expliqué par Félibien, cité page 107, n. 2. Les trois derniers vers ont déjà servi au poète à décrire, dans le *Songe de Vaux*, la grotte du parc de Foucquet (*Œuvres de J. de La Fontaine*, éd. des « Grands écrivains », t. VIII, p. 294).

temps par Mlle de Scudéry. Elle ajoute à la vision linéaire du poète quelques touches de couleur agréables :

Les yeux sont ravis, les oreilles sont charmées, l'esprit est étonné et l'imagination est accablée, s'il faut ainsi dire, par la multitude des beaux objets.... A l'entrée de la Grotte paraît une table de marbre rouge : il est vrai qu'elle devient bientôt une table d'eau par un jet d'une grosseur prodigieuse, qui part avec tant d'impétuosité qu'on dirait qu'il va percer le haut de la Grotte et monter jusqu'au ciel. Mais outre ces grandes nappes d'eau, ces grandes coquilles, ces Tritons, ces Néréides et ce jet prodigieux, on voit quatre chandeliers aquatiques, s'il est permis de les nommer ainsi, qui sont d'une invention admirable ; ils ont, au lieu de lumière, chacun six branches dorées en figure d'algue maritime, qui jettent de l'eau en abondance.... Au-dessus des deux coquilles de marbre jaspé qu'on voit en entrant..., paraît le chiffre du Roi, sur un fond de coquillage gris-de-lin, forme de petites coquilles de nacre, qui semblent des perles ; la couronne fermée, qui est au-dessus du chiffre, est ornée de fleurs de lys de nacre, entremêlées d'ambre qui semble de l'or. Plusieurs miroirs enchâssés dans des coquillages multiplient encore tous ces beaux objets et mille oiseaux de relief parfaitement imités trompent les yeux pendant que les oreilles sont également trompées : car, par une invention toute nouvelle, il y a des orgues cachées et placées de telle sorte qu'un écho de la Grotte leur répond d'un côté à l'autre, mais si naturellement et si nettement que, tant que cette harmonie dure, on croit effectivement être au milieu d'un bocage, où mille oiseaux se répondent, et cette musique champêtre, mêlée au murmure des eaux, fait un effet qu'on ne peut exprimer....

L'orgue hydraulique placé dans la Grotte n'était pas destiné à rendre de la musique, mais à amuser les visiteurs par des gazouillis d'oiseaux. La Fontaine parle mythologiquement de Philo-

LA GROTTE

mêle, qui « chante par ressorts que l'onde fait jouer » et à laquelle répond Écho. C'était un dernier reste de ces curiosités que Montaigne avait tant admirées dans les villes d'Italie et dont on paraît s'être lassé assez vite dans notre pays[1]. Félibien mentionne à peine l'orgue de la Grotte; en revanche, il donne le détail des ornements, le groupement des nuances, la manière dont la diversité des coquillages est utilisée pour former les corps nus, les visages, le plumage des oiseaux. Il remarque l'heureuse aération qui enlève toute humidité à la Grotte, même quand l'ensemble des eaux joue à la fois, et qui permet d'y séjourner aussi longtemps qu'on le désire. Il observe les effets de lumière obtenus par l'unique ouverture du couchant et l' « amas confus de gouttes et d'atomes d'eau qui semblent se mouvoir dans ce lieu-là, comme les atomes de lumière qu'on découvre dans les rayons du soleil. Et, parce que les piliers et les côtés de la Grotte sont remplis

---

1. Montaigne insiste surtout sur l'orgue de la villa d'Este : « La musique des orgues, qui est une vraie musique et d'orgues naturelles, sonnant toujours toutefois une même chose, se fait par le moyen de l'eau qui tombe avec grand violence dans une cave ronde, voûtée, et agite l'air qui y est et le contraint de gagner pour sortir les tuyaux des orgues et lui fournir de vent.... Ailleurs, on ouït le chant des oiseaux, qui sont des petites flûtes de bronze... et rendent le son pareil à ces petits pots de terre pleins d'eau que les petits enfants soufflent par le bec.... » André Duchesne décrit de même façon la grotte des Orgues, à Saint-Germain et celle du Dragon, « accompagné de divers petits oisillons que vraiment l'on dirait non pas peints ou contrefaits, mais vivants et branlant l'aile, qui font retentir l'air de mille sortes de ramages, et surtout les rossignols musiquent à l'envi à plusieurs chœurs. » Les effets mécaniques des grottes de ce château ne furent pas maintenus, lors de la restauration de 1666.

de miroirs, chaque espèce venant à se multiplier, cette Grotte paraît d'une grandeur extraordinaire et comme plusieurs grottes qui composent un palais au milieu des eaux, dont l'étendue semble n'avoir point de bornes ».

On comprend le goût que prit Louis XIV pour ce lieu somptueux et singulier. Il y donna des collations, des concerts et même des spectacles. Lors des fêtes qui suivirent la seconde conquête de la Franche-Comté et que Le Pautre a gravées, on joua le *Malade imaginaire* sur un théâtre dressé devant la façade de la Grotte, dont le fond illuminé prolongeait la scène. Un exemple des usages auxquels elle pouvait servir est fourni par la réception du prince de Toscane à Versailles, le 11 août 1669 : « Leurs Majestés, avec lesquelles étaient Monsieur, Mlle d'Orléans, Mme de Guise et plusieurs des principales dames de la Cour, allèrent à Versailles, où le prince de Toscane se rendit aussi, accompagné du duc de Guise. Cette illustre compagnie étant entrée dans le parc s'y promena en calèches, puis alla dans la Grotte, où elle eut le divertissement d'une excellente musique, avec un beau régal de fruits et de confitures, en de grands bassins posés sur des guéridons, dans tous les angles de ce lieu, qui était éclairé d'une infinité de lumières à l'entour de la corniche. De là, tout ce beau monde étant allé à l'Orangerie, qui était aussi très bien éclairée, les divertissements y furent continués par la Comédie Française.... » Le 23 août de l'année suivante, c'était le duc de Buckingham qu'on recevait à

Versailles et à qui, après un concert sur le Canal, Louis XIV offrait une collation dans la Grotte. Ces indications seraient aisément multipliées, si l'on avait ici à narrer les récits de cour, dont nous cherchons seulement à reconstituer le cadre.

Ce morceau capital de la décoration de Versailles qu'était la Grotte de Théthys devait rester debout moins de vingt ans. Quoique la maçonnerie et les rocailles, souvent réparées, aient pu se détériorer à la longue par suite de la présence du réservoir supérieur, on s'étonne que l'œuvre ait été entièrement sacrifiée et qu'aucune partie de ces merveilles ne se soit conservée dans les bâtiments de Mansart. Rien ne montre mieux le souci qu'avait le Grand Roi de renouveler sans cesse le décor de son existence, et par des sacrifices que n'eussent pas faits les autres princes.

CHAPITRE CINQUIÈME

LE CHATEAU DE LE VAU

LES magnificences étalées à la fête de 1668 marquaient l'éclat croissant du règne. Chaque jour, l'autorité de la France grandissait en Europe ; le Roi ne comptait plus les succès de sa politique, ni les victoires de ses armées. Par le traité d'Aix-la-Chapelle, une partie de la Flandre était devenue française, et la guerre de Hollande, qui se préparait dans les conseils du Louvre, allait apporter à la monarchie toute une province, la Franche-Comté. La nation mettait sa confiance en ce jeune souverain, qui la conduisait à tant de gloires. Louis XIV, qui allait être Louis le Grand, avait trente ans alors et le désir d'entreprendre encore de grandes choses.

Le Versailles transformé semblait parfait, et chacun pensait que le maître allait jouir tranquillement de cette charmante maison, qu'il ajoutait aux biens de la Couronne. Mais les fêtes qui devaient y être données furent, au contraire, le signal de l'activité nouvelle qui le changea entièrement. « A peine ce château fut-il terminé, raconte Charles Perrault, et M. Colbert se fut-il réjoui de voir une maison royale achevée, où il ne serait plus besoin d'aller que deux ou trois fois l'an pour y faire les réparations qu'il conviendrait, que le Roi prit la résolution de l'augmenter de plusieurs bâtiments pour y pouvoir loger commodément avec son Conseil pendant un séjour de quelques jours. On commença par quelques bâtiments qui, étant à moitié, ne plurent pas et furent aussitôt abattus. On construisit ensuite les trois grands corps de logis qui entourent le Petit Château et qui ont leur face tournée sur les jardins.... Ils sont du dessin de M. Le Vau. » Ce fut une œuvre immense de construction et de décoration. Les artistes, qui n'avaient été jusqu'alors appelés qu'en petit nombre, furent mis au travail partout en même temps, aux intérieurs comme aux jardins, et dressèrent ainsi, en peu d'années, ce qui devait bientôt devenir la plus somptueuse maison de la Monarchie.

Mlle de Scudéry annonçait déjà les projets royaux, à propos de sa promenade faite à l'été de 1668 : « Je ne sais si je dois dire à Télamon que dans six mois la description qu'il fera de Versailles, sur les mémoires qu'il en a pris aujourd'hui, ne ressemblera presque plus, du moins pour les bâtiments du Palais et de la Ménagerie, car le Roi a déjà donné les ordres pour en faire d'autres, incomparablement plus beaux. Il y aura aussi des figures admirables dans tous les rondeaux et à toutes les fontaines, et mille ornements nouveaux que je ne sais point encore. » On a vu que La Fontaine s'exprimait à peu près de même, mais

en décrivant par avance une partie de ces ornements déjà décidés. Un autre Versailles allait
naître, et son accroissement devait marcher de
pair avec la création d'une ville, dans les vastes
terrains achetés par le Roi, au milieu desquels
les trois grandes avenues convergeaient vers le
Château.

Malgré les deux bâtiments de communs construits par Le Vau du côté de l'arrivée et les quelques pavillons symétriques bâtis sur la place, la
Cour, les princes, le Roi lui-même se trouvaient
à l'étroit à Versailles, dès qu'on y venait pour plus
d'un jour. Ce n'était encore qu'un bourg médiocre,
occupant la région dite aujourd'hui du « Vieux-
Versailles », et groupé autour de l'église parois-
siale qu'on avait récemment refaite à neuf. Mais
Louis XIV venait de concevoir l'idée de faire
surgir une ville autour de sa maison renouvelée.
Ses propres constructions s'y multipliaient; en
1671, on construisait un hôtel pour la Surinten-
dance des Bâtiments, c'est-à-dire pour Colbert,
suivi bientôt d'un hôtel pour la Chancellerie, et,
le 29 décembre, était posée solennellement, en
présence de Sa Majesté, la première pierre d'une
église dédiée à Saint-Louis, qui devait être la
chapelle des Récollets. Ce qu'il fallait surtout,
c'était engager les particuliers à bâtir eux-mêmes,
en leur accordant des avantages exceptionnels. Le
22 mai 1671, Louis XIV étant à Dunkerque, au
début de la guerre contre les Hollandais, donnait
en faveur de Versailles un édit, qui fut vraiment
la charte de fondation de la ville :

Sa Majesté ayant en particulière recommandation le bourg de Versailles, souhaitant de le rendre le plus florissant et fréquenté qu'il se pourra, Elle a résolu de faire don des places à toutes personnes qui voudront bâtir depuis la Pompe dudit Versailles jusqu'à la ferme de Clagny, avec exemption de logement par craie esdits bâtiments pendant dix années, qui auront cours du jour qu'ils seront achevés, à la charge de payer au domaine dudit Versailles pour chacune desdites places à proportion 5 sols de cens pour arpent, payables chacun an au jour de Saint-Michel, pour desdites places et bâtiments jouir, par chacun des particuliers auxquels icelles places seront délivrées, en pleine propriété comme à eux appartenant, à la charge de par eux, leurs hoirs et ayant cause, entretenir les bâtiments en l'état et de même symétrie qu'ils seront bâtis et édifiés. La délivrance desquelles, avec mesure, tenants et aboutissants, sera faite par le Surintendant des Bâtiments[1].

Peu d'années auparavant, une autre ville est apparue en Poitou autour d'un château nouveau, et le cardinal de Richelieu lui a donné son propre nom. Cette conception semble natu-

---

1. La pièce est contresignée de Colbert (*Lettres de Colbert*, t. V, p. 529). Le commissaire Pierre Narbonne note, en 1725 : « Louis XIV distribua des terrains à tous ceux qui désiraient faire bâtir à Versailles ; et, afin d'engager un plus grand nombre de personnes à faire de ces constructions, il décida que les maisons de Versailles étaient exemptes d'hypothèques et ne pouvaient être vendues pour dettes contractées par leurs propriétaires, autres que celles pour fournitures de matériaux de ces mêmes maisons ou pour le salaire des ouvriers ou des entrepreneurs qui les avaient construites. Ces privilèges firent, en effet, former en peu de temps une ville considérable, mais ils furent aussi la cause que la plupart des bourgeois, ne payant aucune de leurs dettes, quand il s'agissait de fournitures de pain, de vin, de viandes ou d'habits, on fut enfin obligé de les révoquer, le 6 mars 1713. » (*Journal*, éd. J.-A. Le Roi, Versailles, 1866, p. 132.) D'intéressants détails sur les origines de la ville ont été réunis par Paul Fromageot, *Les propriétaires versaillais au temps de Louis XIV* (*Revue de l'histoire de Versailles*, t. II, 1900).

relle à certains grands esprits organisateurs, qui aiment à vivre dans un milieu dont tous les détails marquent leur gloire et l'action de leur puissance personnelle. Nul n'est déjà plus sensible à cet ordre de jouissances que Louis XIV. Durant tout son règne, il saura maintenir les privilèges accordés par lui aux propriétés qui y ont été bâties et il y joindra même celui d'être insaisissables. Avec tant d'avantages assurés, les demandes de « places à bâtir » deviennent nombreuses, et c'est faire sa cour à Sa Majesté que d'adresser de telles requêtes.

En face du Château, entre les trois avenues, deux grands hôtels se bâtissent, que représentent d'anciennes estampes, l'un pour le duc de Noailles, l'autre pour le comte de Lauzun, le brillant favori de la Grande Mademoiselle, et le marquis de Quitry ; le Roi en reprendra plus tard les emplacements pour y faire les deux Écuries. On voit se border d'hôtels la rue qui deviendra celle des Réservoirs et qui rejoint le chemin de Saint-Germain. Quant au village de Versailles, au « Vieux Versailles », tout ce qui n'y appartient pas au Roi est acheté par lui aux propriétaires, en 1673, pour la somme de 142.600 livres, et démoli aussitôt pour faire des places à bâtir. Les ouvrages de « la nouvelle ville », comme disent les Comptes, figurent parmi les préoccupations de Colbert, qui fait faire des chaussées de pavés dans les rues et planter des ormes pour les rendre plus avenantes. Autour des espaces que se réserve le Roi, les maisons particulières commencent à s'élever. De

tous côtés, la ville sort de terre, en même temps
que le Château change d'aspect et d'étendue et
que Versailles perd son caractère de lieu de plaisance pour devenir une véritable résidence royale.

Les projets du Château Neuf avaient été longuement discutés entre Louis XIV et Colbert.
Devant la difficulté de faire autre chose que de la
« rapetasserie », suivant le mot du ministre, le
Roi avait pris d'abord la décision de raser entièrement le Petit Château et de bâtir « une grande
maison ». L'emplacement exigeait une construction haute : « Celle de Versailles, remarquait Colbert, est presque cachée de la pièce d'eau du fond
par le parterre en amphithéâtre; ainsi il serait
plus nécessaire de l'élever[1]. La raison qu'il donnait contre le projet du Roi était que l'espace
manquait. On ne doit pas oublier, en effet,
qu'avant les travaux énormes de terrassement qui
ont constitué l'avant-cour actuelle, la pente commençait brusquement devant l'ancien Château,
presque autant du côté de l'Orangerie, et Colbert
pouvait dire ce mot qui nous étonne au premier
moment : « Il est impossible de faire une grande
maison dans cet espace. Le terrain est serré non
seulement par les parterres, mais encore par le

---

1. Ce passage et ceux qui suivent sont empruntés aux points
essentiels d'une minute de Colbert, écrite de sa fine écriture
rapide et qui est exposée dans les vitrines du Musée des Archives
nationales. Elle a été éditée correctement par P. Clément, t. V,
p. 266-268. Nous croyons cette pièce de 1668 ou du commencement de 1669, et il n'est pas surprenant que la transformation
si complète des lieux y mette aujourd'hui quelques obscurités.

village, l'église, l'étang. La grande pente des parterres et des avenues ne permet pas d'étendre ni
d'occuper davantage de terrain sans renverser tout
et sans faire une dépense prodigieuse,... laquelle
il sera plus à propos ou plus glorieux au Roi de
faire au Louvre ou en quelques grands ouvrages,
et que le Roi se retranchât pour longtemps du
plaisir qu'il prend en cette maison. » Mais
Louis XIV, que le Louvre intéressait déjà beaucoup moins et qui prenait l'habitude de ne plus
regarder aux dépenses de son faste, n'avait rien à
refuser pour son cher Versailles. Il changea même
d'avis en un point important, la conservation du
Petit Château, à laquelle il avait d'abord renoncé,
et exigea des architectes un plan qui y fît seulement une « enveloppe ». C'était, d'ailleurs, ce
qu'avait fini par proposer le ministre : « Tout le
monde verra que le Roi avait cette petite maison
et y ajouta seulement des bâtiments pour son
logement et pour toute sa Cour. En un mot, ce
bâtiment ne sera pas considéré pour être un
ouvrage de Sa Majesté seule. »

On observe ici, une fois de plus, à quel point
Colbert portait le souci de l'honneur de son
maître, en matière de « bâtiments ». Il montrera
plus tard autant de zèle à faire de Versailles définitivement choisi une demeure incomparable,
qu'il met d'ardeur, au moment où nous sommes,
à en empêcher le développement.

Louis XIV s'était décidé à laisser debout la jolie
maison qu'il avait refaite et à laquelle, bien plus
que les souvenirs de son père, l'attachaient ceux

de ses plaisirs de jeunesse et de ses premiers triomphes. Son parti une fois pris, il y persista par la suite, malgré l'insistance du surintendant, et se refusa toujours à détruire la petite cour de Marbre, même au détriment de l'équilibre général des constructions. Charles Perrault le raconte ainsi : « Dans ce temps-là, M. Colbert et presque toute la Cour, ayant considéré que ce qui restait du petit et ancien Château de Versailles n'avait aucune proportion, ni aucun rapport avec les bâtiments neufs qu'on y a ajoutés, tâchèrent à porter le Roi à faire abattre ce petit château, pour faire achever tout le palais du même ordre et de la même construction que ce qui est bâti de nouveau. Mon frère eut ordre de faire un dessin de ce bâtiment-là. Il en fit un plan et une élévation qui furent très approuvés, non seulement du Roi, mais de son Conseil, où il appela tous les princes, plusieurs ducs et maréchaux de France. Mais le Roi voulut toujours conserver le Petit Château. On eut beau lui dire qu'il menaçait ruine et qu'il bouclait en plusieurs endroits ; il se douta du dessein, et dit d'un ton fort et qui paraissait ému de colère : « Faites ce qu'il vous plaira ; mais, si vous « l'abattez, je le ferai rebâtir tel qu'il est et sans « y rien changer. » Ces paroles raffermirent tout le Château et rendirent ses fondements inébranlables[1]. » Nous devons à cette obstination de

---

1. Tel est le texte véritable des mémoires de Perrault, d'après le manuscrit de la Bibliothèque nationale (*Fonds fr.*, 23991, fol. 65). Cf.l'édition des *Mémoires de ma vie* donnée par Paul Bonnefon, Paris, 1909, p. 112. (Autre rédaction du même récit, p. 233.)

Louis XIV d'avoir sous les yeux le gracieux ensemble où, malgré bien des changements successifs, on peut évoquer encore le « château de cartes » de Saint-Simon et les principales lignes du bâtiment primitif.

Divers plans avaient été étudiés pour le nouveau Versailles. Colbert en avait demandé à plusieurs architectes, Jacques Gabriel, Antoine Le Pautre, Claude Perrault et Vigarani. Le Vau fournissait également le sien. « Tous ces messieurs travaillent nuit et jour », écrivait Charles Perrault au ministre. Ils devaient se conformer aux idées exprimées par le Roi, qui avait décidé lui-même, avec la précision de son esprit, quelles dispositions intérieures lui semblaient nécessaires et quels appartements il fallait mettre dans les diverses parties du grand château[1]. Le problème à résoudre était

1. Voici quelques extraits des instructions de Louis XIV pour son nouveau Versailles. Elles ont été presque toutes rigoureusement suivies par Le Vau :

« Le Roi veut que la cour soit propre, qu'il y ait une fontaine dans le milieu, et que les carrosses n'y entrent point. Que du milieu de la cour, les quatre vues soient percées; celle de l'entrée par le milieu, qui sera vide; celle de la face du jardin par les arcades de la galerie basse; celle des deux côtés, par des vestibules percés. — La face sur la cour, deux grands pavillons. Dans celui à droite en entrant, le Grand Escalier tout de marbre; dans celui à gauche, la Chapelle et l'escalier. La symétrie des deux pavillons de même. — Dans le bas du corps de logis à droite, l'appartement des bains, composé de quatre pièces. Un petit appartement du côté de la cour. Du côté de l'escalier, deux appartements petits. — Dans le grand corps de logis à gauche, les appartements pour les Enfants de France et deux ou trois autres. — En haut, le grand appartement du Roi, salle, antichambre, grande chambre, grand cabinet. Autre cabinet. Sur la cour, petit appartement. — De l'escalier, il faut entrer dans les deux appartements, en sorte que le grand soit toujours fermé. — Du côté de la Reine, son grand appartement sur les

d'ailleurs fort difficile, puisqu'il s'agissait de souder ensemble deux constructions de genre différent, tout en les laissant indépendantes l'une de l'autre.

Colbert présenta ses observations sur tous les projets des architectes. Celui de Le Vau, bien entendu, n'échappa point à sa critique; il lui reprocha notamment des formes rondes de vestibules et de salons, « qui ne sont point du bon goût de l'architecture, particulièrement pour les dehors ». Le Vau s'était souvenu évidemment de ce qu'il avait fait à Vaux et au Raincy, et surtout de ce salon circulaire élevé chez Fouquet et qui est un de ses chefs-d'œuvre; Colbert peut-être s'en souvenait aussi, en portant ce dur jugement. Le surintendant reconnaissait, du reste, que beaucoup de choses dans le plan du premier architecte remplissaient les désirs du Roi et que la suite du grand appartement s'y montrait « belle et bien proportionnée ». Louis XIV étudia les divers projets, les rectifia les uns par les autres, décida ce qu'il y avait à exécuter définitivement, et Le Vau se mit immédiatement à l'œuvre.

jardins; une chambre et une garde-robe sur la cour, pour son appartement de commodité. Le reste, un appartement pour Monseigneur le Dauphin. — Un étage carré dans l'attique, pour y faire quantité d'appartements, dont quatre à six doivent être composés d'antichambre, chambre, garde-robe et cabinet, et les autres de chambre et cabinet seulement. — Observer de mettre le plus d'escaliers qu'il se pourra pour dégager ces appartements d'en haut. — Observer que les appartements du Roi aient aussi leurs dégagements. La galerie sur la face doit avoir un salon dans le milieu, s'il est possible. » Ce dernier point est l'idée première de la Grande Galerie, abandonnée à ce moment pour le projet de terrasse et qui sera reprise au temps de Mansart.

Dès l'automne de 1668, les travaux sont entrepris et l'on fait la fondation du mur de la grande façade sur le Parterre. Peu après, dans un « Mémoire de ce qui est à faire pour les Bâtiments en l'année 1669 », Colbert note en ces termes les ouvrages de Versailles, après ceux du Louvre : « Voir l'état des plans de Versailles et ce qui est à faire pour achever le tout, les plans, dessins et élévations du nouveau bâtiment.... Commencer à faire les dessins et résoudre tous les dedans, pour donner ordre, dès à présent, aux marbres et autres ornements qui seront nécessaires.... Continuer à faire travailler promptement à tous les ornements de fontaines de Versailles, ensemble de l'Allée d'eau. » Aux premiers jours de juin 1669, même après démolition d'une partie du travail, l'ouvrage a beaucoup avancé, et le ministre lit dans les rapports de son agent : « Le mur de face du côté du Parterre à fleurs est à 19 pieds de hauteur; celui du côté de la Grotte est à 20 pieds. Le mur de pierre dure en arcade, qui doit porter la terrasse entre les deux pavillons du Château du côté du grand Parterre, est à 13 pieds de haut. Les murs susdits, à la réserve du dernier en arcade, sont de hauteur pour poser les plates-formes sur lesquelles la charpenterie des planchers doit être posée.... Les sieurs Cliquin et Charpentier font préparer les chemins pour faire voiturer en diligence le bois du premier plancher du bâtiment, que l'on commencera à lever la semaine prochaine.... Nous avons 566 ouvriers qui travaillent ici, savoir : 7 appareilleurs, 8 piqueurs, 142 tailleurs de pierre, 118 limousins et 291 manœuvres. » Ces indications, qui se rapportent uniquement à l'entreprise de maçonnerie, font voir Versailles rempli à nouveau d'une foule d'ouvrages et d'ouvriers, aspect qu'il va conserver pendant plusieurs années. En trois ans, la seule dépense de maçonnerie atteint un million 350.000 livres, chiffre déjà assez éloquent[1].

Sur les jardins, l'architecte construit son « enveloppe », en ménageant dans le milieu une grande terrasse entre deux larges pavillons, à un endroit où le Roi a désiré d'abord une galerie, qu'on a ajournée et que Mansart doit réaliser dix ans plus tard. Du côté des cours, Le Vau s'inspire de la vieille architecture du petit château pour le réunir aux bâtiments des écuries et des cuisines, qu'il a bâtis précédemment, et pour prolonger le tout par des pavillons terminés en colonnades. Les anciennes arcades disparaissant et le fossé de Louis XIII étant comblé, l'espace entouré par ces constructions devient la nouvelle cour du Château. Elle est fermée par une grille, de l'alignement de laquelle sont rapprochés les pavillons neufs et qui est d'abord la grille même de l'ancienne avant-cour, entre les deux petits corps de garde des mousquetaires. Si l'on s'en rapporte à certaines estampes de Pérelle, grille, corps de garde et fossé sont conservés intacts pendant quelque

---

1. L'entreprise de maçonnerie était confiée à l'architecte Jacques Gabriel, dont le nom sera si dignement porté dans les arts au dix-huitième siècle. Voici les relevés assez instructifs des dépenses de maçonnerie du nouveau bâtiment : en 1669, 335.000 livres; en 1670, 586.000 livres; en 1671, 428.500 livres. En 1672, la maçonnerie tombe à 54.500 livres.

temps; mais il n'y a bientôt plus en cet endroit, selon la grande vue de Silvestre, qu'une longue grille majestueuse fermant la cour, les corps de garde se trouvant naturellement amenés à l'entrée de la nouvelle avant-cour. L'avant-cour, en effet, est reportée en avant et considérablement agrandie; elle prend elle-même alors ses dimensions définitives, grâce à un énorme travail de terrassement, qu'il est nécessaire de se figurer. On y construit, de chaque côté, deux gros pavillons élevés sur des soubassements puissants et réunis par des murs de soutènement, qui servent à retenir les terres rapportées. Ces pavillons, qui sont debout en 1671 et qu'un groupe d'estampes montre isolés aux quatre coins de l'avant-cour, sont destinés à être reliés deux à deux par Mansart et à former les extrémités des ailes des Ministres. En résumé, au moment que nous racontons, dans le remaniement d'ensemble auquel on se livre après la paix d'Aix-la-Chapelle, toutes les proportions du Château se trouvent augmentées et fixées.

Une partie des travaux exécutés par Le Vau à Versailles ne porte point sa marque personnelle. Les conceptions de l'époque de Louis XIII ont pesé longtemps sur les siennes, alors qu'il a eu à mettre d'accord les premiers agrandissements rêvés par son maître avec la simplicité des lignes de la petite maison de chasse bâtie quarante ans plus tôt. Versailles, tel qu'il existait au temps des premières fêtes de Louis XIV, était une maison magnifique sans doute, mais en désaccord avec le goût nouveau de l'architecture française qui commence à se développer. C'est maintenant seulement, à partir des travaux de 1669, que l'œuvre vraiment originale de Le Vau se dégage et s'affirme.

Une fois réalisée, elle semble exiger, comme complément naturel, la disparition complète de celle qui l'a précédée ; la ferme volonté de Louis XIV s'oppose seule à une destruction, que les architectes proposeront sans cesse et que ses successeurs finiront par accepter. Mais une observation plus importante est suggérée par la création grandiose et toute neuve que Le Vau, par un tour de force, a juxtaposée à l'ancien Versailles. Grâce à lui, l'art qui vient ne traînera plus, en aucune manière, l'entrave du passé. Ce que l'on conserve de la construction primitive disparaît et s'efface dans l'immensité de « l'enveloppe ». C'est par ce dernier côté qu'on verra de préférence Versailles, qu'on le représentera et qu'on viendra l'admirer. Ce sont les trois façades faites alors sur les jardins qui vont déterminer, à leur tour, l'œuvre à venir.

Louis Le Vau n'assistera pas à l'achèvement du noble palais, entièrement renouvelé, qu'il a conçu ; il meurt le 11 octobre 1670, en pleine activité et âgé seulement de cinquante-sept ans. Mais il n'est pas remplacé comme premier architecte du Roi et, en attendant que le titre soit rétabli en faveur de Mansart, c'est un simple architecte des Bâtiments, François Dorbay, qui assure la continuation des ouvrages de Versailles[1]. Dorbay,

1. Dorbay fait partie de l'Académie d'architecture dès sa fondation par Colbert, le 30 novembre 1671. Il travaillait depuis

un des premiers associés de l'Académie d'architecture créée par Colbert, se trouve être un élève de Le Vau et, selon toute apparence, l'héritier direct de ses idées; ce sont, en tout cas, les plans de Le Vau qui le guident à Versailles ; quelle que soit la part accordée dans le détail à son talent personnel, c'est donc la pensée du premier architecte que nous allons suivre.

Louis XIV n'avait jamais été plus attaché à son dessein de Versailles. Même en voyage ou en campagne, il ordonnait tout par le menu et tenait à être informé, semaine par semaine, de l'avancement des travaux. Quand il fut visiter, en 1670, ses nouvelles conquêtes de Flandre, Colbert lui adressa plusieurs rapports sur ce sujet, celui-ci par exemple, du 5 mai, où l'on voit se poursuivre les constructions citées plus haut : « Pour Versailles, la corniche de la face sur le Parterre est entièrement posée. On continue avec grande diligence, et l'on commence à tailler le bois pour le comble. Je fais encore augmenter le nombre des ouvriers pour les pavillons de la grande avant-cour. Les couvertures des deux ailes et pavillons joints au Petit Château sont presque achevées, et les stucateurs travailleront au dedans, la semaine où nous entrons. — Nous avons trouvé que l'élé-

fort longtemps pour les Bâtiments, mais il ne compte comme architecte du Roi que sur les rôles de 1672. Ses gages réguliers sont de 1.000 livres, au lieu des 6.000 livres que recevait Le Vau. Mansart apparaît pour la première fois dans les Comptes au rôle de 1676; il reçoit, l'année suivante, 6.000 livres pour ses travaux de Clagny.

vation de quatre pouces des bassins portés par les figures de l'Allée d'eau réussira fort bien et même l'éloignement de quatre pieds des figures du bassin du Dragon; mais il était bien nécessaire de vider l'eau du rond, d'autant que toutes ces figures se sont trouvées crevées par la grande gelée qu'il a fait. Je les fais raccommoder et je prendrai les précautions nécessaires à l'avenir pour empêcher que cela arrive davantage. » Quatre jours après, autre rapport sur le jardin, les petites constructions qu'on fait à Trianon et quelques détails des fontaines : « Je fus hier à Versailles et à Trianon, où tous les ouvrages s'avancent, en sorte que j'espère que Votre Majesté en aura satisfaction.... La moitié des bassins des Petits-Enfants [Allée d'eau] sont posés.... Les figures du bassin du Dragon sont rétablies, et l'on commencera à dorer lundi prochain. Les ornements des autres fontaines s'avancent avec la même diligence. Il est vrai que la prodigieuse quantité d'ouvrages de sculpture empêchera peut-être qu'ils ne soient tous aussi beaux qu'il serait à souhaiter.... Le sieur Le Vau persiste à soutenir qu'il est nécessaire de fermer les deux arcades du vestibule, et je suis aussi persuadé de cette nécessité pour rendre d'autant plus solide le Petit Château. J'attendrai néanmoins l'ordre de Votre Majesté pour y faire travailler.... » Quelques jours plus tard, le Roi s'étant montré pressé : « A l'égard des bâtiments de Versailles et de Trianon, je puis assurer Votre Majesté que je fais tout mon possible pour lui donner la satisfaction qu'Elle désire;

mais Elle voudra bien considérer que, depuis son
départ, nous avons eu quinze jours de très mauvais temps, et qu'Elle reviendra quinze jours
plus tôt qu'Elle n'avait dit[1]. »

On voit, par ces exemples, quel est le ton des
rapports écrits pour renseigner Louis XIV, et qui
nous apportent aujourd'hui les éclaircissements
les plus précis sur les travaux du Château et du
Parc. La multiplicité de ces travaux est telle que
l'excellent Petit. qui les surveille depuis l'origine,
paraît devenir insuffisant; Colbert va l'envoyer à
Fontainebleau et nommer, comme contrôleur de
Versailles, Philippe Le Fèvre, « qui a plus d'action
que le sieur Petit ». Aux lettres du ministre sont
joints assez souvent des plans proposés à l'acceptation du Roi ou divers projets de décoration
entre lesquels il est sollicité de choisir. Sa Majesté
annote les lettres de Colbert et les lui retourne,
avec son avis en marge et des paroles d'encouragement ou d'impatience : « Je suis satisfait de ce
que vous me mandez de Versailles. Faites qu'on
ne se relâche point, et parlez toujours aux ouvriers
de mon retour. »

Au cours de cette correspondance, Colbert
fournit à son maître les informations les plus
minutieuses : sur l'installation des ateliers du

1. *Lettres de Colbert,* éd. P. Clément, t. V, p. 296-299. Ces
rapports de Colbert, annotés par Louis XIV, sont conservés
dans les archives de la famille de Luynes, au château de Dampierre; l'éditeur déclare les avoir tous recueillis. Nous complétons cette source précieuse de renseignements par les rapports
que le ministre a reçus de ses agents et par les Comptes des
Bâtiments.

rocailleur, sur le remplacement de tel ou tel jardinier, sur les orangers que demande Le Bouteux
au nouveau jardin qui se fait à Trianon, sur
l'aménagement des étangs, les machines hydrauliques et les conduites qui sont posées pour
amener l'eau à Versailles, sur le rétablissement
des robinets, ajustages et soupapes des fontaines,
sur les ouvrages des marbriers dans les nouveaux
appartements, et maint autre détail que le Roi
semble avoir aisément présent à l'esprit : « Je
supplie Votre Majesté, dit-il un jour, de me faire
savoir si ces relations lui sembleront ou trop
longues ou trop courtes, afin de suivre en cela
comme en toutes choses ses volontés. — De
longues, répond le Roi. Le détail de tout. » Et
l'on ne sait ce qu'il faut le plus admirer, de la précision de la mémoire chez le prince, gardée intacte
dans la vie des camps, ou de l'activité infatigable
du ministre, qui trouve le temps de rédiger ses
moindres ordres. de les préciser, d'en assurer
l'exacte exécution. et qui remet continuellement
sous ses yeux, parmi les innombrables affaires
de l'État, chaque appartement, chaque bosquet,
chaque fontaine de Versailles.

L'année 1671 voit finir la grosse maçonnerie de
l'édifice commencé par Le Vau. Les sculpteurs,
dès lors, peuvent apparaître et les parties extérieures déjà terminées leur fournissent d'abondantes besognes. On les trouve occupés, à partir
de 1671, à décorer les nouvelles façades, aussi bien
celles des cours, qui ont été transformées plus

tard, que celles des jardins, qui conserveront jusqu'à nos jours la plupart de leurs ouvrages. Celles-ci ont été achevées les premières, avec leur balustrade supérieure surmontée de ses vases et de ses grands trophées. Ce sont les vingt-quatre trophées payés collectivement quatorze mille six cents livres, le 10 décembre 1671, à Houzeau, Marsy, Le Gros, Massou et Le Hongre. Nous retrouverons ces sculpteurs, lorsque nous parlerons des statues de pierre posées à la même époque sur ces façades. L'année suivante, on couvre de trophées plus petits la balustrade des corps de logis en aile, sur l'ancienne avant-cour, et de statues mythologiques les deux grands balcons supportés par une colonnade, qui en font l'extrémité.

Colbert a consulté sur les parties les plus délicates de ces travaux l'Académie d'architecture, qui vient d'être établie par le Roi en 1671, et les architectes qui la composent ont reçu communication de tous les plans. Le procès-verbal de l'assemblée du 31 mars 1672, qui discute et rectifie les dessins des colonnades et des balustrades surmontées de figures, se trouve signé par [François] Blondel, Le Vau, Gittard, Bruand, Mignard, Dorbay et Félibien[1]. Quelque temps après, le 17 juillet 1672, le ministre écrit au Roi, qui est en Hollande : « J'ai fait distribuer à plusieurs sculpteurs les vases et les trophées qu'il

---

1. Consulter le procès-verbal de l'assemblée de l'Académie d'architecture du 31 mars 1672 (*Procès-verbaux*, t. I, p. 9), cité dans l'ouvrage de Lady Dilke, *Art in the modern State*, Londres, 1888, p. 68 et 235. Les observations de Colbert sur les divers projets des architectes sont dans ses *Lettres*, t. V, p. 284-288.

faut mettre sur les piédestaux de la balustrade des pavillons et corps de logis en aile, afin qu'ils soient faits promptement. On travaille fortement aux douze figures. » Ces statues semblent déjà toutes hissées et mises en place dès la fin de l'année. Il ne reste plus à terminer que la sculpture des clefs d'arcades du côté des jardins; elle sera faite en 1674, mais n'est pas encore commencée au moment où André Félibien, dans la *Description sommaire du Château de Versailles*, parue à cette date, explique à son lecteur la décoration du Château Neuf. Arrivons à Versailles avec lui, en cette année 1674, pour examiner la nouvelle maison royale, telle que les travaux de Le Vau et de Dorbay viennent de la constituer.

Le visiteur, attiré par la renommée d'un lieu qui passe déjà pour « un des plus beaux qui soient au monde », peut, en venant de Paris, rejoindre une large avenue de quatre rangées d'ormes, formant trois allées et terminée devant le Château par la vaste place Royale. Deux autres avenues un peu moins larges y aboutissent aussi. La place est entourée de pavillons symétriques construits par le Roi et derrière lesquels s'étendent les rues de la ville nouvelle, toute entière bâtie sur terrain royal. On monte la pente de l'avant-cour, flanquée de ses quatre gros pavillons et l'on franchit la grille de la grande cour. Les deux corps de logis, qui la bordent à l'entrée et servent pour les offices, sont terminés chacun par un pavillon,

dont la colonnade est surmontée d'une balustrade
ornée de statues.

Il est bon de remarquer d'abord que, comme le Soleil
est la devise du Roi, et que les poètes confondent le Soleil
et Apollon, il n'y a rien dans cette superbe maison qui
n'ait rapport à cette divinité : aussi toutes les figures et
les ornements qu'on y voit n'étant point placés au hasard,
ils ont relation ou au Soleil ou aux lieux particuliers où
ils sont mis. C'est pourquoi, comme ces deux ailes de la
grande cour sont particulièrement destinées aux offices de
la Bouche, du Gobelet, de la Panneterie, de la Fruiterie et
des autres offices de Sa Majesté, ceux qui ont la conduite
de ces grands ouvrages ont fait représenter les quatre
Éléments sur le haut des portiques de ces deux ailes,
puisqu'à l'envi l'un de l'autre ils fournissent ces offices de
tout ce qu'ils ont de plus exquis pour la nourriture des
hommes. Car la Terre donne libéralement ses animaux, ses
fruits, ses fleurs et ses liqueurs ; l'Eau fournit les poissons;
l'Air, les oiseaux ; et le Feu, les moyens d'apprêter la plupart de tous ces aliments. Et parce qu'il y a douze figures
sur chaque balcon, chaque élément a trois figures qui le
représentent. — La Terre est figurée par Cérès, Pomone
et Flore. Ces trois figures sont sur le balcon à gauche en
entrant. L'Eau est représentée par Neptune, Théthys et
Galatée, qui sont ensuite sur le même balcon. L'Air est
représenté par Junon, Iris et le Zéphire. Ces figures sont
sur le balcon à main droite. Le Feu, par Vulcain et les
deux Cyclopes, Stérops et Bronte, qui sont ensuite sur le
même balcon.

Les Comptes fournissent des noms de sculpteurs
pour ces statues des « grands balcons » aujour-
d'hui perdues. Iris, Junon et Zéphire sont de Raon,
de Desjardins et de Roger ; Vulcain est de Magnier,
et les deux Cyclopes, de Drouilly et de Hérard ;
Cérès, Pomone et Flore sont de Tubi, de Mazeline et de Massou ; Théthys, Neptune et Galatée,

confondue avec Amphitrite, de Le Hongre, de Buyster et de Houzeau. L'estampe de cette nouvelle façade, gravée par Israël Silvestre en 1674, montre l'heureux effet de ces figures. Quoiqu'elles soient toutes d'un même caractère purement décoratif, elles sont suffisamment indiquées par le graveur pour qu'on les distingue l'une de l'autre. Revenons maintenant aux indications de notre guide :

De cette grande cour l'on entre dans la petite cour, où l'on monte d'abord par trois marches, et, après avoir passé un large palier, on monte encore cinq autres marches. Cette cour est pavée de marbre blanc et noir, avec des bandes d'autre marbre blanc et rouge. Au milieu est un bassin de fontaine de marbre blanc, avec un groupe de figures de bronze doré. La face et les ailes du Petit Château sont bâties toutes de briques et de pierre de taille, et dans les trumeaux, entre les fenêtres, il y a une infinité de bustes de marbre sur des consoles aussi de marbre pour la décoration du Palais. Au-devant de la face est un balcon soutenu par huit colonnes de marbre jaspé de blanc et rouge. Elles sont d'ordre dorique, ayant leurs bases et leurs chapiteaux de marbre blanc. Dans les deux angles des ailes de la face, il y a deux trompes de pierre de taille, qui portent deux cabinets environnés de volières de fer doré, et au-dessous deux bassins de marbre blanc en forme de grandes coquilles où sont de jeunes Tritons qui jettent l'eau.

Il faut insister sur cette disposition de la petite cour de Marbre, qu'on appelait alors « cour de la Fontaine » ou quelquefois « cour des Fontaines », car les eaux y accueillaient le visiteur sous diverses formes. Elle avait été réparée en 1672, un mur qui bouclait ayant dû être ravalé et repeint en brique.

L'ANCIENNE COUR DE MARBRE

C'est à cette occasion, semble-t-il, que Louis **XIV**
avait fait mettre au milieu un bassin de marbre
blanc, où le motif de la fontaine était un groupe
d'enfants, fondu par Duval en 1673, sur un modèle
des Marsy. On est bien informé sur l'architecture
de la cour de la Fontaine par l'estampe de Silvestre,
et surtout par deux pièces de la suite de Le Pautre
sur les fêtes de 1674. L'une montre la représentation d'*Alceste* dans cette cour servant de scène,
et la fontaine s'y trouve recouverte ; c'est l'aspect
général de la construction qui est exactement
rendu, avec le grand balcon à huit colonnes placé
en 1670, les autres balcons, forgés par Delobel,
ceux des bâtiments extérieurs à la petite cour, les
trois portes de fer doré du vestibule, les bustes
multipliés sur des consoles, le bas des fenêtres en
maçonnerie pleine, et le comble, indépendant
pour chaque pavillon, mansardé et sobrement
ornementé. Il est vraiment impossible d'être mieux
renseigné, et ce joli document ne saurait être trop
consulté.

Dans la seconde estampe, celle du festin, on
devine, sous la colonne enguirlandée qui le dissi-
mule, le groupe des Marsy, mais l'œil est surtout
attiré par le dessin très curieux des grands cabinets en saillie aux angles de la cour. On y avait
appliqué deux volières de fer doré, forgées en 1671
par les serruriers Le Breton et Mangin, dont le
nom mérite d'être relevé et qui, chargés chacun
d'une volière, avaient rivalisé d'habileté dans ces
chefs-d'œuvre de ferronnerie. Les fers dorés
reposaient sur une base de marbre sculpté, et

au-dessous jaillissaient de petites fontaines, plus anciennement posées, puisque les Comptes mentionnent, dès 1670, le paiement « de la dorure à feu de deux figures de Tritons des coquilles de la cour de Versailles ». Tels étaient, à l'époque de la description de Félibien, lors des fêtes pour la seconde conquête de la Franche-Comté, les éléments décoratifs de la petite cour de Marbre, déjà bien modifiée depuis le temps où ses murs enserraient la modeste cour de la maison de chasse.

On passait d'ordinaire dans les jardins par le vestibule ouvert au milieu de cette cour et par une galerie voûtée, d'un niveau un peu plus bas ; des arcades fermées de grilles de fer forgé débouchaient sur la grande terrasse, qui occupait déjà toute la largeur de la façade. C'est alors qu'on pouvait étudier le symbolisme de la décoration sculpturale du côté des jardins ; les moindres morceaux, et jusqu'aux clefs des croisées, prenaient une signification dans l'ensemble. Il y avait là un élément d'intérêt que, faute de connaître ce symbolisme, les restaurateurs de notre temps ont plus d'une fois fait disparaître, en remplaçant arbitrairement les morceaux détériorés.

Les sculptures de ces façades ne sont pas toutes d'une même époque. Le remaniement du Château par Mansart a respecté la plus grande partie de celles de 1671[1]. Quant aux statues au-dessus des

---

1. De nombreux bas-reliefs se voient au premier étage, dans les estampes de Silvestre, au-dessus des fenêtres carrées de Le Vau. Ces ouvrages ont disparu au temps de Mansart, qui a

balcons, elles n'avaient pas été changées jusqu'à ces dernières années, où plusieurs ont été remplacées par des copies. Ces figures, hautes de deux mètres et demi et destinées à être vues à grande distance, sont de bons morceaux de décoration heureusement proportionnés. Félibien explique assez longuement les raisons qui en ont motivé le choix :

La façade principale qui regarde le Parterre d'eau est ornée de trois avant-corps ou balcons, ayant quatre colonnes chacun, ce qui a donné lieu d'y mettre douze figures ; et ce nombre de douze a déterminé à y représenter les douze Mois de l'année, d'autant plus qu'il convient particulièrement au Soleil qui fait le corps de la devise du Roi. Les mois de Mars, d'Avril, de Mai et de Juin sont sur le balcon du pavillon à droite. Les mois de Juillet, d'Août, de Septembre et d'Octobre sont sur les balcons du milieu de la terrasse, et les mois de Novembre, Décembre, Janvier et Février sont sur le balcon du pavillon à gauche. Dans les bas-reliefs qui ornent les dessus de croisées de cette façade sont représentés de petits enfants, qui s'occupent à des exercices convenables à chaque mois et à chaque saison. Dans les clefs de l'appartement bas, l'on y doit représenter des têtes ou masques d'hommes et de femmes, depuis l'enfance jusques à la dernière vieillesse, c'est-à-dire depuis douze ans jusques à cent ans environ, parce que l'année est l'image parfaite de la vie de l'homme.
Du côté du Jardin à fleurs, on a eu égard aux choses que cette façade regarde, qui sont les fleurs de ce même jardin, les fruits du Jardin de l'Orangerie, et la salle de la Comédie qui sera bâtie de ce côté-la : cela a donné la pensée de mettre sur le premier avant-corps ou balcon quatre figures qui président aux fleurs, savoir : Flore, qui en est la déesse, le Zéphire, qui est son amant et qui par la douceur de son haleine fait sortir les fleurs hors de

cintré toutes les fenêtres de cet étage. Quatre bas-reliefs isolés, deux au nord et deux au midi, sont restés en place.

terre, au retour du printemps, Hyacinthe, favori du Soleil, et Clitie, amante du Soleil, qui ont été tous deux convertis en fleurs. Les bas-reliefs qui sont au-dessous de ces figures... représentent des enfants ou petits amours qui s'occupent à dresser des jardins, à planter et à cultiver des fleurs et à en faire des guirlandes. Dans les clefs des croisées de l'appartement du bas étage, il y aura des têtes de jeunes garçons et de jeunes filles couronnés de toutes sortes de fleurs....

Pour s'en tenir aux grandes figures des balcons, on peut noter que l'avant-corps du milieu, « qui a rapport à la Comédie ». en porte quatre représentant « la muse Thalie, qui préside à la belle comédie, Momus, qui préside à la bouffonnerie, Terpsichore, autre muse qui se mêle de la danse sérieuse et le dieu Pan, qui est l'auteur de la danse grotesque ». Sur le troisième avant-corps sont les divinités qui président aux fruits, Pomone, Vertumne, une des Nymphes Hespérides, gardée par un dragon, et la Nymphe Amalthée qui tient la corne d'abondance. « Du côté de la Grotte, l'on a eu aussi égard aux choses que cette face regarde, qui sont la Grotte, les eaux des fontaines, qui sont en vue de cette face, et la salle des festins, qui est de ce côté-là. » Sur l'avant-corps proche la Grotte, les quatre figures sont la nymphe Écho, Narcisse, « Théthys et Galatée, qui représentent les eaux qui sont le principal ornement des grottes ». Sur l'avant-corps du milieu, les statues représentent Cérès, Bacchus, Comus « et le Génie qui préside à la joie et aux plaisirs de la bonne chère ». Le dernier avant-corps porte deux dieux de rivières et deux nymphes de fontaines. Partout les clefs des croisées sont d'accord avec le symbolisme des grandes figures ; et par exemple, les clefs de l'appartement bas, celui des Bains, présentent « des têtes de dieux et de nymphes de rivières ayant les cheveux mouillés et couronnés de joncs et de roseaux ».

Un grand nombre d'artistes avaient travaillé à ces sculptures. Voici, d'après les Comptes et les éloges académiques, la part de chacun d'eux. Sur les douze figures de Mois, qui décorent la façade du Parterre d'eau, les quatre de l'avant-corps central se trouvaient, dans le château de Le Vau, placées en retrait au-dessus du milieu de la terrasse : elles sont, ainsi que celles de gauche, l'ouvrage certain des frères Marsy ; les quatre de droite sont probablement de Massou. Gaspard Marsy a été appelé par Colbert à faire les nouveaux bas-reliefs de la partie de la façade élevée par Mansart en 1679, ainsi que les deux statues d'Apollon et de Diane, qui sont au milieu des quatre Mois de l'avant-corps central, où six figures étaient devenues nécessaires. De ce remaniement de la façade datent les deux figures dans des niches, l'*Art* et la *Nature*, œuvres de Louis Le Conte. Les autres façades conservent les statues primitives dans leur arrangement ancien[1], car l'invention des motifs

---

1. L'incertitude des attributions est ici de moindre importance. Du côté de l'Orangerie, il y en a quatre de Le Hongre : Zéphire et Flore sur l'avant-corps de droite, Pomone et Vertumne sur l'avant-corps de gauche, où les deux autres figures sont peut-être la part du ciseau de Le Gros. Roger, Houzeau et surtout Tubi paraissent avoir travaillé à cette façade, où l'on voit encore deux médaillons de Le Hongre, Vertumne et Pomone, et deux figures dans des niches, la *Musique* et la *Danse*, de Nicolas

appartient, comme toujours, à Le Brun; la maîtrise des sculpteurs s'est montrée surtout dans leur parfaite subordination à l'harmonie générale d'une œuvre d'ensemble qui fait corps avec l'édifice.

Les beaux masques des clefs des croisées du rez-de-chaussée n'ont pas eu moins que les statues à souffrir du temps et des hommes. Ils ont été faits en 1674 et les Comptes disent le nom des sculpteurs, sans permettre, par malheur, de distinguer leurs ouvrages. Desjardins et Magnier ont fait chacun quatre masques, qu'il faut chercher du côté qui regarde le parterre du Nord. Les frères Marsy ont travaillé probablement sur la façade du Parterre d'eau, au-dessous de leurs grandes figures des Mois; on leur doit sans doute ces têtes de vieillards, qui représentent les âges avancés de la vie. Les autres masques ont été sculptés par Massou, Le Gros, Le Hongre, Buyster et Mazeline. On peut craindre que le caprice des sculpteurs modernes, chargés de restaurer ou de remplacer ces mascarons, en ait altéré, çà et là, le très précis symbolisme. Ceux qui sont à leur place ancienne retracent au visiteur attentif d'intéressants souvenirs topographiques. De bonne heure ont disparu le Jardin des fleurs et la Grotte, dont le voisinage

Dossier. Du côté du parterre du Nord, qu'on appelait alors le côté de la Grotte, Laurent Magnier a deux figures, un Fleuve et une Naïade, Buyster au moins deux figures, Cérès et Bacchus, qu'accompagnent Momus et Comus, par Hérard, et Desjardins paraît être l'auteur de quatre figures, dont celles de Théthys et de Galatée. Telles sont les seules attributions certaines qu'on puisse faire à des artistes, dont il est surtout nécessaire de rappeler le nom.

avait fait choisir, au midi et au nord, les sujets ornementaux ; ces morceaux de sculpture, demeurés par le choix des motifs témoins de leur existence, aident à les rappeler à la mémoire[1].

Telle est la décoration extérieure, et voici de quoi se compose, à ce moment, l'intérieur du Château. L'ancien bâtiment qui forme encore la petite cour et qu'on appelle le Petit Château, conserve sa disposition isolée, séparé qu'il est du Château Neuf par de grandes cours intérieures. Cette disposition est bien montrée par des plans manuscrits de l'époque de Le Vau. On y trouve, de chaque côté de la cour de la Fontaine, un escalier qui mène aux appartements hauts du Petit Château. L'escalier de gauche, au bas duquel est la petite salle des gardes, conduit chez le Roi ; en haut de cet escalier, on rencontre d'un côté un cabinet du billard[2], de l'autre, trois pièces assez petites, les anciennes chambres de Louis XIV, qui rejoignent un salon central, au-dessus du

1. Ce symbolisme logique, si exactement dans l'esprit de la décoration de Versailles, a été altéré par de très récentes restaurations qui ont substitué, sur la façade du midi, dans les clefs les plus voisines du Parterre d'eau, quelques têtes copiées sur les clefs de la façade du nord. Toutes les attributions de sculpture qui sont faites ici, et dont beaucoup sont en désaccord avec les indications des guides anciens, ont été établies, avec preuves à l'appui, dans *La Création de Versailles*, p. 222 et suiv. Elles proviennent des Comptes des Bâtiments et des notices contemporaines sur les sculpteurs académiciens. De très belles têtes symboliques de la même époque, en meilleur état que celles de Versailles, existent encore au « pavillon du Val », près de Saint-Germain, construit pour le Roi en 1675 et 1676 ; elles sont de Le Hongre et de Desjardins.

2. Sur l'emplacement de la salle actuelle 130.

vestibule. Ce salon, qui sera à la fin du règne la chambre à coucher de Louis XIV, a trois fenêtres sur la cour, en face desquelles, à l'endroit même où l'on sortait autrefois sur le balcon primitif de Louis XIII, on entre par trois portes dans la grande terrasse qui domine le jardin. Félibien dit que ce salon fait la séparation des appartements du Roi et de la Reine; la terrasse est « toute pavée de marbre blanc, noir et rouge, avec un bassin de marbre blanc au milieu, d'où s'élève présentement un gros jet d'eau, où l'on doit mettre un groupe de figures de bronze dorées qui jetteront de l'eau ». Le groupe a été en effet commandé à Tubi, et Colbert donne, en octobre 1674, l'ordre de l'achever, de le dorer et de le poser. La terrasse qu'il doit orner joint à droite l'appartement du Roi, à gauche celui de la Reine dans le Château Neuf. Elle sera détruite dans peu de temps, après avoir duré huit ans à peine. On voit encore aujourd'hui dans le comble de la Grande Galerie, qui a recouvert cette terrasse de Le Vau, les ornements sculptés de la façade et les baies supérieures du mur qui s'adossait au Petit Château.

Le visiteur entre au Grand Château ou Château Neuf, comme on dit alors, par la cour qui sera plus tard appelée cour Royale. Deux vestibules à trois arcades donnent accès à deux escaliers symétriques, appelés escaliers du Roi et de la Reine. En 1674, l'escalier du Roi est inachevé et même les grands travaux n'y font que commencer. Félibien n'en mentionne que les vastes dimensions. Au bas de l'escalier, en tournant à gauche, on arrive à

l'appartement bas du Roi, dit aussi appartement
des Bains. Au palier du premier étage, on trouve
le grand appartement, communiquant avec les
pièces du Petit Château, restées petit appartement
du Roi. Ce grand appartement a d'abord six
pièces, outre le salon où débouchera le grand escalier et qui sera achevé en même temps. Le Roi
pourrait y habiter à son retour d'Alsace, dès
l'hiver de 1673; Colbert lui écrit, en effet, le 28 septembre, rendant compte de tous les travaux de
Versailles : « Le Labyrinthe, le Marais, la Cérès, les
groupes du Théâtre et de la cour [de Marbre], et
les six pièces du grand appartement de Votre Majesté seront entièrement achevés dans le même
temps. » Et le Roi répond, de Sainte-Menehould,
avec quelques indications dernières pour l'ouverture des portes de commodité : « Je serai bien aise
de trouver mon grand logement à Versailles en
état d'être meublé. » Les six pièces incomplètement décorées, mais habitables, sont : une salle
des gardes, une antichambre, la chambre et deux
cabinets, dont le second sort sur la terrasse. Du
côté de la Reine existe une disposition analogue.
Tous ces nouveaux appartements royaux ont reçu
une décoration dont, cette fois, une grande partie
viendra jusqu'à nous.

Ce qui devait servir le mieux les intérêts de l'art
français, dans l'agrandissement de Versailles, était
la construction de ces appartements du Château
Neuf. Le Premier Peintre du Roi, Charles Le
Brun, en assumait la direction, après avoir exé-

cuté lui-même toute la peinture des nouveaux appartements de Saint-Germain, vaste travail d'ensemble qui annonçait et préparait celui de Versailles. Le Roi lui accordait des gages « pour la conduite et la direction de toutes les peintures des maisons royales »; mais l'activité du directeur de la Manufacture des meubles de la Couronne s'étendait à toutes les parties de sa fonction, et les plus modestes ouvrages, comme les plus importants, passaient également par ses mains. L'énorme collection de ses dessins, appartenant aujourd'hui aux Musées nationaux, et qui ne représente qu'une faible partie de ses créations, témoigne qu'il était aussi capable de donner le modèle d'un lustre ou d'un bouton de porte que l'idée d'un groupe de marbre ou l'ordonnance d'un plafond. Il sied de rendre hommage dès à présent au principal des collaborateurs de Colbert, à celui dont le nom reparaîtra le plus souvent dans cette histoire.

Dans le bâtiment de Le Vau, les Grands Appartements du Roi et ceux de la Reine prenaient la place qu'ils devaient garder toujours. Les incrustations des meubles les plus beaux y formaient la part principale de la décoration, et c'est toujours, dans les prévisions des Comptes des Bâtiments, la dépense la plus coûteuse. On remarque aussi celle « des glaces de miroir à mettre aux croisées » et « des garnitures de bronze doré ». C'était un Italien, né sujet du Pape et devenu sujet du Roi en 1664, Domenico Cucci, qui ciselait pour les appartements des fermetures de portes et de fenêtres qu'on voit encore et qu'on jugeait déjà des

chefs-d'œuvre[1]. Il travaillait à la maison des Gobelins, sous les yeux de Le Brun. Deux autres Italiens, Filippo Caffieri, le premier de la dynastie, et
son collaborateur Francesco Temporiti, dit Fran-
cisque, l'un de Rome, l'autre de Milan, faisaient,
dans les parties nouvelles du Château, au cours
de 1671 et 1672, la sculpture des portes et des
fenêtres. Il ne faut point songer toutefois aux
portes actuelles des grands appartements, qui sont
un ouvrage postérieur du même Caffieri; celles
de 1674 avaient été projetées en bronze d'après un
dessin fourni par Claude Perrault[2]. Les stucs
des plafonds sont à peu près tous de la première

1. Domenico Cucci, appelé en France par Louis XIV, travaillait, dans la maison des Gobelins, « aux grands cabinets
d'ébène, sculpture, miniature, orfèvrerie et pierreries..., aussi aux
fermetures des portes et des fenêtres des maisons royales, le
tout ciselé ». (*Mercure galant*, t. III, p. 117.) Jal lui a consacré
un important article. On trouvera, dans les *Lettres de naturalisation d'artistes étrangers* recueillies par Jules Guiffrey, la
lettre accordée par le Roi, à la date de 1664, à « notre bien
aimé Dominique Cuccy, originaire de la ville de Tody près de
Rome ». Les lettres de naturalisation de Filippo Caffieri, de
Rome (1665), de Francesco Temporiti, de Milan (1671), et de
Giambattista Tubi, de Rome (1672), ne sont pas moins précieuses
pour l'histoire de l'art (*Nouvelles archives de l'art français*, t. II,
p. 242, 244, 247, 250). Guiffrey, dans son livre sur *Les Caffieri,
sculpteurs et fondeurs-ciseleurs*, Paris, 1877, a raconté la carrière du premier Philippe Caffieri, sculpteur de Louis XIV
(1634-1716).
2. Claude Perrault écrit à Colbert, le 27 janvier 1674 : « J'ai
envoyé à Monseigneur le dessin en grand pour les portes de
bronze des Grands Appartements de Versailles; il me les ren-
voiera, s'il lui plaît, avec ses résolutions. » (*Mélanges Colbert*,
vol. 157, fol. 245.) On ne voit cependant nulle part confirmée
l'existence de portes de bronze dans les appartements. André
Félibien en parle, en 1674, comme d'un projet : « Les portes
doivent être de bronze travaillées à jour. » Ce grand travail ne
fut sans doute pas exécuté et l'on mit à la place les panneaux
de bois sculptés par Philippe Caffieri.

époque. A eux seuls, les frères Marsy, selon leur ancien biographe, auraient fait « dans l'appartement du Roi, aux quatre chambres d'Apollon, de Mars, de Vénus et de Mercure, les ouvrages de stuc qui sont au plafond et au-dessus des portes ». Du reste, tous les noms des stucateurs sont de véritables noms d'art : du côté du Roi, outre les Marsy, on trouve Regnaudin et Hutinot ; du côté de la Reine, Le Gros et Massou, Tubi et Mazeline[1].

Ces observations vérifient une fois de plus ce que le texte des comptes royaux révèle si clairement : les artistes du temps de Louis XIV, fidèles encore à la tradition de la Renaissance, ne se spécialisaient point et produisaient, aidés ou non par leurs ouvriers, tous les ouvrages qui concernaient leur métier, l'humble guirlande d'ornement aussi bien que la statue monumentale. Il est aisé de voir que les morceaux de stuc qui restent à Versailles montrent souvent la vigoureuse et large exécution des maîtres.

Les beaux marbres de revêtement que nous admirons dans les Grands Appartements, où des salles entières les ont conservés, venaient tous de carrières françaises, et les travaux entrepris pour les extraire et les transporter ne furent pas inutiles au développement d'une intéressante industrie natio-

---

1. Les sculpteurs employés vers le même temps (1669) à la décoration du nouveau « petit appartement du Roi », au Vieux Château de Saint-Germain, sont Tubi, Regnaudin, Magnier, Legendre, Mazeline ; le bois est travaillé par Caffieri, Mathieu Lespagnandel et Laurent Magnier (Houdart, t. II, app., p. 40).

nale : « Tous ces lieux, disait André Félibien, sont pavés et enrichis de marbres que le Roi a fait venir de plusieurs endroits de son royaume, où depuis dix ans l'on a découvert des carrières de marbre de toutes sortes de couleurs, et aussi beaux que ceux que l'on amenait autrefois de Grèce et d'Italie. » Le même écrivain ajoutait, à propos des marbres, une remarque dont on peut reconnaître l'exactitude : « L'on a observé d'employer ceux qui sont les plus rares et les plus précieux dans les lieux les plus proches de la personne du Roi, de sorte qu'à mesure qu'on passe d'une chambre dans une autre, on y voit plus de richesses, soit dans les marbres, soit dans la sculpture, soit dans les peintures qui embellissent les plafonds. » Colbert faisait rechercher, au cours de 1672, les meilleurs ouvriers du royaume sachant « tailler le marbre pour faire des moulures et ornements », et il ne lui était pas facile d'en trouver assez pour suffire aux besoins croissants des maisons royales.

Les « riches compartiments de marbre » des parquets n'existent plus dans les appartements, le Roi les ayant fait détruire en 1684 : « Comme on était obligé de jeter de l'eau pour en entretenir la propreté, on remarqua que l'eau, en pénétrant dans les joints, pourrissait les bois des planchers et qu'il n'y avait point de sûreté dans les appartements situés au-dessous. Louis XIV se détermina à faire changer ce pavé pour y substituer un parquet de menuiserie[1] ». On ne laissa

1. A ce renseignement de La Martinière doit se joindre un autre du duc de Luynes, qui note à Versailles en novembre 1752 :

que les seuils de marbre à chaque porte, et encore furent-ils enlevés au siècle suivant. Dans tous les salons, outre une bande qui règne autour du parquet, les revêtements primitifs sont conservés aux ébrasements des fenêtres. Ces marbres du Languedoc, du Bourbonnais ou des Pyrénées, que décrivaient en détail les contemporains, sont demeurés intacts, sans qu'un seul fragment se soit détaché, sans que la moindre partie de l'assemblage ait cédé.

Les deux grands appartements royaux eurent des plafonds peints à la manière italienne et représentant des scènes historiques ou mythologiques. On préparait cette décoration dès 1671; elle ne devait être entièrement terminée qu'en 1680, et même la mise en place des « tableaux » qui la composent ne fut payée au doreur La Baronnière qu'en 1681. Du côté du Roi travaillaient Audran, Jouvenet, Houasse, Champagne, Nocret, Blanchard, Lafosse, Loir, De Sève, Coypel; du côté de la Reine, Paillet, Vignon, Corneille, Nocret, Loir, enfin Gilbert De Sève, chargé de la chambre de Marie-Thérèse[1]. Au début de cette période des

« J'ai remarqué depuis le retour de Fontainebleau un changement qu'on a fait pendant ce voyage dans les appartements du Roi ici. Dans les arcades de la Galerie et dans les portes des pièces jusqu'à la Chapelle, il y avait des seuils de marbre; on les a ôtés parce qu'ils étaient trop glissants, et on a mis à la place de ces seuils du parquet qui raccorde à celui des pièces. » (*Mémoires*, t. XII, p. 190.)

1. Les peintures de l'appartement de la Reine sont conservées en deux pièces, le salon (salle 116) et l'antichambre (salle 111). Les premières, dues à Michel Corneille, représentent : au plafond, *Mercure répandant son influence sur les arts et sur les sciences*; dans les voussures, *Sapho jouant de la lyre, Pénélope*

grandes œuvres picturales de Versailles, on n'y
trouve point occupé le Premier Peintre en personne; c'est qu'il est absorbé alors par la direction
de la Manufacture royale des Gobelins et par les
ouvrages du château de Sceaux, où il exécute
pour Colbert le pavillon de l'*Aurore*. En attendant qu'il paraisse à Versailles, le pinceau à la
main, pour l'œuvre du Grand Escalier, il prodigue
ses conseils à ses confrères, et c'est à lui qu'on
doit la pensée d'ensemble de la décoration des
Grands Appartements.

Cette pensée, singulièrement conforme au
goût du temps et aux tendances personnelles de
Louis XIV, est exposée dès 1674 par Félibien,
telle qu'elle va être réalisée chez le Roi : « Les
plafonds, dit-il, doivent être enrichis de peintures
par les meilleurs peintres de l'Académie Royale;
et comme le Soleil est la devise du Roi, l'on a pris
les Sept Planètes pour servir de sujet aux tableaux
des sept pièces de cet appartement, de sorte que
dans chacune on y doit représenter les actions des

faisant de la tapisserie, *Aspasie au milieu des philosophes* et *Cési-
sène cultivant la peinture*. Il y a encore quatre figures allégoriques et deux dessus de porte de Madeleine de Boulogne, montrant des trophées militaires. Dans l'antichambre la composition
centrale de Vignon (*Mars avec sa planète*) a été remplacée par
La famille de Darius, de Le Brun. Les voussures en camaïeu rappellent surtout des anecdotes antiques où le courage et les qualités des femmes sont célébrées. Il y a aussi des dessus de porte
de Madeleine de Boulogne. Toutes ces peintures ont été achevées
en 1673, année où elles furent exposées à Paris, dans la cour du
Palais-Royal. Elles sont, pour la plupart, gravées dans *Versailles immortalisé* et Soulié en a donné le détail (*Notice du
Musée national*, t. II, p 173-179). Elles ont été restaurées par
des élèves de Gérard: Ducis, Joseph Heim, Blondel, etc., et la
dorure des pièces a été refaite en 1810 et 1813.

<table>
<tr><td>I.</td><td>12</td></tr>
</table>

héros de l'Antiquité qui auront rapport à chacune des Planètes et aux actions de Sa Majesté. On en voit les figures symboliques dans les ornements de sculpture qu'on a faits aux corniches et dans les plafonds. » Des pièces du grand appartement créées alors, cinq ont conservé la disposition qu'elles reçurent et quatre ont pris le nom de la planète symbolisée au plafond[1]. La cinquième, qui fut la chambre du Roi, était consacrée à Apollon ; le plafond de Lafosse y montre le char divin accompagné des Quatre Saisons, et le reste du décor, où d'autres peintures de l'artiste évoquent

1. La décoration se distribue ainsi dans ces quatre pièces. Salon de Vénus : plafond de Houasse : *Vénus assujettissant à son empire les Divinités et les Puissances* (les guirlandes qui enlacent les dieux dans la peinture se prolongent dans les angles du plafond et entourent des figures assises en couple, dont des amours resserrent les liens (*Thésée et Ariane, Jason et Médée, Antoine et Cléopâtre, Titus et Bérénice*). Deux bas-reliefs ronds et quatre rectangulaires au milieu des voussures, tous « peints en manière de camaïeux rehaussés d'or », présentent des sujets de mythologie et d'histoire, où les allusions à Louis XIV et à son mariage ne manquent pas (détail dans Soulié, t. II, p. 134). — Salon de Diane : plafond de Blanchard, *Diane présidant à la navigation et à la chasse* ; quatre sujets des voussures traités par Audran et Lafosse, et rappelant ces deux arts, sujets, dit Félibien, « choisis par rapport au Roi, qui s'est fait si bonne heure un plaisir de la chasse », et qui « commença d'établir le commerce dans les contrées les plus éloignées et envoya dès lors, pour cet effet, des colonies françaises à Madagascar et en divers autres lieux ». Sur la cheminée fut jadis *Diane et Endymion*, par Blanchard, et, en face, *Le sacrifice d'Iphigénie*, par Lafosse. — Salon de Mars : plafond par Audran, *Mars sur un char tiré par des loups* ; tout autour, allégories et scènes guerrières, par Jouvenet, Houasse et Audran. On a utilisé, pour les dessus de portes, d'anciennes figures de Simon Vouet, gravées en 1638. — Salon de Mercure : plafond de J.-B. de Champagne, *Mercure sur son char tiré par deux coqs* ; les sujets des voussures sont aussi de Champagne ; deux ont fait partie de l'exposition de 1673, au Palais-Royal.

des sujets d'histoire royale, proclame de mainte façon l'allégorie glorieuse où se complaisait déjà le jeune monarque[1].

Le salon de marbre où l'on entrait du palier du Grand Escalier, et qui ne fut terminé qu'un peu plus tard avec l'escalier lui-même, était le Salon de Diane ; on passait de là dans la Salle des Gardes, appelée alors Salle des Festins et depuis Salon de Mars ; l'antichambre du Roi, qui suivait, était dite aussi Salon de Mercure ; la quatrième pièce, ou Salon d'Apollon, était la chambre à coucher, qui fut longtemps « Chambre du lit » et resta munie d'un lit de parade, même après que Louis XIV eut cessé de l'habiter[2]. Au delà de cette chambre en venait une entièrement transformée depuis, puis-

1. Lafosse a représenté, outre un Coriolan assez inattendu, *Porus conduit devant Alexandre, Auguste faisant bâtir le port de Misène, Vespasien faisant élever le Colysée.* « Ces deux sujets, écrit Félibien, ont rapport à la magnificence des bâtiments de Sa Majesté, entre lesquels le port de Rochefort, qu'on a voulu particulièrement désigner ici par celui de Mysène, surpasse ce que les Romains ont jamais fait de plus somptueux en ce genre ». (La quatrième voussure offre l'épisode de la vie de Coriolan ; quant aux dessus de porte, ils sont fort postérieurs à cette première décoration ; le plus curieux est le morceau de réception de Vernansal à l'Académie royale, peint en 1687, et qui est une représentation allégorique de la révocation de l'Édit de Nantes.)

2. Un précieux dessin de la Bibliothèque de l'Institut (*Mss.* 1307, n° 101), qui paraît être de Dorbay, donne pour les deux étages le « Profil général des grands appartements du Roi », depuis la pièce de « palier du grand escalier » (qui n'est pas encore celui des Ambassadeurs) jusqu'au « grand cabinet » qui suit la « chambre » ; après le palier viennent : salon, salle des gardes et antichambre. La désignation par le nom des planètes n'existe pas encore. Ce plan et un autre du même recueil permettent de se faire une idée de la décoration d'un premier « grand escalier », où de gros termes soutenaient la corniche et qu'éclairait par le haut un vitrage rond.

qu'elle occupait l'emplacement où est le Salon de la Guerre ; c'était le grand cabinet du Roi, sur lequel s'ouvraient les deux cabinets en retour, dont le premier servait de « petite chambre à coucher », et dont le second était le « cabinet de la Terrasse ». Nous ne savons rien de ces dernières pièces, sinon que la décoration de marbre s'y continuait.

En même temps que les Grands Appartements du premier étage, était aménagé au rez-de-chaussée, au-dessous de ceux du Roi, cet Appartement des Bains, dit aussi Appartement bas ou Appartement de marbre, qui sera entièrement modifié dans les remaniements du dix-huitième siècle, après avoir excité l'admiration des contemporains de Louis XIV. Il avait été commencé au cours de 1672 et Colbert prévoyait, aux dépenses de cette année, une somme de cent mille livres pour le mettre en état. On travaillait encore, en 1677, aux peintures des plafonds et aux ornements de bronze et bas-reliefs des cheminées et des dessus de porte. Le plus beau mobilier y était réuni, et chaque pièce présentait une diversité d'architecture intéressante.

Le vestibule (aujourd'hui salle 56) ouvrait sur la cour intérieure. Les huit colonnes doriques qui en soutenaient le plafond ont été remises au jour, lors des travaux de Louis-Philippe pour le Musée, après avoir longtemps disparu dans des cloisons. Félibien les dit « d'un marbre jaspé de blanc et rouge, qui vient de Dinan et du pays de Liége ; les chapiteaux et les bases sont d'un autre marbre un

peu plus gris qu'on appelle petite brèche. Ces huit
colonnes sont disposées en deux rangs, quatre d'un
côté et quatre d'un autre, et séparent le vestibule
en trois parties. Contre les murs et vis-à-vis les
colonnes sont des pilastres de même marbre qui
portent la corniche qui règne au-dessous du plafond ; et, du côté qui est opposé aux fenêtres, il y a
deux niches pour mettre des figures. » Le plan de
Le Vau indique quatre niches disposées dans les
murs, et il y a, en effet, plus tard, quatre statues
décrites en ce vestibule : une Vénus de Médicis,
copiée par Clérion, et trois antiques, un Mercure,
un Apollon et un Bacchus. Ce vestibule conserva
sa forme sous Louis XV, jusqu'au moment où il se
trouva compris dans l'appartement de Mme de
Pompadour.

Le salon voisin (salle 55) était appelé la Salle
ionique, à cause de l'ordre des douze colonnes,
avec leurs pilastres en arrière-corps, qui en soutenaient la corniche. La variété des marbres faisait
la beauté de cette pièce, où furent placées aussi,
sur des piédestaux, les statues de Pallas et de
Flore. Étienne Le Hongre l'avait décorée de sculptures, qui lui valaient parfois le nom de Salon de
Diane : « Ces ouvrages, écrit son biographe, sont
le sujet de Diane qui préside à la chasse; ainsi,
parmi ces sortes d'attributs, on voit des filets de
chasseurs, des cors et des têtes de chiens. Les
plafonds des entre-colonnes, les corniches, les festons, les ornements des dessus de portes et ceux
des niches y font un accompagnement agréable. »
Ces ornements étaient du peintre Audran, et le

travail remontait à 1672. Il est possible que ce soit un projet pour le salon ionique, plutôt que pour le vestibule, que représente un dessin envoyé au Roi, en Flandre, pour le faire choisir entre une disposition de bustes et une autre de statues. Colbert y a mis de sa main : « Le Roi veut les figures. A Lille, ce 28 mai 1671. » C'est le plus ancien de nos dessins où soit trace directe du goût royal[1].

La grande pièce à six fenêtres, située à l'angle du Château (salle 54), était la plus curieuse de l'Appartement des Bains ; on l'appelait le Salon ou cabinet octogone, à cause de la forme à huit pans qu'elle avait alors. Il semble que ses deux côtés intérieurs étaient percés d'enfoncements symétriques à ceux des croisées et garnis de glaces. C'est dans le *Mercure galant* de 1680 qu'il en faut chercher la description la plus enthousiaste ; Louis XIV y offrit à la Dauphine de Bavière une collation extraordinaire, dont la disposition fut gravée dans ce petit recueil, où les nouvelles de Versailles tiennent dès cette époque une grande place.

Sur la cheminée, il y eut un bas relief de Tubi, puis un tableau de Houasse, représentant la méta- morphose de Daphné. Dès 1674, la salle avait été livrée aux meilleurs sculpteurs comme pour y réunir leurs travaux les plus soignés : « Tout autour, décrit Félibien, sont placés, contre les tré-

---

1. Ce dessin est dans *La Création de Versailles*, p. 105. Un profil de tout l'appartement des Bains est dans le dessin de la Biblio- thèque de l'Institut cité à la note précédente.

meaux des portes et des fenêtres, douze piédestaux
doubles de marbre très rare, sur lesquels sont
douze figures de jeunes hommes de bronze doré,
ayant des ailes au dos, qui représentent les douze
Mois de l'année. » Ces figures, qui étaient exactement « en plomb et étain doré » et de grandeur
naturelle, portées sur des gaines ornées de bronze,
tenaient toutes une corne d'abondance et un flam-
beau qu'on pouvait allumer ; elles étaient du dessin de Le Brun et avaient pour auteurs, d'après
les Comptes, Girardon, Regnaudin, Le Hongre et
Tubi, qui y travailla sans doute avec des associés.
Le Hongre et Desjardins avaient modelé les stucs
et les ornements de la pièce. Nous connaissons les
douze figures par les gravures qui accompagnent
l'ouvrage en vers du sieur Monicart, *Versailles
immortalisé*[1], auquel on peut emprunter, à titre de
curiosité, la description du Salon octogone :

1. Le texte en vers du sieur de Monicart, auteur de *Versailles immortalisé*, n'est pas, à proprement parler, une source
pour l'histoire des bâtiments de Versailles, comme on le considère trop souvent. On ne le peut citer qu'à titre de curiosité. Il
se borne le plus ordinairement à mettre en vers exécrables les
descriptions des deux Félibien et de Piganiol, dont on retrouve
jusqu'aux expressions dans son style : les renseignements sont
seulement affadis et délayés. Ce Monicart n'avait même pas
sous les yeux les œuvres dont il parlait, puisqu'une note avertit
le lecteur que « l'auteur a composé cet ouvrage dans le château
de la Bastille, à Paris, où il était prisonnier d'État pour affaires
de guerre, depuis 1710 jusqu'à 1714 ». Voici l'interminable titre,
dont nous abrégeons la fin : *Versailles immortalisé par les merveilles parlantes des Bâtiments, Jardins, Bosquets, Parcs, Statues, Groupes, Termes et Vases de marbre, de pierre et de métaux,
Pièces d'eaux, Tableaux et Peintures qui sont dans les châteaux
de Versailles, de Trianon, de la Ménagerie et de Marly*. En
neuf tomes in-quarto. Composé en vers libres français par Jean-
Baptiste de Monicart, ancien Trésorier de France de Metz. Avec
traduction en prose latine par le sieur Romain Le Testu...,

Considère, passant, ce curieux salon
       Ainsi que ce riche plafond
       Fait d'une octogone figure;
L'or, le métal doré, le marbre et la peinture
Brillent de toutes parts, et leur riche façon
Au magnifique, au grand, comme au bon goût répond.
Les chambranles, bandeaux, des fenêtres, des portes,
       Sont tous faits de marbres choisis
Blanc et couleur de feu, mais des plus belles sortes
Que le chaud Languedoc produit dans son pays.
Remarque bien de près ces douze jeunes hommes
En bronze et sur lequel l'or fin est étalé :
       Ils ont chacun le dos ailé
Et servent d'ornement à l'endroit où nous sommes....

Ces belles œuvres ont disparu sans laisser de trace. Le comte de Caylus écrivait dans son éloge de Regnaudin, lu en 1749 devant les académi-

Paris, Étienne Ganeau et Jacques Quillau, 1720. » Les deux premiers tomes seuls ont paru. L'ouvrage, dédié au jeune Louis XV, était annoncé, sur le titre même, comme devant être orné de cinq cents estampes gravées par les plus habiles graveurs. Celles qui accompagnent les deux tomes, quoique de valeur fort inégale, reproduisent certaines œuvres d'art disparues et donnent son véritable intérêt à ce singulier recueil. (Le texte resté inédit du manuscrit original a appartenu à la collection de P. Fromageot, qui a raconté les *Aventures de J.-B. de Monicart*, dans la *Revue des études historiques* de 1906. Ce manuscrit est aujourd'hui dans la collection H. Grosseuvre.) — Monicart n'avait pas eu le premier l'idée de rimer dans une prison une description des magnificences de Versailles. Le descendant d'un des seigneurs de ce lieu, Henri-Louis de Loménie, comte de Brienne, secrétaire d'État, l'ami de La Fontaine et de Charles Perrault, fut enfermé en 1674 à Saint-Lazare de Paris, sur l'ordre de Louis XIV, qui l'y tenait encore en 1690 (V. p. 218, n. 12, et l'étude de M. Hourticq dans la *Gazette des Beaux-Arts* de 1905). Il y composa de nombreux ouvrages en vers et en prose, parmi lesquels « *Versailles*, poème en vers français, où il décrit les beautés de ce lieu et s'étend beaucoup sur les louanges de Louis XIV ». Cette indication, donnée dans le supplément de Moréri (*Le grand Dictionnaire historique*, dernière édition, t. VI, 1764, p. 372), fait regretter que l'ouvrage demeure inconnu.

ciens : « Je n'ai pu retrouver aucune de ces douze figures, auxquelles plusieurs professeurs de votre Académie avaient travaillé ; j'ignore ce qu'elles sont devenues, lorsqu'on a détruit cet appartement. » Elles existaient pourtant, paraît-il, dans un des magasins de Versailles et furent fondues en 1772. Le goût avait alors changé, et les restes de cette sculpture décoratives du grand siècle, que nous saurions apprécier aujourd'hui, n'intéressaient plus les contemporains de Falconet et de Pigalle.

La chambre des Bains (salle 53) suivait ce salon d'angle. Quatre colonnes de marbre violet, bases et chapiteaux de bronze doré, décoraient le mur opposé à la cheminée ; deux autres dans le fond formaient une alcôve où se mettait le lit ; sur un buffet se plaçaient les objets de toilette. Les sculptures étaient de Caffieri et Temporiti, et Cucci avait appliqué des ouvrages d'orfèvrerie et de bronze doré sur le cadre de marbre d'un grand miroir. On se baignait dans le cabinet voisin (salle 52), dont le pavé était enrichi des plus beaux marbres ; ses dessus de portes avaient des bas-reliefs de bronze de Tubi et son plafond des peintures de De Sève. Il était aussi en deux parties ; au fond, dans une espèce d'alcôve élevée de quelques degrés, on devait mettre deux petites baignoires de marbre ornées de bronzes par Cucci ; il y eut, au contraire, une grande piscine, commandée dès 1673 aux marbriers des Bâtiments. En 1750, on la retrouva dissimulée sous une estrade, ainsi que le raconte le duc de Luynes :

« Cette estrade avait été faite du temps de Louis XIV, pour couvrir une cuve de marbre mise plus anciennement pour baigner plusieurs personnes ensemble, comme c'était alors l'usage. Cette cuve est actuellement découverte, et j'allai la voir ; elle est d'un marbre qu'on appelle de Rance, d'un seul morceau fort épais ; elle a huit pans, qui ont chacun quatre pieds de long ; elle a de largeur dix pieds moins deux pouces, et de profondeur trois pieds trois pouces. On descend par trois marches sur une tablette qui règne tout autour et qui servait à s'asseoir pour se baigner[1]. » La cuve, qu'on eut beaucoup de peine à faire sortir par la fenêtre, fut transportée dans la maison alors nouvellement bâtie de l'Ermitage, où Mme de Pompadour employa comme bassin de jardin la piscine qui avait servi à Mme de Montespan.

Le cabinet des Bains est assez souvent remanié pour qu'on puisse penser, contrairement à une opinion trop répandue, qu'il a un rôle de quelque importance dans les habitudes du Roi. En 1681, par exemple, on y retrouve les marbriers et les sculpteurs ; les peintres Bonnemer et Le Moyne sont occupés à orner le plafond ; Tubi fait rétablir les bas-reliefs et Cucci orne de bronze les deux cuves, qui se trouvent alors installées. Les volets, qui sont encore aux fenêtres correspondant à ce cabinet et qui représentent des effets d'eau, four-

---

1. Luynes, *Mémoires*, t. X, p. 180, 1888. La grande vasque de marbre de l'ancien Appartement des Bains, transportée à Neuilly, en 1900, par les soins du comte Robert de Montesquiou-Fezensac, a été placée ensuite dans son jardin du Vésinet.

nissent de beaux exemples du style Louis XIV de cette époque ; ils paraissent être, par le sujet même de leurs sculptures, d'anciens volets conservés ou revenus en place par la plus inattendue fortune, au milieu des transformations du reste de l'Appartement des Bains. Ce seraient alors des œuvres authentiques du premier Caffieri et de son collaborateur Temporiti[1]. Nous n'avons, d'ailleurs, aucun autre reste de l'Appartement des Bains, ni aucun moyen d'en évoquer le bel ensemble tant célébré ; et ce n'est malheureusement pas la seule importante partie de l'ancien Versailles où nous soyons presque réduits aux indications de noms et de dates fournies par les Comptes et à l'enthousiasme un peu monotone des vieilles descriptions.

Le reste du rez-de-chaussée n'offrait rien de comparable. Le cabinet des Bains ouvrait sur une galerie en péristyle placée au-dessous de la terrasse et qui, divisée dans sa longueur en deux parties de niveau inégal, communiquait par la plus élevée avec le vestibule de la cour de Marbre. Vestibule et galerie étaient fermés par de simples grilles et servaient de passage direct de la cour dans les jardins. De l'autre côté de cette galerie, nommée plus tard Galerie basse, quand celle de

---

1. Cf. Guiffrey, *Les Caffieri*, p. 19, 20. Toutes les indications des Comptes se rapportent à la « chambre » et non au « cabinet des bains » ; mais Caffieri a pu travailler à l'une et à l'autre, et il est probable que les panneaux sculptés des fenêtres de la salle 53 ont subi quelque déplacement, cette pièce étant devenue successivement la chambre à coucher de la comtesse de Toulouse, de Madame Adélaïde et enfin, en 1755, de Madame Victoire.

Mansart fut établie, était une entrée d'un double appartement assez vaste, faisant pendant à celui des Bains. Habité d'abord par Monsieur, frère du Roi, et par Madame [Henriette d'Angleterre], il était destiné à devenir celui du Dauphin, et devait garder, à travers les règnes, malgré quelques passagères interruptions, cette destination originelle. A la date où nous sommes, les salles 5o et 49 étaient l'antichambre et la chambre à coucher de Madame, et la salle d'angle 48 la chambre de Monsieur, suivie de son antichambre et de la salle des gardes[1]. Au delà de l'appartement de Monsieur, qui était placé exactement au-dessous de celui de la Reine et où l'on entrait par la cour intérieure, se trouvait, à l'angle rentrant de la construction de Le Vau, la nouvelle chapelle[2].

La chapelle y avait été transportée en 1671 et bénie le 3o octobre de l'année suivante. C'était une haute salle carrée, dont l'étage de tribunes occupait l'emplacement qui devait être plus tard la Salle des Gardes de la Reine. Elle figure sur le plan manuscrit du rez-de-chaussée de Le Vau, qui vient de donner sur les appartements les rensei-

---

1. Les détails sur la disposition du rez-de-chaussée, à ce moment de l'histoire du Château, sont empruntés à un plan manuscrit du temps de Le Vau, dont nous avons trouvé l'original parmi des papiers provenant de l'atelier de Le Brun, au Louvre. Ce plan et un autre du premier étage, qui ont été reproduits dans *La Création de Versailles*, p. 221 et 223, sont aujourd'hui aux archives du Musée de Versailles.

2. Il a paru nécessaire de distinguer les cinq chapelles successives qui ont existé dans le Château de Versailles et dont la confusion a souvent embarrassé les érudits. Voir les textes réunis dans *La Création de Versailles*, p. 225-226, et pour les deux chapelles de Mansart *Versailles résidence de Louis XIV*.

gnements qui précèdent. Contre le mur de cette chapelle montait l'escalier de l'appartement de la Reine, bâti en 1672 et incrusté de marbre, comme celui qui fut fait plus tard pour le même usage et dans des proportions beaucoup plus vastes. Au moment où le grand escalier de la Reine fut décidé, il fallut déplacer la chapelle. Des travaux sont indiqués aux années 1676-1679. Celle qu'on fit alors sur l'emplacement de la grande servait depuis fort peu de temps, quand fut prise, lors de l'installation de la Cour à Versailles, la décision de faire, du côté de la Grotte de Théthys, une nouvelle chapelle plus considérable[1]. Celle-ci fut, par conséquent, la quatrième depuis l'avènement de Louis XIV, et celle que nous avons aujourd'hui est la cinquième.

Il est possible de savoir où se trouvait l'appartement de Mme de Montespan, et c'est Louis XIV lui-même dans un de ses ordres à Colbert, d'octobre 1675, qui se charge de nous l'indiquer : « Il faudra faire percer, écrit-il, la porte qui va du petit appartement où loge Mme de Montespan dans la Salle des Gardes du grand appartement et la mettre en état qu'on y puisse passer. » Ce logement de

La plus ancienne fut dans un des pavillons décrochés (partie du vestibule 46 du Musée). Il y eut aussi divers oratoires. On en voit un, sur un plan des Archives antérieur à 1683, occupant le fond de la Galerie basse ; l'autel est adossé au mur des Bains. Serait-ce l'oratoire où fut célébré le mariage secret du Roi et de Madame de Maintenon ?

1. Cette chapelle, dont le travail marche de front avec celui de l'Escalier des ambassadeurs, occupe l'espace symétrique au midi du Château. C'est celui où sera, au premier étage, la grande Salle des gardes. Tous les morceaux décoratifs, qui furent importants, ont trouvé place dans la chapelle de 1682.

la maîtresse, dont le mur « faisait face dans le Grand Escalier », se trouvait situé au-dessus du vestibule, par conséquent sur l'emplacement où fut plus tard la Petite Galerie[1]. C'était donc une dépendance véritable de l'appartement du Roi et cette installation de la favorite au-dessus de l'entrée du Château montrait la plus extrème des faveurs. Mme de Montespan le quitta pour aller habiter l'appartement des Bains, plus somptueux, mais plus éloigné : « J'appris, écrit Dangeau, le 5 décembre 1684, que le Roi prenait pour lui le logement de Mme de Montespan, qu'il joignait à son petit appartement, et qu'il avait choisi Mignard pour en peindre le salon et la galerie ; il donnait à Mme de Montespan l'appartement des Bains, dont on ôtait beaucoup de marbre, et on le parquetait pour le rendre logeable en hiver. » Elle en prit possession le 26 janvier 1685 : « Ce fut, dit Saint-Simon, le premier pas de sa disgrâce et de son éloignement. » Mme de Maintenon, dont le mariage venait de s'accomplir n'aurait pas souffert que l'ancienne favorite habitât plus longtemps aussi près du Roi, et c'est ainsi qu'une date de travaux apporte parfois, dans l'histoire anecdotique du Château, des rapprochements significatifs.

Nous ne manquons pas de renseignements sur l'ameublement des somptueux intérieurs d'alors.

---

1. Le plan du premier étage, où la porte demandée par le Roi se trouve ouverte, indique que l'accès de cet appartement avait lieu auparavant par le balcon de la cour intérieure ou par la Salle de billard du Roi.

Dès l'origine, Versailles avait eu sa part dans les travaux des Gobelins, dont la direction fut confiée à Le Brun par lettres accordées le 8 novembre 1663, quand on établit en cette maison la Manufacture des meubles de la Couronne. L'institution définitive fut réglementée par un édit du mois de novembre 1667. L'édit suivait de près la visite que Louis XIV avait faite, le 15 octobre de la même année, aux ateliers des Gobelins et dont Pierre de Sève tira, sur le dessin de Le Brun, le sujet d'une tapisserie célèbre de la série de l'*Histoire du Roi*. Le récit de la *Gazette* est le meilleur commentaire de cette composition, où des objets de toute espèce, destinés pour la plupart à Versailles, ont été accumulés par le peintre sous les yeux de Sa Majesté :

Le sieur Colbert lui fit remarquer de quelle sorte on avait suivi ses pensées et les desseins qu'Elle avait résolus : et le sieur Le Brun, qui en a la conduite particulière, avait fait ranger les ouvrages avec tant d'industrie qu'il ne se peut rien trouver ensemble et si riche et si bien ordonné. L'entrée de la cour où est le pavillon était ornée de tableaux, de statues, de trophées et d'inscriptions qui formaient une espèce d'arc de triomphe très magnifique, et la grande cour était tendue des superbes tapisseries qui s'y fabriquent avec un buffet de neuf toises de long et élevé de douze degrés, sur lesquels étaient disposés, d'une manière aussi ingénieuse que magnifique, les riches ouvrages d'orfèvrerie qui se font dans ce même lieu. Ce buffet était composé de vingt-quatre grands bassins, chacun avec son vase, d'autant de brancards pour les porter, de deux cuvettes chacune de cinq à six pieds de diamètre, de quatre grands guéridons, de vingt-quatre vases à mettre des orangers, et de plusieurs autres pièces, le tout d'argent ciselé, mais d'un travail qui passait encore le prix de la matière, quoique du poids de 25.000 marcs.... Après avoir considéré tant de belles choses, Sa Majesté alla dans tous les endroits où l'on fait les tableaux, les ouvrages de sculpture, de miniature et de bois de rapport, comme aussi les tapisseries de haute et basse lice et les tapis façon de Perse. Elle vit pareillement plusieurs pièces d'orfèvrerie d'un haut buffet, commencées d'un dessin différent; ce qui la surprit agréablement, ainsi que le prince de Condé et le duc d'Enghien, qui l'accompagnaient avec grand nombre de seigneurs.

La tapisserie, dont un exemplaire est aujourd'hui à Versailles, met en scène de façon animée ce petit monde d'artistes qui travailla à la gloire du règne. Autour du groupe des visiteurs illustres, auquel le pinceau de Le Brun a ajouté Monsieur et le duc d'Orléans, se pressent des ouvriers de toute espèce qui portent des tapisseries, des tables de mosaïque, des bassins, des vases d'or et de vermeil et des caisses d'argent pour les orangers. Les figures sont certainement peintes d'après nature et l'on y doit reconnaître tout d'abord le créateur principal des chefs-d'œuvre d'orfèvrerie de l'époque, Claude Ballin. Mais, si Ballin mérite le premier rang parmi les orfèvres des Gobelins, il ne faut pas oublier les noms de ses confrères, notamment Verberckt, Dutel, Loir, Jean de Viaucourt, Merlin, Coussinet, Débonnaire et Claude de Villers. Tous ces artistes, à l'exception des deux derniers, travaillaient comme Ballin à ces deux splendides douzaines de bassins, vases, brancards d'argent de Paris, mentionnés par la *Gazette*. Ils auront leur nom dans l'inventaire général de 1673 et l'ouvrage de chacun d'eux y sera décrit minutieusement ainsi que « les grands vases d'argent à mettre les oranges » et tant de chandeliers, girandoles, chenets, cassolettes, où les ornements, festons et guirlandes s'unissaient dans la ciselure aux figures mythologiques, aux masques, termes, sphinx, soleils, parmi lesquels resplendissaient sous toutes les formes les armes du Roi.

Quelques peintures du temps reproduisent une partie de cette orfèvrerie et permettent de se figurer comment étaient meublées les chambres d'apparat de Versailles. Sans parler des portraits où les peintres ont introduit de ces précieux morceaux, on en reconnaît plusieurs au plafond du Salon de l'Abondance et d'autres dans les compositions tissées de l'*Histoire du Roi*. Mais l'ensemble des pièces les plus riches se trouve dans le décor des tapisseries des Mois ou des Maisons Royales, dessiné avec assez de précision pour faire regretter davantage ces merveilles si tôt disparues.

Il fallait réserver un digne accès à des appartements royaux qui effaçaient en magnificence tout ce qu'on avait vu en France jusque-là. Dès le début des travaux, on prévoit la place du Grand Escalier, quoique l'exécution en soit réservée pour être entreprise après celle des appartements. Le Vau en a bien fait le vestibule sur la droite de la Cour Royale, mais son dessin montre seulement l'amorce des degrés inférieurs; le bâtiment qui doit permettre à l'escalier de se développer complètement ne sera construit qu'un peu plus tard. A la mort du premier architecte, les plans généraux sont arrêtés et François Dorbay est appelé à les réaliser. Le Grand Escalier est donc l'œuvre commune du maître et de l'élève, et de celui-ci peut-être plus que de celui-là ; en tout cas, lorsque Mansart apparaît à Versailles, on peut la considérer comme terminée.

Les travaux intérieurs commencent en 1672. Quoiqu'il y ait, aux prévisions de cette année, 75.000 livres « pour les marbres, termes, balustrades et stuc de la voûte et de la corniche du Grand Escalier », on attaque à peine la partie décorative, qui va employer, pendant huit ans, des sommes de plus en plus considérables ; mais on pose le comble, qui coûte 17.000 livres de charpente, et cette opération est annoncée par Colbert au Roi pendant le mois de juillet[1]. Elle appelle une observation d'architecture assez intéressante. L'escalier placé au milieu même des bâtiments prend la lumière par le haut. Cette façon d'éclairer un vaisseau de telle importance est-elle une innovation ? On n'oserait l'affirmer ; elle est, en tout cas, une grande nouveauté dans les maisons royales de France et, si Dorbay n'en a pas eu l'idée première, il a eu le mérite d'en diriger l'exécution la plus heureuse. La grande baie ménagée dans le cintre est close « par un compartiment de glaces, en

---

1. Colbert écrit au Roi, le 17 juillet 1672 : « Le compte de l'escalier est aussi presque tout taillé et l'on commence à le poser. » Le 30 septembre, il mentionne l'architecte Dorbay dans un ordre d'ensemble au sieur Lefèvre : « Demander au sieur Dorbay les devis de tout ce qui est à faire pour le Grand Escalier du Roi.... Faire commencer promptement... et y faire travailler sans discontinuation ».(*Lettres de Colbert*, t. V, p. 329, 338.)

forme de toit, qui ferme l'ouverture et empêche la pluie de pénétrer à l'intérieur. » Félibien le fils précise ainsi : « Au-dessus de l'entablement s'élève le plafond de l'escalier. Il est fait en forme d'une voûte percée au milieu : l'ouverture a 35 pieds de longueur sur 12 pieds de largeur [11^m,36 sur 3^m,88] ; elle est environnée de consoles et festons dorés et couverte de glaces de cristal ; et par là l'escalier, qui jusqu'à cet endroit contient 54 pieds d'élévation [17^m,53], se trouve éclairé fort avantageusement dans toute son étendue »[1]. L'auteur des pages gravées de la Chalcographie royale insiste sur une disposition qui avait heureusement servi la vaste composition de Le Brun : « Le grand cadre parallélogrammique qu'on voit à la cime du plafond et qui est orné tout à l'entour, dans le dessous, d'un cordon de fleurs et de fruits en sculpture, est le seul canal par où passe la lumière pour éclairer cette grande machine.... L'impossibilité où l'on était de tirer du jour par d'autres endroits que par le milieu de la voûte a produit un effet merveilleux ; le bas de l'édifice n'est point interrompu par des fenêtres, dont les jours trop vifs pétillent et nuisent aux yeux des spectateurs. Il en paraît plus d'harmonie dans les peintures, la

---

1. *Description sommaire de Versailles ancienne et nouvelle,* Paris, 1703, p. 90. Il y a, à la Bibliothèque nationale, *Fonds fr.* 11684, une description manuscrite du Grand Escalier, signée de J.-Fr. Félibien et comportant 15 feuillets in-4° ; on la retrouve presque intégralement dans sa publication de 1703. La description calligraphiée et gravée a paru à Paris, chez Surugue, en tête de la collection des gravures, et la première page porte un élégant frontispice représentant l'entrée d'un ambassadeur à Versailles et signé : *Parosel inv.* 1725.

lumière en devient majestueuse.... » Et le narrateur, entraîné par son sujet, finit par voir en cette lumière un complément des allégories de la voûte à l'honneur de Louis XIV et comme un symbole de la lumière céleste qui guide les héros et les couronne pour l'Éternité.

Dans cette admirable cage d'escalier, où Le Brun mettra ses peintures à partir du premier étage, toute la partie inférieure est réservée aux marbres mélangés; nous avons l'idée de cet effet décoratif par celui qu'offre l'Escalier de la Reine, construit par Mansart peu après celui du Roi. L'immense travail de décoration du Grand Escalier commence en 1674. Le modèle en relief, présenté au Roi par le peintre Anguier, a coûté 800 livres, et les dépenses prévues pour 1674 donnent le détail de ce qu'on se propose de faire : « Pour l'incrustement de marbre de diverses couleurs dans les murs du Grand Escalier et de la pièce d'en haut qui lui sert de palier, avec les chambranles et les piédestaux pour porter les figures captives [projet sculptural modifié dans la suite], 30.000 livres. Pour poser les marches de pierre de liais de Senlis dudit escalier, 3.000 livres. Pour poser la balustrade de marbre dont le socle et l'appui sont de marbre blanc et noir, et les balustres de marbre blanc et rouge, 9.000 livres. Pour faire une fontaine dans la niche qui est sur le palier de l'escalier et y mettre une figure de bronze doré, 3.000 livres. Pour le pavé du bas de l'escalier, du grand palier et des cinq petits, 22.000 livres. Pour tous les ouvrages et ornements de stuc dudit escalier, 25.000 livres. » Les marbriers des Bâtiments font, en effet, leurs plus grosses fournitures et mettent en place les marches d'escalier cette année même. Quant aux sculpteurs, on trouve occupée aux corniches de stuc toute la compagnie que nous sommes habitués à voir travailler pour le Roi : Regnaudin associé avec Le Hongre, Marsy avec Guérin, Tubi, Hutinot, Raon associé avec Magnier, Caffieri avec Lespagnandel, Legeret, Desjardins. L'année suivante, Tubi commence à livrer les bases de bronze pour les pilastres et les colonnes du premier étage; dès 1674, il se consacre, avec Massou et Houzeau, aux ornements de la fontaine du Grand Escalier, où se trouvera, dans une niche ornementée, une vasque en forme de coquille soutenue par des dauphins et pour laquelle est fourni, en 1676, un bloc parfaitement pur de marbre rouge et blanc[1].

Tout ce travail est antérieur à la direction de Mansart et même, lorsque celui-ci va être chargé des constructions nouvelles de 1678, rien ne permet de penser qu'on enlève à Dorbay l'achèvement de l'ouvrage qu'il a si bien commencé. L'escalier

1. L'arrangement définitif de la fontaine du Grand Escalier, représenté dans l'estampe particulière de Surugue, n'est pas antérieur à la fin du règne de Louis XIV, comme le prouve un paiement, du 6 avril 1713, « aux sculpteurs, maçons et autres ouvriers, qui ont été employés à faire la niche et le modèle de la nouvelle fontaine du Grand Escalier de marbre du Château de Versailles... » (Comptes, t. V, 678). Le groupe antique gravé par Surugue a été longtemps placé dans les jardins du Grand Trianon. Il y était arrivé à un tel état de délabrement qu'il a dû en être retiré; il reste, au point de vue archéologique, un objet d'une rareté particulière et figure aujourd'hui, à ce titre, au Musée du Louvre, dans les salles des antiquités grecques et romaines.

touche, d'ailleurs, à sa fin, et c'est le vestibule surtout qu'il s'agit de revêtir d'une décoration analogue. Il est orné en 1677 de marbres non moins beaux que ceux de l'escalier, et aussi de colonnes et de pilastres aux bases de bronze doré, aux chapiteaux de plomb et étain doré, le métal le plus noble étant partout employé dans les parties basses de la décoration. En même temps, l'escalier reçoit sa balustrade, ordonnée non plus en marbre, mais en bronze doré, ses portes de bois sculpté et sa décoration picturale.

Les ouvrages se terminent de 1678 à 1679, et l'on voit par les Comptes Tubi et Coyzevox orner les quatre niches du Grand Escalier et y poser des trophées de métal, Caffieri sculpter les chapiteaux fleurdelisés, Cucci ciseler la balustrade, qui lui sera payée 31.200 livres, Delobel forger les cinq grandes portes de fer ouvragé du vestibule, que soutiennent des châssis de cuivre. Des six portes de bois doré du premier étage, deux fort belles existent encore, sans qu'on puisse toutefois, en visitant les Grands Appartements, en soupçonner l'existence. Les paiements des portes ont donc quelque intérêt pour notre curiosité : ils sont de 1678 et montent à 4.400 livres, au « sculpteur Caffieri ». Aussitôt après cette date, se termine « la pièce à la suite du Grand Escalier », entièrement décorée de marbre, qui fera le Salon de Vénus et l'accès principal des Grands Appartements.

Nous savons à présent à quel moment chacun des morceaux a pris sa place dans le décor, et nous pouvons regarder, en pleine connaissance de cause, les gravures de Louis Surugue qui les rappellent à nos yeux. Le recueil en a été réuni, après la mort de Louis XIV, sous ce titre : « Grand Escalier du Château de Versailles, dit Escalier des Ambassadeurs ». Cette dernière désignation, qui a fini par prévaloir, vient de ce « qu'il est particulièrement destiné pour les Ambassadeurs des cours étrangères, lorsqu'ils vont en cérémonie recevoir audience du Roi ». L'Escalier des Ambassadeurs, qui garde ce nom jusqu'au moment de sa destruction au milieu du dix-huitième siècle, tient un rôle considérable dans l'histoire de la Cour et des divertissements royaux. Dès l'achèvement des Appartements, on a compris que cette nef majestueuse pouvait être utilisée autrement que comme escalier de cérémonie. Le *Mercure* nous apprend, par exemple, au mois de juin 1682, comment le Roi s'en sert pour les plaisirs de la Cour : « Il y a quelquefois symphonie, et l'endroit où elle se fait entendre le plus agréablement est le Grand Escalier du Roi; lorsqu'il est plein de lumière, il peut disputer de magnificence avec les plus riches appartements des plus beaux palais du monde. » Mme de Pompadour se rattachera à cette tradition, quand elle fera donner, dans l'Escalier des Ambassadeurs, les représentations du théâtre des Petits Appartements.

Il reste à fixer la date des peintures, pour lesquelles il suffira d'interroger les Comptes : 1674, 6 juillet, « pour les ouvriers qui ont crépi, enduit et peint à fresque le Grand Escalier »; 1675, « à

Anguier, peintre, pour avoir mis au net plusieurs dessins de M. Le Brun pour le Grand Escalier »; 1676, « à Bonnemer, pour les ouvriers qui ont travaillé au Grand Escalier, 5.969 livres 5 sols »; 1677, « aux peintres qui ont travaillé à la peinture à fresque du Grand Escalier depuis le 28 mai jusqu'au 12 septembre, 6.547 livres 10 sols ». En 1678, ces mêmes peintres reçoivent 6.278 livres 10 sols, et en 1679, 3.601 livres; c'est la fin du travail des collaborateurs de Le Brun. Essayons de rappeler les compositions qu'ils ont transportées sur la fresque, en nous aidant des descriptions anciennes, y compris celle du *Mercure galant* de 1680, qui n'a point tardé à imprimer, pour l'admiration de tous, une explication détaillée de ces merveilles.

Les deux grandes faces de l'escalier laissent, au-dessous de l'entablement, à droite et à gauche des portes, la place de huit compositions de peinture. Elles forment en réalité deux séries de trompe-l'œil habilement accordées avec l'architecture. Quatre d'entre elles sont des pièces de tapisserie feinte, à fond d'or, ornées de somptueuses bordures, dont le motif central est de la main de Van der Meulen; les sujets choisis furent la prise de Valenciennes, la reddition de Cambrai et celle de Saint-Omer, la victoire de Cassel, épisodes tous empruntés, il convient d'en faire la remarque, à la campagne de 1677, où Le Brun et Van der Meulen avaient été conviés avec Le Nôtre. Ce sont « quatre conquêtes que Sa Majesté, attaquée de toutes parts par les forces des plus puissantes nations de l'Europe, avait faites sur les Espagnols en une année[1]. Les autres panneaux représentent des groupes d'hommes personnifiant les différentes nations des quatre parties du Monde, venues pour admirer Versailles et le Roi. Le groupe de l'Asie a été exécuté en peinture par Claude Audran ; le reste, par d'autres élèves de Le Brun. Chaque personnage a « les habits et les manières de son pays ; ils paraissent comme hors de l'escalier, dans des loges, d'où ils regardent par-dessus une balustrade couverte de tapis à fleurs d'or ». La perspective des galeries qui s'ouvrent derrière eux et semblent conduire aux Grands Appartements continue l'ordre ionique qui règne à cette hauteur de l'escalier. Quant aux groupes eux-mêmes, assez curieusement disposés, on les connaît par les gravures de Surugue et on en retrouve les études et les cartons conservés au Louvre, parmi les plus grands morceaux de Le Brun.

Les peintures du plafond ont pour destination, ainsi que les précédentes, de compléter l'harmonie des lignes générales et d'en agrandir l'effet. Le Brun y a « feint un second ordre d'architecture

1. Le Brun avait été mandé en Flandre par Louis XIV, en compagnie de Le Nôtre et de Van der Meulen, pendant les opérations du siège de Cambrai (H. Jouin, *Charles Le Brun*, p. 274-278). Ce voyage semble d'un certain intérêt pour expliquer le choix des sujets empruntés à la campagne de 1677 qui décorèrent l'Escalier de Versailles. Une des compositions de Van der Meulen, la *Reddition de Cambrai*, fut transportée sur toile, lors de la démolition de l'Escalier des Ambassadeurs, avec son entourage d'ornements de Le Brun. (Le mémoire du peintre Picault est publié par M. Fernand Engerand, *Inventaire des tableaux du Roy*, Paris, 1899, p. 430.) Le tableau, qui mesure 4 m. 13 de haut sur 2 m. 21 de large, fait partie des collections du Musée. Beaucoup de cartons de Le Brun, de la grandeur d'exécution, sont conservés au Louvre.

corinthienne et deux galeries ornées, dans la longueur des deux faces principales, de douze termes qui paraissent supporter une seconde corniche sur laquelle il a supposé que le plafond était appuyé ». Au-dessus de cette corniche commence le plafond proprement dit, entourant l'ouverture de la voûte et composé de médaillons et de tableaux » feints à fond de lapis et rehaussés d'or à la mosaïque, qu'on suppose appliqués contre la voûte « et qui représentent les actions du Roi et des figures allégoriques. Toute l'œuvre, gravée d'ensemble par Simonneau, l'a été, morceau par morceau, par Baudet ; c'est une série notable dans la gravure française, qui se joint à celle de Surugue et la complète. On y voit que les plus importantes parties sont placées entre l'entablement et la corniche. C'est là qu'est la merveille de la composition de Le Brun. Une profusion de trophées, de grandes figures assises, de termes de bronze, de tentures fleurdelisées et de festons de fleurs et de fruits, meuble les perspectives d'architecture. Il y a jusqu'à des oiseaux posés sur les fausses balustrades de marbre. La sobriété de ton de la voûte sert à donner plus d'éclat à cette partie intermédiaire, si savamment disposée au point de vue pictural, si ingénieuse par les sujets représentés. Là, comme dans la première série de peintures, où la gloire militaire de Louis XIV est particulièrement célébrée, une idée très précise de l'artiste a dirigé le choix des symboles et la signification de l'ensemble. Le manuscrit de son biographe l'exprime en ces termes :

Dans la décoration de cette nouvelle architecture, il a
toujours suivi son premier principe. Il a exprimé d'une
manière très détaillée les autres fonctions d'un Roi qui
donne à son peuple tout son temps et toute son affection.
Il ne suffit pas à un Roi de soutenir avec fermeté les droits
de la Couronne et d'être au dehors le défenseur de son
royaume, en commandant lui-même ses armées. Le titre
d'arbitre de la paix ne lui paraît pas moins précieux que
celui de conquérant; il est continuellement appliqué au
dedans à rendre ses sujets heureux; il y maintient le bon
ordre et la discipline par une observation rigoureuse de
ses lois; il y multiplie les bons sujets, en multipliant les
récompenses, et y entretient l'abondance par un commerce
fleuri et étendu. On voit donc ici, le long de l'attique, les
symboles de la Paix, de la Discipline et de l'Abondance.
Au-dessus du buste du Roi paraissent Hercule et Minerve,
accompagnés des symboles ordinaires de leurs victoires,
et dans des attitudes si graves et si tranquilles, qu'il est
aisé de juger que leurs grands travaux sont finis et qu'ils
goûtent à présent les douceurs d'une paix parfaite. Vis-à-vis
de ces deux divinités, au-dessus des armoiries de France,
est Apollon, appuyé sur un grand trépied d'or et vainqueur
du serpent Python, vrai symbole de l'Autorité royale
triomphante des troubles domestiques. Enfin, de côté et
d'autre, sont peintes les divinités des Sciences, des Arts
et des quatre Parties du Monde, qui, chacune dans leur
genre, paraissent contribuer au bien et à la gloire de l'État.

Le plafond ainsi composé peut être regardé
comme un premier essai de celui de la Grande
Galerie. Il représente déjà, par exemple, quelques
épisodes du règne, traités de façon allégorique
dans les tableaux de lapis à fond d'or. Ce sont : le
passage du Rhin, en 1672, l'ordre donné par le
Roi d'attaquer à la fois quatre places de la Hollande, la réformation du Code de justice, la seconde
conquête de la Franche-Comté, la double répara-

tion apportée au Roi par l'Espagne et par Rome, le renouvellement des alliances, les honneurs et emplois donnés aux grands hommes, le rétablissement du commerce. Quatre médaillons, bas-reliefs feints de bronze doré et soutenus par des sphinx ailés, mêlent à cette commémoration des premiers faits glorieux du règne personnel de Louis XIV le souvenir de la protection accordée aux Sciences et aux Arts. Ils représentent la Poésie et l'Histoire, la Peinture et la Sculpture occupées à faire l'histoire du Roi, tandis que les angles montrent les figures de la Vigilance, de la Force, de l'Autorité royale et de la Magnificence, que dominent, aux deux bouts, la Renommée et l'Immortalité, personnifiée par Mercure enfourchant Pégase. A ce point culminant des peintures semble se préciser le sujet général du plafond, qui, suivant la description la plus autorisée, « représente clairement l'Immortalité, cette immortalité précieuse qui est le but principal des actions des Princes et le grand effet de la reconnaissance de leurs sujets ». Il faut voir, dans les relations diverses, combien les goûts allégoriques de l'époque se donnent carrière à propos des moindres détails. Les motifs d'angle de l'attique, formés de rostres, de captifs assis et de Victoires, se trouvent ainsi expliqués dans les curieuses pages du *Mercure*, mêlées d'appréciations générales sur l'art de Le Brun :

Par ces poupes de vaisseaux qui remplissent et soutiennent la voûte dans les angles, que les Romains ont appelées *Rostres*, s'en servant dans leurs places comme dans

les lieux publics où ils rendaient la justice, afin de signi-
fier le Gouvernement, est dépeint celui du Roi, qui, par
son admirable conduite, a mis la France dans le plus haut
point de gloire où elle ait jamais monté. Les *Captifs* sont
feints de sculpture, pour faire entendre que les divers
peuples qui ont senti le pouvoir des armes de Sa Majesté
vivent sous ses lois sans volonté et que la contrainte n'a
aucune part à leur servitude. C'est pour cela qu'ils ne
paraissent liés que de festons de fleurs par les mêmes *Victoires* que ce prince a remportées sur les mers et en plusieurs endroits de la terre, dont les dépouilles et les armes
différentes sont dépeintes sur chacun de ces vaisseaux....

L'histoire manuscrite de Le Brun par Nivelon
fixe mieux les origines de l'inspiration du peintre :
« Le sujet, en général, est composé sur ce qui
arriva en ce temps, qui est ce fameux combat
naval donné près de Messine par les Français
contre l'armée navale d'Espagne et de Hollande,
où le grand amiral Ruyter finit glorieusement sa
vie [combat d'Augusta, avril 1646], et le tout y
paraît comme une fête ou réjouissance publique.
Les angles sont remplis chacun d'une grande
poupe de navire différente et remplie de toutes
sortes d'armes.... » Jean-François Félibien rend
compte à son tour de l'idée générale de la composition : « Comme ce lieu est le premier endroit par
où le Roi va dans les Appartements de son Palais,
on a cru le devoir orner d'une manière digne de
recevoir le grand monarque, lorsqu'il revient de
ses glorieuses conquêtes. Le peintre a feint que les
Sciences et les Beaux-Arts, sous la figure des
Muses, ont décoré ce bâtiment, non pas comme
dans une fête ordinaire, mais comme pour un jour

de triomphe. Et il a prétendu que les Muses, après avoir achevé ce pompeux appareil et l'avoir embelli en mille endroits de festons et de vases remplis de fleurs, demeurassent elles-mêmes spectatrices de tout ce qui s'y passe.... Sur la corniche du premier ordre, dans la face vis-à-vis du vestibule, on a représenté, au milieu d'un fronton brisé et dans l'une des ouvertures de la galerie feinte, le derrière d'un char de triomphe. Il est rempli de plusieurs boucliers qui portent les armes de l'Empire, de l'Espagne et d'autres différents États. Un globe d'azur, chargé de trois fleurs de lis d'or avec une couronne royale est posé sur ces boucliers; et une Hydre paraît écrasée sous le char.... Par le char de triomphe, on a voulu représenter la France victorieuse enrichie des dépouilles de ses ennemis; et par l'Hydre écrasée on a eu l'intention de marquer ces mêmes ennemis, qui, s'étant unis ensemble, ont formé comme un corps à plusieurs têtes. Cependant ce monstre se trouve surmonté et abattu par la valeur et par la sagesse du Roi signifiées par les figures d'Hercule et de Minerve, qui instruisent l'Histoire et l'Éloquence des actions et des vertus héroïques de ce grand Prince. » Citons encore ici le *Mercure* :

Les quatre Parties du monde sont représentées dans ce charmant lieu, pour faire voir que le Roi a fait rechercher pour l'embellir ce qu'il y a de plus rare dans toute la Terre, tant pour les meubles que pour les plantes, animaux et autres choses; ce qui rend ce magnifique Palais si considérable, qu'il semble donner de la curiosité à tous les hommes, en attirant une partie des nations les plus éloignées.... Ainsi on suppose que ces nations passent dans ces galeries feintes, habillées toutes diversement et à la manière de leur pays et qu'elles regardent toutes ces merveilles selon leur caractère, en allant voir le grand prince dont la réputation les a charmées.

N'êtes-vous pas surprise, Madame, quand vous vous figurez tant de choses et d'une beauté si surprenante en un lieu qui fournit si peu de quoi réussir dans une entreprise de cette nature ? En effet, il n'en fut jamais aucun moins favorable pour y traiter un sujet suivi.... M. Le Brun en a choisi un qui ne peut manquer de vivre éternellement, mais qu'aucun autre n'avait traité avant lui. L'ordonnance, l'arrangement, et enfin tout ce qui fait voir le génie des peintres, des sculpteurs et des graveurs, rien n'était trouvé. Si ce sujet n'est pas tout à fait nouveau, parce que toutes les actions qu'il renferme sont connues depuis le règne de *Louis le Grand*, tout ne laissait pas d'être nouveau pour le peintre. Il avait abondamment de la matière, mais elle était difficile à partager. Il fallait lui donner des ornements. L'étendue du lieu le demandait et, cette étendue n'étant pas suivie, comme elle l'est dans une salle ou dans une chambre, elle demandait en même temps tout le génie d'un grand homme pour les inventer.

L'Escalier des Ambassadeurs venait, en effet, de porter au comble la réputation du Premier Peintre et de consacrer son talent. On reconnaissait la difficulté qu'il avait eue à vaincre et qu'il avait, semblait-il, compliquée à plaisir par les perspectives du plafond, pour rendre plus éclatant le triomphe de son habileté souveraine : « Quand M. Le Brun fait de ces grands coups, il répare par là les défauts du lieu, qui rendraient désagréables à la vue les choses mêmes qui seraient dans les plus exactes règles.... Ne peut-on pas dire qu'il n'a pas seulement fait le plus beau lieu de la Terre d'un lieu très difficile à orner, mais qu'il y a ramassé la plus belle histoire qu'on lira jamais? que, par son choix et par son adresse, il a plus donné à la peinture qu'il n'a reçu d'elle? qu'il a travaillé pour les siècles à venir, en leur laissant ce grand monument des surprenantes actions du Roi, que les graveurs auront soin de faire vivre par leur burin?... Aussi est-ce un homme universel. Tous les Arts travaillent sous lui. Pour en être convaincu, il ne faut que voir ce qu'on fait aux Gobelins et la plupart de ce qui remplit les Garde-Meubles de Sa Majesté. Ce magnifique escalier, aussi bien que beaucoup d'autres ouvrages qui partent du même esprit, doit faire avouer à l'Italie que, lorsque le Roi fournit la matière et que M. Le Brun exécute, l'Europe entière ne peut donner de plus grands sujets, ni un plus grand maître pour les bien traiter. »

Le glorieux escalier est l'œuvre de Le Brun, non seulement pour les peintures, mais pour tous les détails de la décoration. Des trophées de guerre et de paix et des globes fleurdelisés, surmontés du Soleil royal, couvrent de leurs ors éclatants les voûtes du vestibule. Après avoir monté les onze marches à pans du premier perron, on trouve au palier central une niche d'où sort une cascade, première et peut-être unique adaptation d'aussi puissantes masses d'eau à la décoration intérieure de nos maisons royales. Les gravures de Surugue nous montrent une grande nappe, qui tombe dans une vasque de marbre, d'où l'eau s'échappe dans une cuve inférieure : « Dans les premiers temps, dit une description, cette fontaine était composée d'un superbe bassin de marbre soutenu par des dauphins de bronze ; deux tritons dessus supportaient une coquille de marbre, ornée d'un masque qui jetait de l'eau dans un panier rempli de coquilles ; ce panier formait une nappe d'eau qui se déchargeait par un autre masque et par les deux dauphins, le tout en bronze. Mais ce dessin ne subsiste presque plus aujourd'hui : on a substitué aux deux tritons un groupe antique de marbre blanc ; c'est le bonhomme Silène emporté par un centaure marin ». Ajoutons que les sculpteurs ont orné le fond de la niche de coquilles, de roseaux et de glaçons.

Au-dessus de cette fontaine, dont le bruit anime l'escalier, sera mis plus tard, pour faire le centre de toute la décoration, un buste de marbre blanc de Louis XIV, par Antoine Coyzevox. Il sera flanqué de casques, de boucliers, de carquois et de palmes de métal doré, encadré de guirlandes et dominé par une couronne et une tête d'Apollon, avec la devise fameuse dans son étrangeté latine : NEC PLURIBUS IMPAR. Mais, au moment où l'Escalier est inauguré, Coyzevox n'est presque qu'un débutant dans l'art où il doit s'illustrer ; c'est à peine s'il commence, en 1678, son buste du Roi[1]. Un témoi-

---

1. Les premiers paiements d'œuvres de Coyzevox apparaissent dans les Comptes à la date de 1678 et pour Versailles. Il s'agit d'abord des trophées de métal et des ornements des niches, qu'il exécute avec Tubi pour le Grand Escalier, puis « des bustes qu'il fait représentant le Roi et Monseigneur le Dauphin » (T. I, 1049, 1111, 1228. Cf. André Pératé, *Les portraits de Louis XIV au Musée de Versailles*, Versailles, 1896, p. 12, et G. Keller-Dorian, *Ant. Coyzevox, Catalogue raisonné de ses œuvres*, Paris, 1920, t. I, p. 26). Le plus beau buste du Roi par Coyzevox est le n° 789 du Musée que nous avons placé, en 1900, sur la cheminée

gnage inédit de J.-Fr. Félibien nous apprend quel est celui qui, tout d'abord, apparaît sur le Grand Degré : « Il y a, dit-il, au-dessus de la niche d'où sort de l'eau, un piédouche ou console sur laquelle est posé le buste du Roi en marbre blanc par Varin [1]. » C'est donc la noble représentation du jeune Louis XIV exécutée par Jean Warin en 1666, en rivalité avec le buste de Bernin, et installée plus tard dans le Salon de Vénus. L'œuvre de Warin, que Versailles possède encore, était celle-là même qui avait fait triompher aux yeux des vrais connaisseurs, en face de la virtuosité italienne, la mâle franchise de l'école française. Si on la retira un jour de sa place primitive, ce ne fut que par une raison de convenance étrangère à l'art et pour l'échanger contre une image moins juvénile du souverain.

de l'Œil-de-Bœuf; on lit sur le marbre l'inscription et la signature : Louis XIIII, 1681, *A. Coyzevox.*

1. Bibliothèque nationale, *Fonds fr.* 11684, fol. 2. L'indication n'est pas reproduite dans le texte imprimé. Elle a de l'importance pour l'histoire de l'Escalier des Ambassadeurs et du buste de Louis XIV par Jean Warin (n° 224 du Musée de Versailles), à présent transporté à l'entrée de l'Escalier de Marbre, c'est-à-dire à l'emplacement pouvant rappeler le mieux l'honneur qu'il avait autrefois reçu. Ce buste fut présenté à Louis XIV, à Paris, le 2 septembre 1666 : « Le Roi, écrit la *Gazette,* vint ici voir ses bâtiments et un buste de marbre que le sieur Warin a fait de Sa Majesté, laquelle loua fort ce bel ouvrage, ainsi que tous les seigneurs qui l'accompagnaient, jugeant par là que la France possède, dans les beaux-arts, d'aussi grands hommes qu'il s'en puisse trouver ailleurs. » (Courajod, *Jean Warin,* Paris, 1881, p. 10; Pératé, p. 11.) Ces derniers mots font évidemment allusion à Bernin qui avait exécuté le buste royal l'année précédente. (Pératé, p. 7-8; Stanislao Fraschetti, *Il Bernini, la sua vita, la sua opera, il suo tempo,* Milan, 1900, p. 345-349.) Plus tard, le Warin fut remplacé, sur le Grand Degré de Versailles, par un Coyzevox, qui est l'admirable morceau de l'Œil-de-Bœuf.

L'équilibre architectural de la vaste nef est assuré par trois trophées de bronze doré sur fond de marbre, placés à la même hauteur que le buste royal et formant panneau au milieu des panneaux de peinture. Ils complètent la part de la sculpture dans l'escalier. On peut songer, pour se figurer l'effet de leurs ornements, au groupe doré de Massou conservé dans l'Escalier de la Reine. Le trophée qui fait face au buste, du côté du vestibule, a pour motif principal les armes de France et de Navarre. Les deux autres, sur les paliers supérieurs, prennent une signification allégorique : ce sont les *Armes de Minerve* et les *Armes d'Hercule*, symboles de la Prudence et de la Force, « qui sont les vrais caractères qui conviennent aux rois ». Au-dessus de chacun de ces trophées se montre la tête d'Apollon, trois fois différente. Toute cette sculpture est de Coyzevox, sur les dessins de Le Brun. Qui aurait pu penser que de ce morceau admirable, qu'on a mis si longtemps à créer, rien ne subsisterait plus dans soixante-dix ans !

CHAPITRE SIXIÈME

L'ŒUVRE DE LE NÔTRE

ALORS que le Château Neuf s'élève et que la ville commence à se bâtir, les jardins s'agrandissent et se transforment complètement. L'époque qui correspond à l'exécution du plan de Le Vau est celle de la plus féconde activité de Le Nôtre. Presque tout ce qu'on appellera bientôt « les Bosquets » va se trouver définitivement aménagé, au moment où le Roi transporte à Versailles le lieu de sa résidence. Mais ces créations dans les jardins peuvent se diviser en deux séries distinctes, que séparent assez bien les grandes fêtes de 1674.

Les bosquets ne vont pas sans les eaux ; et précisément durant les premières années de cette brillante période, la construction de réservoirs nouveaux, l'augmentation progressive du volume des eaux disponibles, celle enfin de la puissance des pompes, permettent des créations hydrauliques de plus en plus nombreuses. Louis XIV se montre d'autant plus exigeant pour ses fontaines, que son amour-propre est en jeu. A ce moment, le prince de Condé trouve à Chantilly, pour de semblables ouvrages, un terrain mieux disposé et le voisinage d'une rivière. Le vainqueur de Rocroy n'y a pas seulement, comme à Versailles, un « grand canal » et un « parterre d'eau » ; il a pu s'y entourer de ces abondantes fontaines, que nommera Bossuet et « qui ne se taisaient ni jour ni nuit ». Chez le Roi, où il n'en va pas de même, tout l'effort tend à obtenir, du moins, des effets plus savants et plus raffinés. Mais, au début, c'est à grand'peine qu'on parvient à produire une pression suffisante pour les effets d'eau des parties hautes, ceux du grand Parterre de la cour et de la terrasse. Ces difficultés sont le seul souci du Roi en ce qui regarde Versailles, où il n'a jamais eu à en surmonter de plus graves. Elles vont durer de longues années et retarderont sûrement les projets d'installation définitive. Bien plus, l'existence même de Versailles s'en trouvera compromise. Nous le savons d'un homme autorisé, qui déclare, à propos du manque d'eau, qu' « on était en branle de quitter Versailles en ce temps-là *pour aller bâtir dans un terrain plus heureux* »[1]. Les mathématiciens, les ingénieurs sont consultés sur cette épineuse question : les uns songent à utiliser les eaux des étangs,

---

1. C'est dans une page peu connue de ses mémoires que Charles Perrault nous assure des hésitations de Louis XIV à s'établir à Versailles (*Mémoires de ma vie*, éd. Paul Bonnefon, p. 103). Il serait intéressant de dater exactement ce témoignage, qui semble postérieur aux travaux de Le Vau. Perrault mentionne peu après le projet proposé par Riquet à Louis XIV, « d'amener à Versailles une portion de la rivière de Loire ». Les nivellements qui démontrèrent l'inanité de l'idée de Riquet sont de l'abbé Picard, datés par les mentions du voyage du savant « vers les sources des rivières d'Étampes », en 1678 (Comptes, t. I, IIII, 1186).

les autres à amener celle de la Seine ; on verra plus tard le résultat de tant d'efforts. Quant à la rivière absente, il ne s'agit que de l'appeler, et le temps n'est pas loin où sera étudié le projet d'envoyer, par des aqueducs, les eaux de la Loire ou de l'Eure.

En attendant que la science hydraulique vienne réaliser ses désirs, Louis XIV est obligé de se contenter des eaux de l'étang de Clagny, qui fournissent la principale alimentation de ses fontaines. Mais le détail de celles-ci l'occupe fort ; il surveille par lui-même et dans le détail l'exécution de ses ordres et, quand il est en voyage, s'en fait rendre un compte minutieux par Colbert. Pendant son voyage de 1673 en Alsace et en Lorraine, il échange avec lui des idées sur les expériences à faire et le réglage de nouvelles pompes : « Il faut faire en sorte que les pompes de Versailles aillent si bien, surtout celles du réservoir d'en haut, que, lorsque j'arriverai, je les trouve en état de ne pas me donner de chagrin en se rompant à tout moment ». Après beaucoup de tâtonnements, le surintendant est arrivé à le satisfaire : « J'ai vu, écrit le Roi dans ses lettres du mois de septembre, l'état que vous m'avez envoyé des ouvrages de Versailles, dont je suis très content. Je me prépare à sentir quelque plaisir quand j'y arriverai... » « Je serai très aise en arrivant de trouver Versailles en l'état que vous me mandez. Songez surtout aux pompes ; si la nouvelle jette 120 pouces d'eau, cela sera admirable.... » « Je suis très aise de ce que vous me mandez touchant les eaux. Quand toutes les pompes seront achevées, vous ferez une épreuve des huit fontaines que vous avez déjà éprouvées, et vous y joindrez les deux dernières du parterre, car elles doivent toujours aller aussi, afin que je règle là-dessus le temps qu'elles devront aller et la grosseur des jets. » Les mentions de ce genre ne sont point rares dans une correspondance, dont l'ensemble est consacré aux plus sérieuses affaires de l'État.

Tant de travaux s'accomplissent en si peu de temps, qu'il n'est pas surprenant de voir un nouvelliste, à la date du 2 avril 1672, au premier tome d'une publication nouvelle qui sera le célèbre *Mercure galant*, se récrier sur un Versailles embelli, tout différent déjà, dit-il, de celui de Mlle de Scudéry : « Le Roi n'est jamais un mois sans y aller qu'il n'y en trouve un nouveau, lorsqu'il y retourne, tant il paraît changé à cause des beautés qu'on y ajoute sans cesse.... Je n'aurais jamais fait, si je voulais vous parler des merveilles que les eaux produisent dans ce lieu délicieux. Le sieur Denis les y fait venir par des pompes et des aqueducs admirables, et M. de Francine leur fait faire des choses qui surpassent l'imagination; témoin le Marais, l'Arbre et le Mont d'eau, sans oublier le Théâtre, où les changements des décorations d'eau y sont aussi fréquents que ceux des pièces de machines qui en sont les plus remplies. Mais comment l'eau manquerait-t-elle pour toutes ces choses, puisque, par les soins qu'ont pris ceux qui la font venir dans ces lieux, on y voit des parterres entiers très beaux et très fleuris, sous lesquels il y a des réservoirs d'eau? Les miracles que fait M. Le Nôtre dans ces superbes jardins ne sont pas moins considérables. Le grand nombre d'orangers plantés en terre en fait foi, aussi bien que les grands arbres qui ont été transplantés pour élargir la grande Allée, ce qui ne s'est encore jamais vu. » Le narrateur s'extasie ensuite sur les marbres de la Grotte de Théthys, qu'on vient de placer, et conclut ainsi sa lettre : « J'aurais encore mille choses à vous dire touchant ce château, qui surpasse le palais d'Armide. »

La page littéraire de ce moment est offerte par Charles Perrault, dans une lettre écrite à Bontemps, premier valet de chambre du Roi, où il loue ce Versailles, qui est « un petit monde » muni de toutes les merveilles du grand :

Quelle espèce de plantes, d'arbres, d'oiseaux, d'animaux, d'édifices, de fontaines, de lacs, d'étangs, de canaux, de navires, ne se rencontrent point dans cette demeure agréable! Si l'on veut même pousser la comparaison plus loin, ne trouvera-t-on pas que ce petit monde a aussi son Paradis terrestre où règne un printemps éternel.... A peine le prince qui lui a donné l'être eut dit qu'il soit fait un Palais, qu'on vit sortir de terre un Palais admirable avec des colonnes, des pilastres, des statues, des bas-reliefs, et le reste des ornements de l'Architecture, le tout aussi solide et aussi magnifique que si la main des ouvriers y avait travaillé pendant une longue suite d'années. Ce même prince veut qu'il soit fait une longue allée d'arbres dont la cime surpasse en hauteur tous les arbres des forêts voisines; aussitôt cette allée est faite, et l'ouvrage d'un jour égale le travail de la nature pendant deux ou trois siècles. Mais, lorsqu'il a fallu donner à ces lieux charmants leur dernière beauté, ou pour mieux dire l'âme qui leur manquait, qui n'a pas été surpris d'étonnement?

> A peine le prince commande
> Que les Eaux viennent à leur tour
> Faire la beauté la plus grande
> De ce délicieux séjour ;
> Qu'en foule on voit sortir cent sources jaillissantes,
> Qui montent jusqu'aux cieux fières et bruissantes,
> Puis formant des bouillons, des nappes, des ruisseaux
> De mille façons différentes,
> Donnent à ces beaux lieux mille charmes nouveaux [1].

Maint témoignage atteste l'admiration du temps pour ce qu'un courtisan fameux appelle « les fontaines miraculeuses de Versailles » [2]. C'était faire sa cour à Colbert, aussi bien qu'au Roi, que d'en exalter la beauté. Ainsi faisait l'évêque de Fréjus dans une lettre adressée au ministre, en octobre 1670 :

Monsieur, j'ai été à Versailles, où j'ai vu tant de merveilles que j'en ai été surpris. Je savais bien que du temps passé il n'y avait pas une goutte d'eau, et je croyais que présentement on y avait fait descendre une rivière de quelque endroit plus éminent; mais j'ai trouvé que l'on tire l'eau d'un abîme [l'étang de Clagny] et qu'on la fait monter en une hauteur prodigieuse sans qu'elle ait aucune descente, contre sa propre nature, qui a été surmontée par

1. *Recueil de divers ouvrages en prose et en vers, dédié à S. A. Mgr. le prince de Conti*, Paris, 1675, p. 4. Lettre à M. Bontemps, « Conseiller, premier Valet de chambre du Roi, et intendant du Château, Parc et Ménagerie de Versailles ». Dans cette lettre, datée du 8 mars 1673, Perrault fait allusion à ses fonctions de contrôleur des Bâtiments, et fait la liste des fontaines de Versailles à cette date.

2. « Chose presque incroyable que Louis Le Grand, sans discontinuer les bâtiments et les fontaines miraculeuses de Versailles, ni l'entretien de ses armées, peut tenir ses envieux en haleine, même pendant la paix. » (*Mémoires de L.-H. de Loménie, comte de Brienne, dit le Jeune Brienne*, éd. Bonnefon, t. II, Paris, 1917, p. 126.)

l'art, qui la fait aller jusqu'au plus haut des tours. La
fontaine de Neptune, le Cabinet, la Cascade, le Canal, la
Grotte et tant d'autres fontaines, sont toutes des choses
surprenantes, qui disputent entre elles la primauté et laissent en arrière tout ce qu'il y a de plus beau et de plus
grand à Rome. Enfin on peut dire avec vérité que notre
Roi, après avoir soumis des provinces entières, a dompté
tous les éléments, ayant forcé la terre et l'air à nourrir et
conserver les plantes les plus odorantes, qui par le passé
ne pouvaient pas endurer la froideur de ce pays.

Mais, Monsieur, ce n'est pas tout ceci le plus beau et le
plus grand que j'ai vu à Versailles. J'ai rencontré le Roi
qui se promenait et qui m'a reçu avec une gaîté, une douceur, une affabilité, qui tempérait sa majesté naturelle avec
tant d'agrément que mon âme en a été ravie. Il m'a parlé,
il m'a entretenu, il m'a montré lui-même une partie des
choses les plus remarquables, et enfin il m'a traité si favo-
rablement que je ne voudrais pour toutes les choses du
monde avoir perdu cette fortune[1]....

La complaisance et la bonne grâce, que mettait
Louis XIV à donner lui-même aux visiteurs de
distinction les explications nécessaires à leur
curiosité, marquent un trait de caractère sur lequel
abondent les témoignages. On se rappelle, par
exemple, le récit que fait Mme de Sévigné de la
visite de Mme de La Fayette au nouveau Versailles : « Mme de La Fayette fut hier à Versailles.... Elle y fut reçue très bien, mais très
bien, c'est-à-dire que le Roi la fit mettre dans sa
calèche avec les dames, et prit plaisir à lui montrer
toutes les beautés de Versailles, *comme un particulier que l'on va voir dans sa maison de campagne.*

1. Bibliothèque nationale, *Mélanges Colbert*, ms. 155, fol. 261
(cf. *Lettres de Colbert*, t. V, p. 526). On voit qu'un bassin reçoit
déjà, à cette époque, le nom de Neptune.

Il ne parla qu'à elle et reçut avec beaucoup de plaisir et de politesse toutes les louanges qu'elle donna aux merveilleuses beautés qu'il lui montra[1] ». On voit aisément dans ce rôle un roi de trente-deux ans, entouré d'une jeunesse brillante, étalant avec les dames ces grandes façons et cette galanterie qui n'étaient qu'à lui, et l'on aime se le figurer menant, à travers son domaine de féerie, l'auteur de la *Princesse de Clèves*.

Un récit de l'ambassadeur vénitien vient compléter ce tableau de la vie de Louis XIV au milieu des transformations de Versailles. C'est une page assez inattendue, qu'on rencontre parmi les dépêches d'office adressées en 1671 à la Seigneurie. L'ambassadeur Francesco Michieli est allé à Versailles, où se trouve la Cour; il y a passé la journée du 12 septembre, afin de traiter des affaires courantes de sa fonction, et le maréchal de Bellefonds, qu'il connaît et qui est très en faveur, le rencontre et l'engage vivement à visiter les jardins :

Je crus avisé de ne pas refuser cette occasion de louer les magnificences royales et je supposai que cela serait agréable, les travaux de Versailles étant des occupations délicieuses pour l'esprit du Roi (*essendo i travagli di Versaglia occupationi deliciose del regio animo*). Le matin, je ne pus voir que l'intérieur du bâtiment, le vent qu'il faisait ayant empêché la promenade, qui fut remise à l'après-dîner. Le maréchal raconta au Roi, à l'heure du dîner, les approbations que j'avais données à l'architecture et à la

1. *Lettres de Madame de Sévigné*, éd. Mesnard, t. II, p. 174 (17 avril 1671). Tallemant des Réaux rapporte un mot de la spirituelle Madame Cornüel : « Elle alla visiter Versailles en l'absence du Roi : « N'est-ce pas là, lui dit-on, un séjour enchanté ? — Oui, mais il faut que l'enchanteur y soit. »

somptuosité, et l'informa qu'il était projeté de me montrer
ce jour-là les jeux d'eau. Sa Majesté s'en félicita et dit
qu'elle irait elle-même se promener. Le maréchal vint
donc me prendre à mon petit logis... et fort courtoisement
me conduisit dans une Grotte marine (*grotta di mare*), où
j'admirai l'art le plus parfait dans un groupe de dix statues
au naturel, qui représentent Apollon chez Théthys, si habilement faites, selon l'avis des plus experts, qu'elles égalent,
pour la délicatesse des draperies et la proportion du
dessin, les merveilles qu'ont laissées les sculpteurs antiques. Nous y attendîmes un peu pour voir passer le Roi,
sans que je pusse supposer, considérant la pauvreté de
mon mérite, les honneurs qui allaient être prodigués au
représentant de Vos Excellences.... Le Roi arriva dans un
coche qu'il conduisait lui-même, arrêta les chevaux devant
le seuil de la Grotte, où je m'étais mis pour le saluer, descendit avec le visage joyeux et, me montrant ouvertement
sa bonne grâce, m'invita à la promenade dans les jardins.
Il me mena regarder les fontaines, qui sont multipliées en
grand nombre, toutes ornées de statues de métal de grandeur naturelle, les unes dorées, les autres couleur de
bronze, avec des symboles adaptés à leur place et à leur
usage. Il me demandait avec bonté mon avis et si je recon-
naissais que l'arrangement était bien approprié. Pendant
deux heures de suite, escorté de quelques gentilshommes
seulement, il voulut que je l'accompagnasse dans les parties les plus retirées, dans les retraites les plus délicieuses,
où la solitude le repose de la fatigue que lui causent ses
absorbantes occupations[1].

Au cours de cette longue visite, dont la faveur
exceptionnelle excite l'étonnement des courtisans,
le Roi conduit son hôte au bord du Canal et lui
parle des bateaux qu'on y doit mettre. Ici se place

1. L'original du rapport de Michieli, daté de Paris, le 13 novembre 1671, est aux Archives d'État de Venise. Nous en tra-
duisons les principaux passages d'après la collection en copie des
dépêches des ambassadeurs vénitiens en France, faite pour la
Bibliothèque nationale (*Fonds ital.* 1672, fol. 88-91).

l'incident, qui va bientôt amener à Versailles les premières gondoles de la flottille royale. Continuant son récit, Francesco Michieli ne trouve point assez de paroles pour louer la bonne grâce de Louis XIV à son égard, et il s'efforce de reporter sur la Seigneurie de Venise les honneurs qu'il reçoit en cette journée. Il termine par un détail et un jugement assez curieux à cette date : « Sa Majesté voulut mettre le comble à ses bontés en me faisant voir, avec l'assistance des architectes, le dessin de tous ses projets et en me faisant connaître les vastes intentions qui doivent perfectionner un domaine, destiné à surpasser tout ce qu'il y a de magnifique en Italie ou dans n'importe quel autre pays (*che supererà ogni gran magnificenza in Italia ò di qual si sia altra provincia*), tant pour l'abondance des statues et la quantité des fontaines que pour le tour varié et délicieux des jardins. Ainsi, je continuai à suivre les pas du Roi, qui s'arrêtait pour me dire, avec les expressions les plus bienveillantes, son regret de me voir fatigué par une marche aussi prolongée et combien il aurait désiré me montrer chaque chose dans sa définitive perfection. » Quelques années allaient suffire pour réaliser les plans que le jeune Louis XIV expliquait si volontiers à l'ambassadeur vénitien.

On créait alors, à peu de distance de Versailles, un jardin nouveau destiné à quelque renommée, celui de Trianon. Il semble que Louis XIV veuille remplacer immédiatement le petit château qui

disparaît, le séjour des fêtes et des plaisirs de sa
jeunesse. Il fait élever un pavillon sans étage
entouré de quatre pavillons moindres et de jardins; c'est le « Trianon de porcelaine », qui doit
faire place plus tard au Trianon de Mansart. Versailles compte dès lors, en face de la Ménagerie,
un second lieu de plaisance, que va réunir au premier l'achèvement, ordonné à ce moment même,
des deux bras du Canal. La flottille en miniature,
qui déjà évolue sur l'eau, servira plus d'une fois à
transporter la Cour de l'une à l'autre de ces maisons.

Lorsque le jeune Roi jeta les yeux sur ce coin
inconnu, enclos déjà dans les murs de son premier
parc, il n'y avait qu'un hameau assez misérable.
On en démolit les chaumières, que remplaça, en
quelques mois de l'année 1670, la maison nouvelle. « Ce palais, dit Félibien, fut regardé d'abord
de tout le monde comme un enchantement; car,
n'ayant été commencé qu'à la fin de l'hiver, il se
trouva fait au printemps, comme s'il fût sorti de
terre avec les jardins qui l'accompagnaient. »

Les deux années suivantes, on perfectionna
surtout les décorations et les jardins; ces embellissements coûtent d'abord 140.000 livres, puis
120.000; ensuite il n'y a plus que l'entretien. C'est
donc de 1670 à 1672, que Le Vau et Le Nôtre
achevèrent cette création charmante, dont tous
les contemporains ont parlé avec étonnement et
où les artistes de Versailles mirent le plus délicat
de leur talent. C'était un rez-de-chaussée, à cinq
fenêtres de façade seulement, revêtu entièrement
de ces faïences de Delft, qui, sous le nom de « car-

reaux de Hollande », étaient désignées dans le commerce comme des porcelaines et correspondaient au goût de la Chine alors commençant. Les quatre pavillons des communs présentaient une décoration analogue et, dans le jardin, tous les bassins et toutes les caisses d'arbustes étaient ou paraissaient de porcelaine. Le jardinier Le Bouteux y avait créé le plus beau jardin de fleurs. On voit Colbert écrire au sieur Arnoul, intendant des galères à Marseille, le même qui était chargé de recevoir et d'expédier les animaux du Levant pour la Ménagerie de Versailles : « Vous savez que, pour l'ornement des jardins des maisons royales, il est nécessaire d'avoir une grande quantité de fleurs. Comme il s'en rencontre en Provence de plusieurs espèces, je vous prie d'acheter toutes les jonquilles et tubéreuses que vous pourrez trouver, et généralement toutes les autres fleurs curieuses que vous penserez pouvoir contribuer à cet ornement, et de me les envoyer de bonne heure, afin qu'elles puissent être plantées le printemps prochain. » Cette demande et d'autres du même genre, adressées à divers agents du Roi par Colbert, étaient motivées par les créations de Versailles et surtout de Trianon. Bientôt Louis XIV se passionna pour les jardins parfumés de cette « maison de porcelaine à faire des collations », ainsi que Saint-Simon l'appelle; et les chroniques de la Cour, les lettres de Mme de Sévigné mentionnent ces collations, ainsi que les promenades de la Reine et des dames[1].

1. Si l'on s'intéresse à l'histoire des maisons royales qui sont

LE BOSQUET DES DÔMES

Trianon était à peine achevé que s'élevait, à moindre distance du Château, une maison plus importante, au milieu d'un spacieux jardin, qui rejoignait les bords de l'étang de Clagny. Les registres des Bâtiments ouvrent, à partir de 1674, un chapitre de dépenses nouveau, avec cette singulière désignation : « Pour la construction d'une maison à Versailles pour Messeigneurs les enfants naturels du Roi. » Cette grande maison fut le château de Clagny, dont la construction et l'embellissement durèrent dix ans et coûtèrent plus de deux millions de livres : « Clagny, château superbe, avec ses eaux, ses jardins, son parc », dit Saint-Simon. L'architecte du bâtiment fut le jeune Jules Hardouin-Mansart, de qui ce travail servit considérablement la destinée[1]. De Clagny, « maison de délices », célébrée par tous les contemporains et dont la « galerie » annonça celle de Versailles, aucun vestige n'est demeuré, non plus que du « Trianon de porcelaine », que devait faire oublier celui de Mansart. La même destruction

venues à cette date compléter celles de Versailles, on trouvera dans *La Création de Versailles* un chapitre spécial sur *Trianon, Clagny et Marly*. Le « Trianon de porcelaine » et le château de Clagny ont fait le sujet de deux brochures, extraites de la *Revue de l'histoire de Versailles*, années 1900 et 1901. Nous y avons recueilli les textes contemporains les plus intéressants et notamment les vers du duc de Saint-Aignan au Roi, intitulés *Éloge de Versailles et de Trianon*, imprimés au *Mercure galant* de 1677. Depuis a été publiée une grande monographie de M. Ch. Harlay, *Le château de Clagny*, Versailles, s. d. Quant au Trianon de Le Vau, il a inspiré un travail d'une importance exceptionnelle, dû à M. R. Danis et dont il y a l'analyse dans le *Bulletin de la Société de l'histoire de l'Art français*, année 1924. Nos lecteurs trouveront toutes ces recherches résumées dans notre volume sur Trianon.

1. Mansart contruisait en même temps les deux pavillons du bosquet des Dômes (ancien bosquet de la Renommée).

totale attendait, pour des causes différentes, une troisième maison, dont Louis XIV fixait l'emplacement au milieu des bois, quelques années plus tard, et qui allait devenir le château de Marly.

Dès la première heure, Mme de Montespan se considéra à Clagny comme chez elle, et y reçut la Cour. Dans ses lettres de 1675, Mme de Sévigné parle des visites que les dames y multiplient : « Elles trouvèrent la belle si occupée des ouvrages et des enchantements que l'on fait pour elle que, pour moi, je me représente Didon qui fait bâtir Carthage. » Peu de temps après, l'aimable marquise y va voir elle-même, et c'est une occasion pour elle de rendre hommage de charmante façon au talent de Le Nôtre : « Que vous dirais-je? C'est le palais d'Armide. Le bâtiment s'élève à vue d'œil. Les jardins sont faits. Vous connaissez la manière de Le Nôtre; il a laissé un petit bois sombre qui fait fort bien: il y a un petit bois d'orangers dans de grandes caisses; on s'y promène; ce sont des allées où l'on est à l'ombre et, pour cacher les caisses, il y a des deux côtés des palissades à hauteur d'appui, toutes fleuries de tubéreuses, de roses, de jasmins, d'œillets. C'est assurément la plus belle, la plus surprenante, la plus enchantée nouveauté qui se puisse imaginer. »

Au temps même où s'écrivent ces jolies choses, on ne peut s'empêcher de penser que, dans ce domaine délicieux, Mme de Montespan reçoit la visite de la Voisin, apportant les étranges « poudres » dont il sera parlé dans l'affaire des poisons. Mais nous n'avons à suivre ici, ni l'histoire de la favorite, ni celle du domaine de Clagny ; il suffit d'avoir marqué comment et à quel moment cette création se rattache, ainsi que celle de Trianon, à l'histoire même de Versailles.

La puissante activité d'André Le Nôtre faisait face à tous ces travaux. Les jardins de Versailles eussent amplement suffi à employer toutes les facultés de son génie[1]. On lui demandait des perfectionnements et des remaniements continuels, dont il n'est pas toujours aisé de retrouver la trace. Il importe du moins de fixer, par les documents contemporains, la date de chacune des fontaines, de décrire celles qui ont disparu et l'aspect primitif, souvent bien différent de ce qu'on peut supposer, de celles qui ornent encore le petit parc. Nous devons remonter pour cela jusqu'à 1669. On transforma à ce moment la partie des jardins qui descendait au nord du Château, où le bassin du Dragon avait reçu, l'année précédente, l'ensemble de ses figures de plomb doré. Cette transformation comportait toute une suite de travaux d'hydraulique et d'art : la Pyramide, la Cascade et l'Allée d'eau.

L'Allée d'eau fut une décoration d'un genre très nouveau, imaginée par Claude Perrault, le médecin-architecte, ainsi que nous l'apprennent les mémoires de son frère. Elle se composa, dans sa

---

1. Le Nôtre, travaille aussi pour le Roi à Saint-Germain. La création des parterres de broderies, existant encore devant le Vieux-Château, et du grand parterre voisin est exactement de cette époque, de 1668 à 1673 (Houdard, t. II, p. 215).

forme première, de quatorze petites fontaines, rangées par moitié de chaque côté de l'allée descendant vers le Dragon et soutenües chacune par un groupe d'enfants de métal doré. À la tête de l'allée devait être une cascade dominée par un bassin à jeux d'eau, avec un motif en pyramide.

Les travaux de maçonnerie de cette Allée furent faits vers la fin de 1668, et l'année suivante s'achevèrent les deux bassins supérieurs, celui de la Pyramide et celui de la Cascade. Les petits bassins et les groupes d'enfants furent posés au printemps de 1670, comme on l'a vu dans un des rapports de Colbert à Louis XIV, et la décoration des deux grandes fontaines suivit de près[1]. Au moment qui nous occupe, le parterre bas ou parterre du Nord était dans tout son éclat. Quant à l'Allée d'eau, elle était bordée de sapins et d'ifs, et ne comptait pas moins de cent quatre vases de cuivre contenant des ifs; à la fête du 6 septembre 1670, on y porta une partie des vases de l'Orangerie, et ce

1. Colbert écrit à Louis XIV, le 5 mai 1670 : « Nous avons trouvé que l'élévation de quatre pouces des bassins portés par des figures de l'Allée d'eau réussira fort bien, et même l'éloignement de quatre pieds des figures du bassin du Dragon; mais il était bien nécessaire de vider l'eau du rond, d'autant que toutes ces figures se sont trouvées crevées par la grande gelée qu'il a fait. Je les fais raccommoder, et je prendrai les précautions nécessaires à l'avenir pour empêcher que cela arrive davantage. » Le 9 mai 1670, Colbert annonce que « la moitié des bassins des Petits-Enfants sont posés, et le reste le sera dans cinq ou six jours »; il parle en même temps des inconvénients que paraît devoir entraîner, pour la bonne exécution du travail, « la prodigieuse quantité d'ouvrages de sculpture » en ce moment en train à Versailles : « Le défaut de fondeur pourra même causer quelque peu de retardement à la Pyramide; mais Votre Majesté peut être assurée que tout ce qui sera possible sera fait. » (*Lettres de Colbert*, t. V, p. 297, 299.)

fut peut-être ce jour-là qu'on présenta à l'admiration de la Cour, avec la pompe que le Roi aimait à y mettre, l'ensemble des nouveaux arrangements.

On avait orné, en même temps, les deux bassins les plus voisins, qui existaient depuis fort longtemps dans le parterre bas, de groupes de tritons et de sirènes soutenant une grande couronne fermée; du milieu de la couronne et des fleurons sortaient onze jets d'eau. Tubi et Le Hongre avaient eu ainsi à rappeler une fontaine célèbre des jardins de Vaux. Mais leur arrangement ne fut pas respecté longtemps, les divinités marines furent maintes fois restaurées, et on les voit nager à présent à la surface des *Bassins des Couronnes*, n'ayant au milieu d'elles qu'une médiocre couronne de feuillage.

Le Brun avait donné les dessins de tous les morceaux de sculpture de l'Allée d'eau. Les groupes d'enfants, qui devaient se répéter seulement deux fois et tournés de façon à ne point paraître se répéter aux yeux, avaient nécessité bien des croquis du premier peintre; on trouve, en effet, dans ses papiers plusieurs « pensées » fort différentes sur ce même motif : des enfants debout soutenant un bassin d'où monte un jet d'eau. Le Roi adopta la disposition la plus heureuse pour faire valoir la souplesse des jeunes corps et la grâce variée des attitudes. Les groupes de l'Allée d'eau, ou plus exactement ceux de la partie haute de l'Allée, qui sont au nombre de sept de chaque côté, se partagèrent entre Pierre Le Gros, Louis

Lerambert et Étienne Le Hongre[1]. Ce dernier et Benoît Massou furent chargés des ornements de fruits et de fleurs, qui remplirent les vasques supportées par les enfants. Le souvenir de cet état primitif est gardé par les sept estampes des groupes de l'Allée d'eau que Le Pautre reçut, dès 1672, l'ordre de graver. Félibien décrit ainsi les quatorze morceaux :

Ce qui est digne d'être remarqué est l'agréable disposition de tous ces enfants et leurs différentes actions. Car, comme de chaque côté de l'allée il y a sept groupes de ces enfants disposés d'espace en espace, les deux premiers de ces groupes, que l'on trouve vis-à-vis l'un de l'autre, représentent de jeunes tritons qui portent de grandes coquilles en forme de bassin pleines de corail et de divers coquillages [*Le Gros*]. Les seconds sont trois jeunes enfants qui portent un bassin rempli de diverses sortes de fruits [*Le Gros*]. Les troisièmes sont deux amours et au milieu d'eux une jeune fille; ils soutiennent ensemble une corbeille pleine de fleurs [*Le Hongre*]. Les quatrièmes sont trois jeunes enfants qui portent un bassin rempli de fruits et appuyé sur le tronc d'un arbre [*Lerambert*]. Les cinquièmes sont trois autres enfants appuyés sur un piédestal sur lequel est un bassin : ils tiennent des tambours de basque, des flûtes et des flageolets [*Lerambert*]. Les sixièmes sont trois petits satyres, qui ont sur leurs têtes des corbeilles pleines de fruits [*Le Gros*]. Les septièmes, qui sont tout au bas de l'allée, sont de jeunes termes, c'est-à-dire trois figures d'enfants qui n'ont que la moitié du corps au naturel; le reste depuis le ventre en bas se termine en

---

1. On ne cite guère pour ces ouvrages que les deux premiers sculpteurs, mais les Comptes révèlent la part importante du troisième; son éloge académique l'affirme; l'estampe de Le Pautre, datée de 1673, met un des groupes sous son nom; enfin un état officiel manuscrit le porte aussi pour le groupe « d'une jeune fille et deux petits cupidons » attribué à tort à Lerambert.

forme de scabellon ou piédestal, que l'on nomme ordinai-
ment gaine dans ces sortes de figures [*Lerambert*].

Tous ces divers enfants sont de bronze doré, de même
que les fleurs et les fruits dont les bassins et les corbeilles
sont remplis; pour le reste, il est de bronze. Du milieu de
chaque corbeille ou bassin s'élève un gros jet d'eau, qui
baigne les fleurs et les fruits et retombe dans les bassins
où sont posés les pieds des enfants. Les tapis de gazon
sont garnis des deux côtés, depuis un des bassins jusques
l'autre, de plusieurs vases de cuivre peints et dorés et remplis de petits arbrisseaux verts.

Ces œuvres charmantes, où l'enfance est inter-
prétée avec une grâce si souple et si vivante ont
une histoire assez compliquée et que seuls les
Comptes révéleront à notre curiosité[1]. Le nombre
en fut d'abord augmenté, lorsque les deux grands
bosquets latéraux furent remaniés et devinrent,
l'un, celui des Trois-Fontaines, l'autre, celui de
l'Arc-de-Triomphe. La disposition nouvelle de
l'entrée de ces bosquets donna sans doute l'idée
de prolonger l'Allée d'eau dans la demi-lune où
ils s'ouvraient; et l'on trouve Le Gros, associé
cette fois à Massou, appelé à fournir des modèles
pour une partie des huit groupes nouveaux ou plutôt des quatre groupes répétés chacun deux fois.
Le paiement initial fait aux deux sculpteurs est de
mai 1678, « à compte des groupes d'enfants de
plomb et étain qu'ils font pour la continuation de
l'Allée d'eau du petit parc » ; le parfait paiement

1. Les références sont données dans notre étude sur *L'Allée
d'eau des jardins de Versailles,* extraite de la *Revue de l'histoire
de Versailles,* année 1900. On trouve le marché de 1684 pour
l'exécution en bronze des enfants de l'Allée d'eau, dans la *Revue
de l'Art français,* année 1892.

monte à 8.400 livres. Mazeline, de son côté, reçoit 3.800 livres « pour les groupes de l'Allée d'eau »[1].

Le premier groupe de Mazeline, qui vient immédiatement au-dessous des groupes anciens, est formé de trois enfants, dont deux petites filles, l'une jouant avec un poisson. Le suivant, qui est aussi de Mazeline, rappelle la chasse : l'un des enfants tient une pique, le second caresse un chien, le troisième porte un lièvre soutenu par un bâton. On donne à Buirette les deux derniers groupes : trois enfants regardant l'eau tomber du bassin au-dessus de leur tête, et trois petites filles dont l'une tient un perdreau. Buirette a dû travailler à ces ouvrages vers l'époque où il était occupé aux enfants de bronze du Parterre d'eau. Peu de temps après, au cours de 1684, un détail se trouve changé dans toutes les fontaines de l'Allée d'eau : à la place des bassins de métal, les groupes porteront désormais des bassins de marbre rouge de Languedoc, et sans doute disparaissent les ornements qui faisaient corps avec les premiers bassins et que reproduisent les estampes de Le Pautre.

Les groupes de la partie inférieure de l'Allée d'eau semblent moins parfaits que les anciens ; mais ce que les Comptes révèlent clairement, c'est que nous n'avons, ni pour la première série, ni pour la seconde, les ouvrages de l'origine. Ceux-ci

---

1. Il n'est pas sûr du tout que les groupes de Le Gros et de Massou soient encore à la place où ils ont été mis à cette époque ; on a pu les faire disparaître, alors que l'ensemble a changé de matière, ainsi qu'il sera dit plus loin. Les seuls sculpteurs nommés par les descriptions imprimées et les états manuscrits sont Mazeline et Buirette.

étaient faits de ce « métal », alliage de plomb et d'étain, qui était utilisé pour les fontaines de Versailles et qu'on passait de temps en temps en couleur de bronze doré ; le socle des groupes et les bassins qu'ils supportaient étaient du même métal et peints, nous apprend Félibien, en couleur de bronze. Ce n'est que plus tard, à un moment où le véritable bronze paraît envahir Versailles et lorsque s'exécutent les premières fontes du Parterre d'eau, que des mentions éparses rappellent notre attention sur l'Allée des enfants.

Que sont, en effet, les « moules et cires de l'Allée du Dragon et de l'Allée d'eau », pris dès 1684 par les sculpteurs-fondeurs Varin et Langlois, et les « modèles de groupes d'enfants que Melo, sculpteur, reforme de terre et de cire pour l'Allée de la Pyramide », au 14 septembre 1687, sinon la préparation d'une fonte à cire perdue d'après les anciens plombs qu'on va remplacer ? Et cette fonte n'est-elle pas indiquée par les sommes versées, à diverses reprises, « aux nommés Varin, Meunier et Langlois, sculpteurs et fondeurs, à compte des groupes d'enfants qu'ils fondent en bronze pour l'Allée des cascades de Versailles » ? Guillet de Saint-Georges décrit les groupes d'enfants de Lerambert, « qui portaient des bassins ornés de fleurs et remplis de fruits ; les airs de tête, les contours et la composition en étaient si fort estimés que M. de Louvois les a fait jeter en bronze ». Ce « jet en bronze » ordonné par Louvois est celui dont nous parlons. On est occupé, dans l'automne de 1688, à replacer en bronze, le long de l'allée, les groupes anciens, à remplacer les bassins de pierre qui les supportent par des bassins de marbre et à changer jusqu'aux socles, que les mêmes sculpteurs ont faits « en marbre, ornés de glaçons, pour mettre sous lesdits groupes ». Rien ne manque en vérité à nos renseignements, pas même le petit accident survenu pendant le travail à un ouvrier charpentier, ce qui nous donne la date exacte de la pose. A ce moment, tous les détails de l'Allée d'eau, tels qu'ils doivent durer jusqu'à nous, se trouvent en place. Il n'est plus question, bien entendu, de remettre les ornements de fruits et de fleurs, la beauté de la matière nouvelle pouvant suffire aux vingt-deux fontaines définitives.

Le travail que nous avons aujourd'hui sous les yeux est donc celui de 1688, exécuté sur des modèles de 1668 et de 1678. Ainsi, de dix ans en dix ans, l'aimable Allée d'eau s'est transformée. Le bas-relief des Nymphes, qui la termine, fut-il en même temps qu'elle destiné à changer de matière ? Cela est très probable, puisqu'on a commencé à jeter en bronze les masques qui avoisinent l'œuvre de Girardon ; mais ce point n'est pas indispensable à nos conclusions. Il nous semble qu'on ne saurait trouver un exemple plus frappant de la continuité des remaniements apportés, par Louis XIV lui-même, à la décoration de Versailles. Retenons également, de ce qui vient d'être établi, une rectification à l'honneur du goût du dix-septième siècle : à part les enfants assis sur les sphinx de marbre, dont la dorure remonte à 1670 et qu'on

« dédore » expressément en 1685[1], aucun des beaux bronzes existant aujourd'hui à Versailles n'a été doré. La dorure a été réservée aux plombs, qui seuls en avaient besoin ; jamais l'aspect naturel du plus noble des métaux n'a été sacrifié à des apparences plus riches et [mensongères.

Deux figures seulement, parmi celles qui nous restent de cette époque, sont à rapprocher des fameux groupes de la première Allée d'eau et dignes de leur être comparées. Ce sont précisément les Enfants aux sphinx, placés depuis l'époque de Mansart de chaque côté du perron du Parterre du Midi. Les sphinx étaient des motifs assez fréquents dans la sculpture du dix-septième siècle ; la décoration intérieure de Versailles en fournirait maint exemple ; on en voyait dans les jardins et une estampe en indique à Vaux-le-Vicomte. L'idée de les faire enguirlander par des enfants est des plus heureuses. Ces figures furent coulées en bronze en 1668, vingt ans plus tôt que ne devaient l'être les groupes de plomb installés à l'Allée d'eau cette année même. Elles sont pour nous les plus anciens bronzes de Versailles et l'époque de leur fonte indique l'importance qui leur fut aussitôt donnée. Les modèles, au reste, sont bien antérieurs à leur exécution, puisqu'un document officiel contempo-

[1]. La dorure « de deux enfants et de tous les ornements des sphinx de marbre de Versailles » a coûté 2.600 livres, en 1670. Quinze ans plus tard, les Comptes la montrent détruite : on verse 100 livres, le 30 septembre 1685, « à Robillard, doreur, à-compte des ouvrages qu'il fait à dorer les ornements des sphinx ».

rain nous assure qu'ils remontent à 1660 et qu'ils sont du grand sculpteur Jacques Sarrazin[1]. Comme son élève Lerambert a sculpté les sphinx de

[1]. L'histoire des Enfants aux sphinx est loin d'être résumée par les quelques lignes qu'on leur consacre d'ordinaire. Il avait été question de les placer d'abord à la Grotte de Théthys, comme l'indiquent les termes du premier paiement fait au fondeur Duval, « à-compte des enfants et ornements de bronze qu'il fond pour accompagner les sphings (*sic*) à la Grotte », le 7 mai 1668. On préféra les poser à l'entrée du Degré de Latone, où ils furent dorés en 1670 « avec tous leurs ornements », c'est-à-dire sans doute avec les guirlandes qui entouraient le socle aujourd'hui dégarni. C'est en cet endroit que La Fontaine parle des sphinx se laissant « entortiller de fleurs par des enfants »; sa description est faite par avance, car, au moment de sa visite à Versailles, les enfants sont encore chez le fondeur et il n'y a encore que les sphinx de marbre, sculptés par Lerambert et représentés à cette place par certaines estampes. Le Pautre et Thomassin désignent Lerambert comme l'auteur de ces groupes dans la légende de leurs estampes, bien que les Comptes ne mentionnent de paiement à son nom que pour les marbres. C'est un exemple des erreurs d'attributions qu'on rencontre parfois dans les légendes d'estampes qui semblent les plus autorisées. En effet, l'inventaire officiel des grands bronzes des jardins royaux, rédigé après le transport des groupes à leur définitif emplacement, ne mentionne même pas le nom de Lerambert dans la description suivante : « *Perron du parterre devant l'Orangerie*. Un enfant de bronze assis sur un sphinx de marbre blanc couvert d'une housse aussi de bronze. Cet enfant a un carquois qui lui pend derrière le dos et tient de la main droite un feston de fleurs qu'il lui passe sur les cuisses et pose cette main sur la croupe du sphinx. Il a le bras gauche à demi élevé et étendu. L'enfant a 2 pieds 8 pouces de proportion et le sphinx a de hauteur 2 pieds 5 pouces, depuis la plinthe jusqu'au sommet de la tête. Fait par Sarrazin en 1660 ». On trouve, à la suite de la description de l'autre groupe : « Fait pareillement par Sarrazin en 1660 » (Archives nationales, O¹ 1794). Il n'est question dans l'inventaire, on le voit, que de l'excellent sculpteur Jacques Sarrazin, recteur de l'Académie royale, mort le 3 décembre 1660, dont le nom vient ainsi s'ajouter, de la façon la plus authentique, à la liste des artistes de Versailles. Les modèles des enfants fondus par Duval ayant été faits par Sarrazin, on peut croire qu'il en était de même des sphinx, dont le marbre seul fut payé à Lerambert; celui-ci n'avait eu qu'à veiller à l'exécution d'une des dernières pensées de son Maître.

marbre, on avait attribué à ce seul artiste ces délicieux ouvrages, qui doivent désormais prendre la
première place dans la série chronologique de nos
œuvres d'art.

Revenons du côté de l'Allée d'eau. Les grands
morceaux destinés au voisinage des groupes de
Le Gros, de Le Hongre et de Lerambert furent
réservés au plus habile des maîtres et au plus
glorieux, sans doute, des sculpteurs de Versailles,
François Girardon. Il mit assez longtemps à
édifier la *Pyramide*, à cause de la multiplicité des
ornements qui la décorent et auxquels il travaillait
encore en 1672. Quant au grand bas-relief, également fait en plomb doré, de la *Fontaine des
Nymphes* ou de la *Cascade*, appelée quelquefois la
Nappe, il semble avoir été achevé dès 1670.
Charles Perrault en attribue le dessin à son frère :
« M. Girardon, ajoute-t-il, l'exécuta avec encore
plus d'agrément que le dessin n'en avait ; aussi ce
bas-relief est peut-être un des plus beaux qu'il y ait
eu jusqu'alors ». Aujourd'hui encore, sous la déli-
cieuse patine dont le temps l'a recouvert, il est de
nos plus rares trésors.

On en jouissait surtout à l'apercevoir au travers
de la grande nappe, dont le mouvement semblait
donner la vie aux nymphes, de grandeur naturelle,
si gracieusement groupées. Le bas-relief de Girardon, ainsi que les autres ornements du bassin,
furent dorés entièrement. Après la restauration
qu'en fit l'auteur lui-même en 1683, on trouve un
paiement au peintre Chaillot pour le « vernis de
bronze qu'il a mis au bas-relief de la Nappe et aux

groupes d'enfants de l'Allée d'eau », qui allaient être, peu après, transformés en bronze véritable. Pour la fontaine de la Pyramide, qui dominait le bassin, il semble qu'il y ait eu un mélange de couleurs, l'or étant réservé aux figures et le bronze aux ornements : le peintre doreur Jacques Bailly recevait, en 1671, 1.800 livres, « pour la dorure et bronzure de la fontaine en pyramide ». Écoutons à présent Félibien :

La fontaine de la Pyramide est ainsi nommée à cause de sa figure : car le haut est un gros vase qui sort d'un bassin soutenu par quatre écrevisses, qui servent de consoles, posées dans un autre bassin plus large porté par quatre dauphins. Ces dauphins ont la tête sur les bords d'un autre bassin que tiennent quatre jeunes tritons, qui ont une double queue et qui posent dans un autre bassin encore plus grand, soutenu par quatre consoles en forme de pied de lion et par quatre grands tritons qui semblent nager dans le grand bassin, dont les bords sont de pierre et au niveau de la terre, avec un rebord de gazon tout autour. Ce bassin est de figure carrée, mais arrondie des quatre côtés. Il reçoit toute l'eau qui tombe avec abondance, et en forme d'une grosse gerbe, du vase qui est tout au haut des bassins, d'où elle retombe successivement de l'un en l'autre, comme par grandes nappes, qui forment comme autant de cloches de cristal qui s'élargissent à mesure qu'elles descendent en bas.

Proche de la Pyramide, et à la tête de l'Allée d'eau qui descend à la fontaine du Dragon, est un grand bassin dans lequel tombe une nappe d'eau, qui couvre, comme d'un voile d'argent, un grand bas-relief de bronze doré où l'on voit des Nymphes qui se baignent. A côté de ce bas-relief, il y en a d'autres qui représentent des divinités des eaux et quelques enfants. Ceux qui sont en face sont séparés par de gros masques qui jettent de l'eau par la bouche et qui ressemblent à des faunes ou à des satyres, dont on ne voit que la tête et les pieds, comme si le reste de leurs corps était enfermé dans la pierre même dont le bassin est revêtu.

Les parties latérales de la Cascade de l'Allée d'eau ne sont point de Girardon. De chaque côté du Bain des Nymphes s'appliquent deux bas-reliefs en hauteur, représentant, l'un un fleuve, l'autre des enfants portant des corbeilles de fleurs; ceux de droite sont attribués à Le Gros, ceux de gauche à Le Hongre. Les mêmes sculpteurs ont traité les faces latérales, où s'étagent trois reliefs dont la forme suit la pente du terrain et qui présentent successivement une nymphe, un amour porté sur un dauphin et enfin des poissons. Les quatre termes qui séparent les bas-reliefs dans le fond du bassin sont des figures de satyres, dont les masques et les pieds furent fondus en bronze et sont aujourd'hui les seuls morceaux de ce métal, au milieu de tous les ouvrages de plomb[1].

Cette transformation de matière ne remonte qu'aux travaux de 1684. On paraît alors avoir pris l'ensemble des moules de la Cascade dans le dessein de la fondre tout entière en bronze, comme on faisait à ce moment même pour les groupes de l'Allée d'eau; mais ce projet n'eut pas de suite, non plus que celui qui regardait la Pyramide elle-même. On se borna, pour la Pyramide, à rem-

1. On ne sait où désigner, parmi les morceaux de la cascade de l'Allée d'eau, la part des sculpteurs Magnier et Legendre, dont la collaboration est attestée par les Comptes. Guillet de Saint-Georges mentionne ainsi une œuvre du premier : « Un enfant de métal et un terme qui jette de l'eau, proche les baigneuses en bas-relief que M. Girardon a faites de métal » (*Mémoires inédits*, t. I, p. 420).

placer l'ancien bassin au contour découpé par
un bassin circulaire, formé d'énormes blocs de
marbre, dont le transport de Paris à Sèvres par
eau, et de Sèvres à Versailles, coûta plus de
4.000 livres. La transformation des plombs en
bronze, qu'il était intéressant de noter, paraît avoir
été suspendue par la détresse financière qui accompagna la guerre de la Ligue d'Augsbourg et interrompit tant d'autres entreprises de Louis XIV.

La perspective de l'Allée d'eau, qu'on admirait
d'ordinaire du bassin de la Sirène, c'est-à-dire de
la terrasse du Château[1], se prolongeait dans la
campagne, au delà du Dragon, grâce à un grillage
qui remplaçait en cet endroit le mur du Petit Parc.
Peut-être pense-t-on déjà à y utiliser la descente
des eaux vers l'étang de Clagny, pour créer cette
grande pièce d'eau, devenue célèbre sous le nom de
Neptune, qui doit un jour transformer à nouveau
ce coin du parc. Pour le moment, les massifs de
chaque côté de l'allée viennent d'être aménagés,
en 1671 et 1672, mais d'une façon qui doit durer à
peine cinq ou six ans.

---

1. Le bassin de la Sirène a été gravé par Le Pautre et le groupe
des Marsy est décrit par Perrault dans sa lettre à Bontemps :

Ici l'on voit une Sirène,
Joyeuse de nager dans l'humide cristal
D'une fraîche et douce fontaine,
Oublier son pays natal
Et d'un réduit si beau paraître toute vaine.
Avecque le Triton que ses yeux ont blessé
La Nymphe innocemment se joue
Et, soufflant de sa conque au jet d'eau élancé,
Rit de l'eau qui retombe et lui mouille la joue.

Du côté des réservoirs qui occupent l'emplacement de la future aile du Nord est la *Fontaine du Pavillon*, « ainsi nommée à cause de quatre jets d'eau qui sortent de la gueule de quatre dauphins de bronze, qui sont aux quatre angles d'un grand bassin et qui, venant à se rassembler par le haut au gros jet du milieu, forment une espèce de pavillon; ces cinq jets sont accompagnés de quatre autres qui sortent de quatre vases posés dans les angles du cabinet; l'eau de ces jets va se décharger dans le bassin du milieu par quatre masques de bronze qui la vomissent dans des coquilles ». L'autre massif est percé d'une longue allée, de chaque côté de laquelle jaillissent, derrière une banquette de gazon ornée de vases de porcelaine, une infinité de jets d'eau qui se réunissent en forme de berceau au-dessus de la tête du promeneur et sous lequel on marche sans être mouillé. Cette curieuse disposition est appelée le *Berceau d'eau*. On paraît y avoir ajouté, comme fond de décor, une sorte de cabinet de treillage avec des statues dans des niches. Mais nous connaissons mal ces deux bosquets qui ont disparu de bonne heure[1]. La fontaine du Pavillon fait place, dès 1677,

---

1. Outre l'estampe hollandaise du Berceau d'eau qui est reproduite dans *La Création de Versailles*, p. 131, on peut se renseigner sur les deux bosquets entourant l'Allée d'eau, à l'aide de deux minuscules gravures réunies dans la très rare édition suivante [de Félibien] : *La description du Chasteau de Versailles*, à Paris, chez Anthoni Vilette, 1685 (in-12, réimprimé par le même libraire, à la date de 1687, avec les seize petites planches sur cuivre, toujours sans le nom de l'auteur). A la p. 5 commence le texte de 1674, qu'on n'a point songé à mettre au courant, et qui est suivi, à la p. 91, d'un court éloge de Le Brun, de La Quintinie et de Bontemps.

à celle de l'Arc-de-Triomphe, et le Berceau d'eau aux Trois-Fontaines. Ils sont, d'ailleurs, à peine mentionnés dans les Comptes et les rares estampes qui les représentent satisfont insuffisamment la curiosité.

« En ce temps-là, raconte Perrault, le Roi laissait ordonner de toutes choses à M. Colbert; et M. Colbert se fiait à nous pour l'invention de la plupart des dessins qu'il y avait à faire. Mais les dames ayant remarqué que le Roi y prenait beaucoup de plaisir, elles voulurent se mêler d'en donner, de leur côté, pour amuser le Roi agréablement. Mme de Montespan donna le dessin de la pièce du *Marais*, où un arbre de bronze jette de l'eau par toutes les feuilles de fer-blanc et où les roseaux de même matière jettent aussi de l'eau de tous côtés »[1]. Cet arrangement, qui semble avoir inspiré plus tard la fontaine de l'Obélisque, fut commandé en 1671 et, toutes les années suivantes, on ne cessa d'embellir de maintes façons la coûteuse fantaisie de la favorite.

Louis XIV s'intéressait particulièrement à l'arbre du Marais et Colbert y faisait travailler sans discontinuer. Plusieurs lettres du ministre en font mention, et l'on en peut citer une, où se révèle une fois de plus la minutie des informations demandées par le Roi : « La tige de l'arbre du Marais, qui est de fonte, est sur le lieu, et l'on y a

---

1. *Mémoires*, p. 110. Dans sa lettre à Bontemps, imprimée en 1675, Perrault ne manque pas de galamment louer le Marais, « qui surpasse à mon gré toutes les autres fontaines pour le mérite de l'invention ».

soudé plusieurs branches. Tous les feuillages sont
redressés et en état d'être rejoints aux branches.
J'ai fait faire un petit contre-mur dans le bassin
du Marais, pour porter les planches de roseaux ;
après quoi il n'y a pas à craindre qu'ils tombent
dans l'eau, comme ils ont fait. On travaille autant
qu'il se peut au massif des deux buffets ; il y en a
un d'achevé, et les tuyaux qui passent dans les
gradins sont posés avec chacun leur robinet. » Le
Marais était fini, en même temps que le Labyrinthe, pour le retour du voyage d'Alsace, à
l'automne de 1673. Quoique certains détails y
manquassent encore en 1674, ce bosquet servit à
inaugurer la série des fêtes de cette brillante
année. André Félibien, qui a écrit la relation de
ces fêtes et qui composait en même temps sa description de Versailles, put offrir à Mme de Montespan la flatterie de deux pages distinctes en ses
deux ouvrages. La moins longue est celle-ci :

C'est un petit bois où il y a un grand carré d'eau plus
long que large, au milieu duquel est un gros arbre si ingénieusement fait qu'il paraît naturel. De l'extrémité de
toutes ses branches sort une infinité de jets d'eau qui
couvrent le Marais. Outre ces jets d'eau, il y en a encore
un grand nombre d'autres qui jaillissent des roseaux qui
bordent les côtés de ce carré. Aux deux bouts et dans
l'épaisseur des palissades sont deux enfoncements de verdure en manière de cabinets, où l'on monte par deux
marches de gazon. Dans chacun de ces enfoncements, il y a
une grande table de marbre blanc, et sur chaque table une
corbeille de bronze doré remplie de fleurs au naturel, de
laquelle sort un gros jet d'eau qui retombe dedans et s'y
perd sans mouiller la table. Au milieu des côtés de ce
carré, il y a aussi d'autres enfoncements semblables à ceux

des deux bouts, où sur des marches de gazon sont élevées
de longues tables de marbre blanc et rouge avec des gradins pour servir de buffets. De ces gradins, il sort de l'eau
par des ajustages qui forment des aiguières, des verres,
des carafes et d'autres sortes de vases, qui semblent être
de cristal de roche garnis de vermeil doré.

Il serait difficile de se figurer ces garnitures sin-
gulières, sans un grand dessin en couleur qui
en montre la disposition ingénieuse; les montures de métal doré adaptées au massif du buffet,
laissaient, au moment où les cascades se mettaient
à jouer, tomber l'eau dans leurs intervalles, et
ainsi se complétaient les vases et les aiguières, qui
apparaissaient sur le fond de marbre rouge et
blanc pendant tout le temps que durait le jeu des
eaux[1]. Cette fontaine du Marais subit de fréquentes
restaurations, que le nombre de ses accessoires et

1. Archives nationales, O¹ 1792. Une des aquarelles du dossier
est reproduite dans *La Création de Versailles*, p. 132. Le dessin
d'Israël Silvestre, qui a été gravé, est au Musée du Louvre. Plusieurs plans du recueil de l'Institut (*Mss.* 1301) complètent l'information. La description du bosquet du Marais, au *Mercure
galant* de 1606, p. 187, mentionne l'arbre de métal dont on a
refait en cuivre, en 1682, le feuillage, qui est maintenant celui
d'un chêne, et les cygnes, peints en blanc et jetant de l'eau, qui
sont placés dans les roseaux, aux quatre coins du bassin. Mais
le narrateur insiste tout particulièrement sur les pièces des
buffets : « Comme la plupart de ces pièces n'ont que des cercles
ou autres morceaux dorés, il serait difficile à ceux qui n'ont
point encore ouï parler de ces buffets de deviner à quels usages
ils sont destinés. Lorsque l'eau vient à jouer, elle satisfait la
curiosité des spectateurs et, en remplissant les vides qui sont
entre les pièces, elle forme des vases parfaits dont le corps
paraît d'un beau cristal enrichi d'ornements dorés. Je passe par-
dessus les autres embellissements de ce lieu, et ne dis rien de
divers rangs de porcelaines remplies de verdure, ni de tout ce
que l'habileté du jardinier ajoute à tous ces endroits, où l'Art
surpasse la Nature. »

le mécanisme délicat de ses ajustages rendaient inévitables. En 1700, on raccommodait encore et on repeignait les fleurs des corbeilles; on redorait les vases des buffets. Le tout fut supprimé définitivement en 1704, Mme de Montespan vivant encore.

Le *Théâtre* ou *Amphithéâtre d'eau*, commencé en 1671, utilisé comme le Marais pour les fêtes de 1674 et conservé pendant toute une partie du dix-huitième siècle, était une œuvre d'une importance tout autre et l'une de celles qu'on doit regretter le plus. Nulle part les effets d'eau n'atteignaient autant de précision et de variété, et les plans de la canalisation, qui en sont conservés, suffisent à donner l'idée de leur complication savante. Ils furent sans cesse remaniés et perfectionnés au cours du règne de Louis XIV, et le décor permanent du bosquet subit aussi plusieurs changements, comme l'attestent les différentes estampes. En 1677, on ajouta dix-huit bassins; plus tard, on mit partout un fond de treillage, au lieu de « palissades de charmes », et on remplaça les groupes sculptés, dans quatre niches rustiques, par des effets d'eau. En sa forme première, Félibien le décrivait ainsi :

C'est une grande place presque ronde, qui a environ vingt-six toises de diamètre. Elle est séparée en deux parties. La première contient un demi-cercle autour duquel sont élevées trois marches en forme de siège pour servir d'amphithéâtre, qui est environné d'allées couvertes d'ormes sur le devant et de palissades de charmes derrière. L'autre partie, qui est élevée d'environ trois à quatre pieds, est le Théâtre. Il s'élève dans le fond par un petit talus de gazon qui laisse des passages pour les acteurs; et dans la palissade qui l'environne, il y a quatre grandes niches remplies de bassins de fontaines rustiquement travaillés. Dans ces bassins, il y en a d'autres plus élevés où sont assis des enfants, qui se jouent les uns avec un cygne, les autres tiennent un griffon, les autres une écrevisse et les autres une lyre, le tout de bronze, et d'où sort de l'eau en abondance. Entre ces quatre niches sont trois allées qui s'enfoncent dans le bois et forment trois perspectives d'une beauté toute nouvelle. Car le milieu de chaque allée est comme un canal de quatre à cinq toises de large, revêtu des deux côtés de divers coquillages avec un glacis de gazon qui borde les deux contre-allées, qui sont terminées d'un côté par des palissades de charmes et de l'autre, le long du canal, par des petits arbrisseaux verts, avec des pots de porcelaine pleins de diverses fleurs d'espace en espace. Ces canaux ne sont pas remplis d'une eau tranquille et paisible : ce sont plusieurs cascades qui tombent les unes dans les autres et qui tirent leur source d'un grand bassin de coquillages élevé sur trois autres au bout du canal. L'eau qui en sort par grandes nappes vient enfin jusque sur le derrière du Théâtre, où, après avoir passé par des coulettes, elle finit dans trois bassins qui font vis-à-vis de ces longues cascades.

Il y a encore, aux deux côtés du Théâtre, joignant l'amphithéâtre, deux bassins d'où s'élancent deux lances d'eau; et du bord du Théâtre tombent deux grandes nappes d'eau l'une sur l'autre, qui le séparent de l'orchestre. Mais ce qui est le plus surprenant est la quantité des jets d'eau qui s'élèvent du milieu de ces canaux et des côtés des allées, lesquelles forment une infinité de figures d'eau toutes différentes.

C'était bien en réalité un théâtre ou tout au moins un lieu où l'on pouvait entendre de la musique. Mais le spectacle était fourni par les eaux elles-mêmes. Le chef des fontainiers Denis en indique l'usage dans son poème descriptif,

dédié au Roi et resté manuscrit, sur les fontaines
de Versailles. Si la mythologie, les beaux-arts et
surtout la poésie y sont parfois fort maltraités,
l'auteur a du moins toute qualité pour donner des
renseignements autorisés sur les matières de sa
profession. Il s'y emploie particulièrement pour le
Théâtre d'eau, auquel il consacre plus de cent
cinquante de ses « vers héroïques » vigoureuse-
ment chevillés. Peu nous importe qu'il ait cru y
célébrer en poète les merveilles auxquelles, en
fontainier, il donnait la vie :

> On y voit des gradins qui sont à trois étages,
> Où sont les spectateurs commodément assis
> Pour entendre et pour voir les desseins qu'on a pris.
> On met dans ces gradins, où la joie est publique,
> Les joueurs d'instruments et les gens de musique,
> Dont la douce harmonie enchante tellement
> Qu'on ne peut s'ennuyer dans un lieu si charmant....

Le poème décrit, avec une complaisance minutieuse, les dix combinaisons qui peuvent se succéder : les berceaux et les lances avec leurs deux
cents jets, les bouillons seuls ou les aigrettes seules,
la grille seule, les berceaux avec les aigrettes, les
bouillons avec les berceaux, les lances seules, les
bouillons avec les aigrettes, les fleurs de lis seules,
les fleurs de lis avec les berceaux et, pour terminer cette fête des yeux, la décoration des grands
berceaux :

> Entre les grands berceaux, pour être les derniers,
> Ne cèdent point l'honneur et la gloire aux premiers.
> Ce spectacle est charmant, il faut que je l'avoue,
> Et, durant tout le temps que le Théâtre joue,

Les décorations avecque les bassins,
Les nappes et la grille ayant les mêmes fins,
Font leurs jets différents pour nous faire paraître
Le respect et l'honneur qu'ils rendent à leur maître[1].

Tels sont les effets qu'ont sous les yeux les invités des fêtes de 1674, durant l'après-midi de la quatrième journée : « Le Roi, ayant donné l'ordre que la fête de ce jour-là fût encore plus magnifique et plus décorée que les précédentes, commanda que l'on préparât la collation au Théâtre, qui est dans un des bois du Petit Parc. C'est une grande place presque ronde et séparée en deux parties. La première, qui sert d'orchestre, contient un demi-cercle, autour duquel sont élevées trois marches en guise de sièges pour servir d'un amphithéâtre.... Il semblait que le lieu même présentât à la compagnie les différents mets dont elle devait être régalée ; car c'était sur les trois marches qui environnent la place qu'on les avait disposés dans un ordre qui charmait les yeux de tout le monde.... Sur le plus haut des degrés régnait un ornement

1. « Du théâtre et de ses décorations. » Bibliothèque nationale, *Fonds fr.* 2348, fol. 44-50. Le manuscrit 22 de la Bibliothèque de la ville de Versailles porte (p. 159) des indications non moins précises : « Les eaux du Théâtre jouent en cinq manières différentes : les jets s'élancent d'abord en haut et demeurent droits ; ensuite ils se courbent et sont des berceaux en dedans, puis en dehors ; après cela, ils forment des cercles en avant, qui, étant changés tout à coup, paraissent en arrière. » Outre les estampes et les dessins, qui figurent ces curieux effets, il y a deux tableaux de Cotelle représentant le Théâtre, l'un vu de la scène, l'autre vu de l'amphithéâtre (dans la galerie de Trianon). C'est le 12 septembre 1671 que Louis XIV donna sa première fête au Théâtre d'eau, « ajouté depuis peu, dit la *Gazette*, aux autres beautés du jardin. »

de fleurs composé de vingt-quatre grandes bordures en forme de miroirs, qui renfermaient le chiffre du Roi; sur les deux autres degrés, il y avait, dans de grands vases de porcelaine, cent soixante tant pommiers, abricotiers, pêchers, qu'autres différents arbrisseaux, tous chargés de leurs fruits. » Le bon Félibien continue assez longuement d'énumérer les pyramides de fruits, les corbeilles remplies de pâtes et de confitures sèches, les « quatre cents tasses de cristal pleines de glace », et mille autre choses délectables à la vue et au goût. Mais le grand plaisir fut le spectacle des eaux inventé par Vigarani : elles éblouirent les assistants par leurs multiples changements à vue et par le plus admirable décor qu'elles eussent jamais réalisé.

Les œuvres d'art réunies au Théâtre d'eau ont complètement disparu, comme le Théâtre lui-même, devenu la modeste cuvette gazonnée du « Rond Vert », et nous ne les pouvons connaître que par les estampes très précises, il est vrai, de Le Pautre. C'est encore l'imagination de Le Brun qui a fourni aux sculpteurs les symboles et les formes. Une partie de ses compositions a été gravée dans son *Recueil de divers desseins de fontaines*, si important à étudier pour Versailles, qui se vendait chez Édelinck[1].

Les groupes placés en ce bosquet servent de

---

1. Nous avons aussi reconnu plusieurs dessins de sa main pour être la première pensée de ces ouvrages et le lecteur curieux peut en voir dans l'illustration de *La Création de Versailles*.

supports à des jets d'eau et chacun a pour piédestal un massif de coquillages rares et de rocailles. Les trois perspectives du Théâtre aboutissent à des bassins dominés par trois figures mythologiques. Ce sont des enfants auxquels sont donnés des attributs de dieux : Jupiter au centre, lançant la foudre, représente le génie de la puissance royale; il est monté sur un aigle, dont les serres posent sur la sphère céleste; Mars est à cheval sur un lion qui dévore un loup; Pluton, le trident à la main, a pour monture Cerbère enchaîné et entouré de vases précieux et des symboles de la richesse. Les trois sculpteurs sont Pierre Le Gros, de Chartres, Martin Desjardins, de Breda, Benoît Massou, de Richelieu. A l'entrée des perspectives, quatre groupes de deux amours, portés dans de grandes coquilles, se livrent à des divertissements variés : ceux de Massou « se jouent avec un griffon, qui fait un jeu d'eau »; ceux de Tubi, avec un cygne, dont le cou verticalement dressé lance également un jet d'eau; ceux de Houzeau, avec une écrevisse de mer, et ceux de Le Gros, avec une lyre. A l'entrée du théâtre est un huitième groupe de plomb doré, placé au sommet d'un petit rocher sur trois coquilles superposées. Il survivra seul à la destruction de l'ensemble, car il se retrouve au Grand Trianon; c'est un Amour sur un dauphin se retournant pour prendre une flèche dans son carquois, d'où un jet d'eau s'élance; il est de Gaspard Marsy. Les bas-reliefs de douze vases « de bronze doré » complètent la décoration sculpturale de ce palais des eaux. Tout cela fait un ensemble d'un éclat extraordinaire, et l'on comprend que ce soit le lieu où notre Denis, élevant subitement le ton, se mette à célébrer *le Roi inventeur de tout* :

> Ce qui doit augmenter notre admiration,
> Au Roi de toute chose on doit l'invention....
> De tout ce que Versailles a de rare et de grand
> On doit l'invention à son puissant génie,
> Que le ciel a comblé d'une grâce infinie.
> Il est vrai que Le Brun, ce peintre ingénieux,
> Le plus docte en son art qui soit dessous les cieux,
> Excite ce monarque à former des idées
> Que d'autres potentats n'ont jamais possédées.
> Aussitôt les sculpteurs, peintres et tapissiers,
> Architectes, graveurs et les autres ouvriers,
> Suivant l'ordre du Roi, sont tous sous sa conduite,
> Dont on voit tous les jours le succès et la suite....

L'abondant fontainier poursuit de bien d'autres louanges « cette personne illustre » qu'est le Premier Peintre et aussi M. Le Nôtre, et aussi M. Bontemps, intendant de Versailles; il semble excepter seul de sa distribution de flatteuses rimes l'homme qui est justement son chef direct, Francine. Pénétrons avec lui, et aussi avec Félibien, dans le bosquet de l'Étoile, où nous a déjà menés la fête de 1668, et regardons-y les nouveaux embellissements. Mainte estampe et une peinture de Cotelle nous aident à les comprendre. Les cinq allées sont maintenant bordées d'un treillage soutenant une palissade de chèvrefeuille, derrière laquelle s'élèvent les grands arbres. Ce treillage est coupé de niches renfermant chacune un jet d'eau; la corniche porte des pots de porcelaine garnis de fleurs, et tout le long du sol court une goulette « ou petit canal bordé de gazon et de coquillages, avec des petites chutes ou bouillons d'eau ». Les allées ainsi encadrées aboutissent à un salon rond, palissadé et orné de la même façon, et autour duquel sont ménagées commodément, pour le repos des compagnies, cinq grandes niches cintrées avec un banc circulaire. A l'extrémité de chacune des percées, on aperçoit des niches semblables, décorées de rocailles et de jets d'eau. Le grand effet de l'eau est au centre : elle y forme, en jaillissant d'un rocher, comme une montagne liquide et se répand en cinq grandes nappes autour du bassin, en face des cinq allées rayonnantes. On fait honneur de cet arrangement à Berthier, célébré par Denis :

Pour avoir observé dans tout ce qu'il a fait
Une telle conduite, un ordre si parfait,
Et, par ses beaux desseins, au plus grand des monarques
De son zèle donné les plus illustres marques.

Tout ce décor d'eau, de treillage et de rocailles, qui sera modifié plus d'une fois, comme les autres décors du parc, a été dressé en 1671 et la fontaine est fameuse sous le nom de *Montagne d'eau*. Elle disparaîtra en 1704 et le bosquet, où les treillages de Colinot seront remplacés par les charmilles primitives, redeviendra simplement le bosquet de l'*Étoile*.

La *Salle des Festins* ou *Salle du Conseil* a été ouverte dans le bois voisin en 1672. C'est une vaste clairière, dont le milieu est une sorte d'île, entourée d'un fossé maçonné et franchi par des ponts mobiles, qui peuvent se retirer et laisser le visiteur enfermé sur le terre-plein. Du fossé, de quatre petits bassins dans l'ile et de quatre autres en dehors s'élèvent, quand on donne les eaux, soixante-treize jets. Plus tard « chacun de ces jets, tant des bassins que du fossé, est un groupe d'enfants dont les attitudes sont différentes et tous ces groupes sont dorés ». Même lorsqu'il a reçu ce décor de sculpture, le bosquet de la Salle du Conseil n'est pas un des plus importants des jardins, et l'on comprend qu'il soit marqué pour la destruction, quand, en 1706, Mansart met à la place la belle fontaine de l'*Obélisque*.

En revenant vers le Château, on trouve au-dessous du grand parterre de Latone, de chaque côté de l'Allée Royale, ce qu'on nomme alors les deux *Bosquets*. Ils sont composés l'un et l'autre d'allées et de cabinets d'un dessin semblable, au milieu desquels jaillit une fontaine. Le bosquet du nord s'appellera plus tard le *Bosquet du Dauphin*, à cause du motif mis pendant quelque temps sur le bassin qui en occupe le centre. Celui du midi prendra le nom de *Bosquet de la Girandole*; au milieu est un cabinet de verdure de forme circulaire et percé en étoile, avec un bassin d'où s'élancent une très haute gerbe et plusieurs jets paraboliques. Les jets n'existent déjà plus sous Louis XV, bien que le nom de « Girandole » continue à être en usage. C'est aux angles des Bosquets que se trouvent symétriquement placés les bassins des Quatre Saisons.

La plupart des travaux de Le Nôtre et de Francine se sont portés, comme on le voit, dans la partie gauche des jardins, et les principaux effets hydrauliques y ont été jusqu'à présent concentrés. On commence à creuser, il est vrai, en 1674, la grande pièce d'eau qui doit s'appeler l'*Ile Royale* et qui doit réunir et utiliser les eaux stagnantes du voisinage. Dans le massif où sera un jour la colonnade, les plans montrent un tracé de petits ruisseaux, qu'on appelle les *Sources*, et bientôt apparaîtra la *Galerie d'eau*. Mais ce qu'on a fait de plus intéressant de ce côté est une création d'un genre tout spécial, destinée à donner au *Labyrinthe* de Versailles une célébrité universelle.

Ce Labyrinthe est fort ancien; les premiers plans, les rapports adressés à Colbert en mentionnant l'existence dès 1665, et nous avons vu Mlle de Scudéry le faire traverser par sa belle étrangère. Ce genre de bosquet est presque inévitable dans les jardins de l'époque; mais Le Nôtre a trouvé le moyen d'y ajouter à Versailles un caractère unique et un charme inattendu; il a eu la pensée d'amener sous les yeux du promeneur, embarrassé de choisir son chemin, une profusion de fontaines variées et de groupes décoratifs, qui piquent sa curiosité et l'engagent à les découvrir successivement à chaque détour des allées.

Les groupes mis au Labyrinthe, et dont plusieurs peuvent être aperçus à la fois, représentent les principales fables d'Ésope. On aime à penser que le succès des *Fables* de La Fontaine, dont les six premiers livres ont paru en 1668, n'est pas étranger à l'idée qu'ils réalisent. Ils sont au nombre de trente-neuf, tous placés au milieu de petits bassins de la plus fine rocaille et quelques-uns dans des cabinets de treillage d'un dessin varié, auxquels Jean Colinot, resté depuis 1672 le seul jardinier du Petit Parc, a porté ses soins les plus attentifs. Les jeux d'eau donnent du mouvement aux groupes d'animaux, qui sont de grandeur naturelle ; ils sont faits « en plomb colorié selon le naturel », et beaucoup d'oiseaux à l'éclatant plumage ont été exactement copiés sur ceux de la Ménagerie. La mise en couleur, qui a été faite par les peintres Delarc et Herman, nécessitera fréquemment des retouches d'entretien, confiées à Jacques Bailly. En 1722, au moment où Louis XV ramènera la royauté à Versailles, on remettra le Labyrinthe complètement à neuf ; Belin de Fontenay, excellent spécialiste en son art, rafraîchira de son pinceau les fleurs et les fruits ; et les oiseaux et animaux seront repeints par un peintre illustre, historiographe des chasses royales, François Desportes en personne, qui recevra pour ce travail 6.975 livres. Rien ne montre mieux que ce dernier détail l'importance accordée aux œuvres d'art du Labyrinthe.

Les gravures qui en furent faites dès la création du bosquet et surtout la jolie suite due au burin de Sébastien Le Clerc font connaître ces charmantes fontaines, qu'un graveur hollandais reproduisit à son tour avec des personnages. Le galant rimeur Benserade avait été chargé d'en donner l'explication au visiteur par des quatrains gravés en lettres d'or sur des plaques de bronze. L'anglais

Martin Lister, en son journal de voyage, remarque avec raison que le Labyrinthe de Versailles « est en quelque sorte un commentaire des fables d'Ésope *ad usum Delphini* ». L'élève de Bossuet a, en effet, douze ans au moment où le travail s'achève, puisque c'est en revenant de Lorraine, à la fin de 1673, que Louis XIV le trouve entièrement terminé. On rapporte que l'évêque de Meaux, qui élevait le Grand Dauphin, avait une clef particulière du bosquet du Labyrinthe, dont il faisait son lieu de promenade favori, et Perrault n'a laissé à personne le soin de décrire cette richesse ajoutée aux « beautés presque infinies qui composent la superbe et agréable maison de Versailles » :

C'est un carré de jeune bois fort épais et touffu, coupé d'un grand nombre d'allées qui se confondent les unes dans les autres avec tant d'artifice que rien n'est si facile ni si plaisant que de s'y égarer. A chaque extrémité d'allée et partout où elles se croisent, il y a des fontaines, de sorte qu'en quelque endroit qu'on se trouve, on en voit toujours trois ou quatre et souvent six ou sept à la fois. Les bassins de ces fontaines, tous différents de figure et de dessin, sont enrichis de rocailles fines et de coquilles rares, et ont pour ornements divers animaux, qui représentent les plus agréables fables d'Ésope. Ces animaux sont si bien faits au naturel, qu'ils semblent être encore dans l'action qu'ils représentent; on peut dire même qu'ils ont en quelque façon la parole que la fable leur attribue, puisque l'eau qu'ils se jettent les uns aux autres paraît non seulement leur donner la vie et l'action, mais leur servir aussi comme de voix pour exprimer leurs passions et leurs pensées[1].

1. La description de Charles Perrault, accompagnée de moralités en vers pour chaque fable, est imprimée aux p. 225-268 de son *Recueil de divers ouvrages* de 1675.

Ce fut à l'occasion des fontaines du Labyrinthe que Colbert écrivit de Versailles, le 16 septembre 1672, au sieur Arnoul, intendant des galères à Marseille, la lettre suivante : « Vous m'avez ci-devant envoyé des rocailles et coquilles pour les grottes de Versailles. Comme j'en ai besoin d'une très grande quantité pour les nouveaux ouvrages que le Roi fait faire, je vous prie d'en faire amasser le plus que vous pourrez des plus grosses et des plus fines, comme aussi d'une certaine grosse roche dont nous avons particulièrement besoin et dont vous m'avez ci-devant envoyé. Ne manquez pas d'en faire chercher et de faire emplir des caisses, tant desdites rocailles, coquilles, que de ladite roche, et de les faire charger sur tous les vaisseaux qui passeront le détroit pour venir dans la Manche. » C'est, en effet, après la Grotte de Théthys, le travail capital du rocailleur Berthier que cet ensemble de trente-neuf ouvrages plus ou moins considérables, adaptés des façons les plus diverses à l'art ingénieux du fontainier : « Je ne parle point des coquillages et des ornements des bassins, qui sont en grand nombre et qui forment des figures différentes, non plus que de la quantité de jets d'eau qui accompagnent ces bassins et qui sont proportionnés aux sujets qui y sont représentés. Ceux qui sont comme dans des arcades formées dans des palissades sont à moitié couverts

---

1. Il faut penser que nous avons, ici encore, un emprunt à l'Italie. Montaigne décrit des fontaines de Castello, « où il se voit toutes sortes d'animaux représentés au naturel, rendant qui par bec, qui par l'aile, qui par l'ongle ou l'oreille, ou le naseau, l'eau de ses fontaines » (*Journal*, éd. D'Ancona, p. 179).

et environnés de feuilles et de roseaux qui jettent de l'eau. La plupart sont de fer-blanc et d'autre matière propre à cet usage, aussi bien que les branches par où passe l'eau ; et le tout, étant peint d'un vert qui imite le naturel, passe pour une véritable verdure, jusqu'à ce qu'on en voie sortir l'eau. »

Il a fallu réunir beaucoup d'artistes pour peupler rapidement le Labyrinthe des animaux des fables d'Ésope, dont plusieurs sont aussi ceux du bon La Fontaine. Tous les plombs qui les représentent ont été faits au cours de 1672 et 1673 par une compagnie d'artistes dont il convient de conserver les noms. On y voit Tubi, Massou, Mazeline, Le Hongre, Houzeau, Desjardins, les Blanchard, les Marsy, Regnaudin, Le Gros, Magnier, Temporiti, Raon, Hutinot, Drouilly, Dossier, Errard, La Perdrix, Sibrayque ou Siebrecht), Legeret ; Temporiti, en outre, a sculpté des bancs, Caffieri et Lespagnandel des chapiteaux pour les édicules de treillage ornés de rocailles de Berthier. Cette énumération montre à Versailles un premier groupement d'artistes, de célébrité inégale, mais appliqués ensemble, sous une même direction, celle de Le Brun, à une œuvre collective.

Bien peu des figures placées à cette époque dans le bosquet du Labyrinthe ont une attribution distincte ; les guides en ignorent les auteurs et l'on n'en trouve que fort peu à désigner. Le Hongre a travaillé « pour la figure du Coq, pour celle du Loup, pour celle du Diamant » (*le Coq et le Diamant*), et pour plusieurs autres fontaines ; Laurent

Magnier a fait « deux loups de métal d'une grandeur naturelle, chacun à un côté du hérisson, dont le sujet est tiré des fables d'Ésope » (*le Loup et le Porc-épic*). La dernière fontaine, dite « le Gouffre » ou le « Dôme », qui fut ornée par Houzeau et Mazeline, représentait *les Canes et le Barbet*. Au reste, les plombs coloriés du Labyrinthe ont été détruits, après avoir charmé de nombreuses générations, et on n'en possède plus que des débris. Ces débris suffisent cependant pour montrer le talent de nos sculpteurs d'animaux à cette époque[1]. Deux figures isolées ont été utilisées dans le bosquet moderne qui occupe la place de l'ancien Arc-de-Triomphe, ce sont: l'Amour tenant le peloton de fil d'Ariane et Ésope le Phrygien, dont les apologues inspirèrent de nouveau, après tant de siècles, les artistes du Labyrinthe. Tubi et Le Gros avaient modelé ces deux statues pour l'entrée voisine de l'Orangerie.

1. Le *Bosquet de la Reine* a pris, sous Louis XIV, la place du Labyrinthe détruit. Le carton O[1] 1792 des Archives nationales contient un tracé de la canalisation des fontaines et un « plan du nouveau bosquet de la Reine à la place de l'ancien Labyrinthe ». Soulié a fait recueillir en magasin les derniers fragments, trop longtemps méprisés, de cette intéressante sculpture. On y trouve deux vasques en forme de coquille, l'une supportée par des singes, l'autre avec le renard et les raisins, deux paons faisant la roue, un dindon faisant la roue et quelques morceaux d'importance diverse (coq, loups, renards, singes sur des boucs, cigognes). Tous ces morceaux sont aujourd'hui réunis dans une salle spéciale du Château et M. André Pératé en a fait une étude dans *La Renaissance de l'art français*, n° de décembre 1918. M. Auguste Jehan a publié un travail très complet sur le Labyrinthe dans *Versailles illustré*, 4ᵉ année (tiré à part, Versailles, 1890), où sont reproduits les documents intéressant l'histoire de ce bosquet, notamment la suite de Le Clerc, avec l'explication de Perrault et les quatrains de Benserade.

Elles accueillaient le visiteur, dès qu'il franchissait la grille, comme pour lui indiquer qu'on rencontrait dans les lacis du Labyrinthe des abris propices à la tendre promenade, en même temps que les leçons figurées de la Sagesse.

De tous côtés d'ailleurs, à l'occasion des nouvelles fontaines, les sculpteurs multiplient leurs travaux. Les principaux maîtres, ceux qui semblent avoir eu la faveur des grandes commandes, viennent à peine de livrer celles qu'ils ont reçues ensemble, quelques années auparavant. C'est, pour les Marsy, la première décoration du bassin de Latone ; pour Tubi, le groupe du Soleil levant installé au bassin des Cygnes ; pour Girardon et Regnaudin, le groupe central de la Grotte de Théthys, qui est, suivant les contemporains, le plus grand ouvrage de ce genre qu'on ait encore fait. Les vaillants artistes n'ont pas le temps de se reposer après cet effort. Voici qu'on les convie tous maintenant, par une idée moins grandiose que la première, mais non moins ingénieuse, à une sorte de concours de talent, en leur distribuant les projets de quatre figures de même caractère pour les bassins des Quatre Saisons.

Le Brun fournit, comme il va toujours le faire désormais, une esquisse dessinée des divinités qui doivent apparaître, parmi des Amours, au milieu des bassins creusés à l'intersection des grandes allées. Ce dessin est remis aux sculpteurs, qui n'ont plus qu'à l'interpréter suivant leur génie. Colbert annonce au Roi, au mois de mai 1672, qu'ils sont occupés aux modèles, et il parle de ces fontaines nouvelles avec sa précision ordinaire, dans les instructions qu'il formule pour les travaux de 1674, de manière à nous montrer à peu près l'ordre dans lequel les quatre grandes figures ont été successivement posées : « Pour la *Cérès* [Regnaudin], il faut l'achever et ne rien dorer qu'au mois de mai ; avoir grand soin d'ôter toujours la terre qui descend de l'allée, pour empêcher que le bord ne se gâte. Pour la *Flore* [Tubi], le groupe doit être relevé ; baisser le bord de six ou huit pouces ; les guirlandes, faire le modèle ; remettre au mois d'avril à le dorer. Le *Bacchus* [Marsy] : baisser le bord de huit pouces pour le moins. La fontaine de *Saturne* [Girardon] : le modèle résolu sera exécuté, et y travailler tout l'hiver. » L'œuvre de Regnaudin fut donc prête la première, la seconde fut celle de Tubi et la dernière celle de Girardon ; on voit aussi que les quatre groupes furent dorés l'un après l'autre, très peu de temps après leur installation [1]. Des paiements assez forts

1. Voici les remarques les plus nécessaires sur l'exécution des magnifiques groupes de plomb des *Quatre Saisons*. On compte 12.000 livres à la recette des Bâtiments en 1672 et 20.000 livres en 1673, « pour faire les ornements des fontaines des Quatre Saisons » ; en 1674, 8.000 livres sont prévues « pour achever les fontaines de Cérès et de Flore » ; en 1675, 15.000 livres « pour achever les ornements de la fontaine de Cérès, de celles de Flore et de Bacchus ». Dans l'hiver de 1676, le tapissier Montigny fournit « trois grands pavillons pour couvrir les fontaines de Flore, de Bacchus et de Cérès ». Saturne n'est donc point encore en place (Comptes, t. I, 591, 677, 738, 811, 912). — Le premier à compte à Regnaudin pour Cerès est du 18 août 1672 (premier à compte pour la dorure, 30 décembre 1673) ; à Tubi, pour Flore, du 19 novembre 1672 (dorure, 29 septembre 1675) ; aux Marsy, pour Bacchus, du 5 juin 1673 (dorure, 24 mai 1675) ; à Girardon, pour

furent faits à La Baronnière et à Bailly pour cette opération, ainsi que pour des travaux de peinture, qui devaient donner une curieuse variété d'aspect aux ornements des quatre fontaines.

Ces ornements étaient considérables, et les sommes qu'on y consacre, après que les groupes sont posés, suffiraient à laisser deviner l'importance de ce travail complémentaire. Chaque sculpteur avait été chargé d'en ajouter, qui s'accordassent au motif principal de son bassin, et c'est ce qui explique les chiffres élevés payés par les Bâtiments: Marsy reçoit 13.400 livres pour Bacchus; Girardon, 19.460 livres pour Saturne, etc. Les Quatre Saisons ne se présentaient point, en effet, en leur première beauté, dans la simple disposition où nous les voyons aujourd'hui. L'estampe de Le Pautre, qui montre la fontaine de Flore en 1680, et les quatre petites vues gravées par Pérelle font connaître leur décoration. A la fontaine de Cérès, huit jets d'eau entourent le massif central, motivés par quatre enfants avec une faucille et par quatre gerbes de blé, qui sont disposés symétriquement à la surface du bassin; sur le

Saturne, du 4 avril 1675 (dorure, 5 juin 1677). Ces indications marquent très exactement la succession des travaux.

Les groupes ont été fréquemment restaurés, autrefois et de nos jours. Sur l'indiscrétion des derniers travaux, les curieux seront renseignés par les articles de M. E. Hovelacque, dans la *Chronique des arts* de 1897 (*Comment on restaure Versailles*). On jugera du passé par le mémoire des ouvrages faits au Bassin de Cérès par Pajot, sculpteur, du 27 mai au 8 octobre 1743 (Archives nationales, O¹ 1789). Ce Pajot a remplacé toutes les armatures pourries dans la tête, bras, jambes et corps, et a retravaillé et reciselé presque toutes les parties de la figure de l'enfant, de la gerbe et des accessoires. On se demande ce qui reste du travail de Regnaudin.

marbre octogone de la margelle, des gerbes posées
s'entre-croisent. La figure alanguie et souriante de
Bacchus qui joue avec de jeunes satyres est environnée de quatre autres petits satyres, assis sur
des dauphins ou sur des pampres, d'où partent
quatre jets d'eau, et, dit la légende de Pérelle,
« les bords de ce bassin, qui est octogone, sont
revêtus de pampres et de grappes de raisin de
métal peint » ; une autre précise naïvement :
« Cette fontaine est fort abondante en raisins noirs
qui font envie. » Le vieux Saturne est entouré,
à quelque distance, d'une guirlande de coquillages
soutenue au-dessus de l'eau par quatre sabliers et
par quatre enfants, ce qui permet de produire
huit jets d'eau secondaires ; le bord se décore de
simples glaçons, et le tout évidemment est peint
de couleurs vives. Autour de Flore enfin, si gracieuse, une ample guirlande est soutenue par des
amours nageants et, hors du cercle qu'elle enserre,
quatre autres amours et quatre corbeilles de fleurs
sont placés sur de petits ilots d'où huit jets d'eau
s'élèvent ; des fleurs peintes au naturel ornent les
bords de ce bassin, le plus surchargé, comme on
le voit, d'ouvrages d'art et celui pour lequel Tubi
avait eu à fournir plus de travail ornemental que
ses confrères. Personne ne peut s'étonner que ces
accessoires délicats, qui tentaient la cupidité et
l'esprit de destruction, aient assez promptement
disparu ; ils étaient plus difficiles à défendre que
ceux qui se trouvaient dans les bosquets fermés
de grilles, et on ne les retrouve plus sur aucun
document de la fin du règne de Louis XIV.

C'est tout autour du Château, sous les fenêtres
du Roi et de la Reine, que se produisent les transformations les plus fréquentes. L'imagination et
le goût des artistes chargés des jardins trouvent
avantage à s'y montrer. Il semble, en même temps,
que Louis XIV ne soit jamais satisfait des formes
diverses adoptées pour le Grand Parterre devant
la principale façade, et plusieurs systèmes y sont
successivement essayés, jusqu'au jour où se fixe,
pour venir jusqu'à nous, la noble et grandiose
simplicité de son dessin définitif.

Le nom du *Parterre d'eau* ne paraît pas avant
1672 ; mais l'idée d'où il est sorti est sans doute
plus ancienne[1]. Elle doit remonter au moment
même des constructions de Le Vau, lorsque l'élargissement de l'habitation parut exiger une modi-
fication complète du parterre à compartiments et
à « broderies » placé devant la petite construction
qui disparaissait. L'abondance nouvelle des eaux,
qu'on élevait à présent bien au-dessus du niveau
de l'ancienne butte de Versailles, put donner la
pensée de les étaler plus largement à l'endroit où
il était le plus surprenant de les rencontrer. Les
plans divers semblent n'avoir point manqué, et
tout d'abord parut le moins compliqué celui d'un
bassin unique destiné à prendre simplement la

---

1. Les prévisions de travaux pour l'année 1672 indiquent nettement une pièce d'eau unique : « Pour la fouille, la maçonnerie,
le convoi et le pavé du fond de *la pièce d'eau en la place du parterre*, 28.000 livres » (Comptes, t. I, 588). On devra consulter sur
le Parterre d'eau la monographie de M. André Pératé (*Revue de
l'histoire de Versailles*, année 1899, p. 15-35); ce qu'on y ajoute
ici ne se rapporte guère qu'à l'histoire des statues.

place du parterre. Dans un tableau de cette époque, où la façade de Le Vau est donnée dans ses parties essentielles, on voit, au-devant, un simple bassin muni de jets d'eau et de plombs dorés et flanqué de quatre très petits bassins, sans gazon[1]. Deux autres projets, qui se trouvent gravés dans l'œuvre de Pérelle, posent beaucoup mieux le principe d'un « parterre des eaux » : au centre, un bassin circulaire isolé, quatre grands bassins formant carré tout autour et découpés diversement au milieu de bordures de gazon; dans un de ces projets, huit bassins plus petits complètent la surface disponible, et deux fontaines à jets multiples sont à l'entrée de la descente de Latone.

La première forme réalisée du Parterre d'eau paraît être celle que porte le plan de 1674. André Félibien le décrit un peu confusément et au moment où il n'est pas sûr que le Roi lui-même soit entièrement décidé sur le détail. Il doit être « composé de cinq grandes pièces d'eau et de deux autres, qui toutes ensemble font un compartiment de figures extraordinaires. Lorsqu'il sera achevé, l'on y verra une infinité de différents jets d'eau, avec quantité de figures, qui seront une des plus grandes beautés de cette maison royale ».

---

1. Ce tableau anonyme du Musée de Versailles, souvent reproduit, ne représente peut-être qu'un projet où les détails d'architecture sont indiqués d'une façon sommaire. Le bassin découpé est assez étroit et n'occupe que le milieu de l'emplacement au-devant du Château neuf. Les groupes et les figures marines sont de métal doré. Une autre peinture montre le bassin central entouré de quatre petits bassins ronds.

Denis le fontainier, dans les vers qu'on va lire, décrit à son tour le Parterre d'eau, non tel qu'il est sous ses yeux, mais tel qu'il sera un jour. La fin du passage indiquerait l'existence d'un petit bassin au midi du Château, exigé par la symétrie des plans et qui se trouve, en effet, sur un ancien projet manuscrit. Ce bassin, « fait en ovale », devait être, du côté du Parterre de fleurs, l'exact pendant du bassin de la Sirène du côté de la Grotte, et recevoir une décoration analogue de métal doré. Il semble avoir été entrepris; mais, achevé ou non, il dut disparaître très vite, comme bientôt la Sirène elle-même, lorsque le goût s'achemina vers la simplification des lignes :

> Ayant considéré des spectacles si beaux,
> Passons par cette voie au Parterre des eaux.
> Là cinq gros bouillons d'eau paraissent à la vue
> Et dans leur passion de raison dépourvue
> Ils semblent en vouloir à l'empire de l'air
> Et comme des Titans jusques au ciel aller....
> *Deux autres grands bassins* témoins de cette guerre,
> *En forme de coquille*, aux côtés du Parterre,
> Reçoivent dans leur sein des bouillons de cristal,
> Dont chacun fait paraître un mouvement égal.
> Sur *deux autres bassins* qui sont faits *en ovale*,
> Dont la rare beauté semble être sans égale,
> Paraissent deux amours, avecque deux tritons
> Qui pressent tellement dans leurs mains des poissons,
> Qu'ils les font et vomir et répandre des larmes
> Qui pour leurs spectateurs sont d'agréables charmes,
> Et sans qu'on ait horreur de leur vomissement,
> Ils font de notre Roi le divertissement.
> Sur les mêmes bassins on voit une Sirène,
> Qui les veut féconder et qui, dans cette peine,
> Pour faire de ses eaux un admirable jet,
> Se sert d'une coquille en forme de cornet.

Le défoncement du terrain devant le Château a eu lieu en 1671, car on y a creusé alors trois grands réservoirs souterrains, ouvrage considérable pour lequel ont été dépensées 12.156 livres en fouilles de terre, 21.500 livres de toiles mastiquées appliquées aux voûtes et 132.000 livres de maçonnerie, sans parler des conduites et des travaux accessoires. En 1672, Louis XIV a fait son choix entre les divers plans que nous possédons; on a même mis sous ses yeux un ou plusieurs modèles sculptés, suivant un usage qui paraît avoir été employé alors pour toutes les créations importantes. De bons artistes, tels qu'Anguier, Tubi, Cucci et Caffieri, reçoivent ensemble 550 livres « pour le modèle qu'ils ont fait du Parterre d'eau », et Sibrayque, 800 livres, pour un objet semblable. Les murs de soutènement sont construits et les réservoirs mis en état de recevoir l'eau, dès le mois de juillet 1672. En 1673, on essaye les nouvelles pompes destinées principalement à alimenter les effets du parterre. Enfin Colbert, aux lettres de qui nous devons ces indications, annonce au Roi, le 21 juin 1674, qu'il fait paver le Parterre d'eau, ce qui ne pourra être achevé que le 10 du mois suivant. Ainsi sont fixées les dates extrêmes de ce vaste ouvrage.

Il subsistera, avec des modifications de détail et de pur jardinage, jusqu'en 1683. Cette année-là, se rencontre au 12 décembre un paiement ainsi conçu : « A Pitre, terrassier, sur les démolitions du Parterre d'eau, 1.400 livres », modeste ligne qui annonce tout un ensemble de nouveaux travaux. A ce moment, Louis XIV est fixé à Versailles et la Grande Galerie est terminée. La façade de Le Vau étant modifiée, le parterre qui a été établi pour l'accompagner va naturellement changer de forme une fois de plus. Deux grands bassins vont le remplacer et porteront jusqu'à nos jours le nom de « Parterre d'eau », qui ne répond plus avec exactitude à la dernière transformation des lieux. Il faut, pour se l'expliquer, rappeler le souvenir du véritable parterre créé jadis à cette place par le savant groupement des dessins de jardinage et des pièces d'eau.

L'eau n'était qu'une partie du décor rêvé par le Roi devant sa maison. Le miroir découpé par Le Nôtre devait refléter des statues conçues par Le Brun, et de nombreuses figures de marbre être amenées sur ses bords. Ces statues furent exécutées et le parc les possède encore ; mais le récit des vicissitudes qu'elles ont subies peut faire une page assez curieuse de l'histoire artistique de Versailles.

On voit d'abord le projet germer dans l'esprit du premier peintre, qui trace, d'un lavis précis et rapide, le dessin de ces figures. Il y intéresse l'esprit du Roi, et tous les sculpteurs des Bâtiments, ou peu s'en faut, parmi ceux qui sont capables de traiter en grand une figure de marbre, reçoivent une part de cette admirable commande[1].

1. Les dessins de Le Brun, pour les figures du Parterre d'eau, font partie de la collection du Louvre. Nous les avons reproduits dans *La Création de Versailles* et dans *Les Jardins de Ver-*

Les principaux morceaux sont destinés aux quatre angles extérieurs du Parterre d'eau ; ce sont des enlèvements mythologiques, celui d'Orythie par Borée, celui de Coronis par Neptune, celui de Cybèle par Saturne, et celui de Proserpine par Pluton. De ces groupes, qui doivent avoir chacun trois figures, trois seulement paraissent avoir été achevés. Le *Ravissement d'Orythie*, commencé par Gaspard Marsy et fini par Flamen, et celui de *Cybèle*, sculpté par Re-

sailles, Paris, 1906, et, en fac-simile, dans la première édition de l'*Histoire*. Des listes de sculpteurs travaillant aux figures de marbre du Parterre d'eau se trouvent dans les Comptes des Bâtiments. Voici quelques paiements choisis parmi ceux qui ont été faits après la mort des artistes. 6 juin 1694 : « Au sieur Cornu, sculpteur, parfait paiement de 13.100 livres, à quoi montent deux figures de marbre blanc, l'une *commencée par Sibrayque*, qui a reçu 3.400 livres, et finie par ledit Cornu, représentant l'*Afrique* et l'autre l'Hercule Farnèse » ; 8 août : « A Pierre Granier, parfait paiement de 13.200 livres, à quoi montent deux figures et un terme représentant le *Poème pastoral, commencé par feu Erard*, sculpteur, Bacchus et Socrate » ; 5 septembre : « A la veuve de Benoit Massou, sculpteur, parfait paiement de 4.500 livres, à quoi monte la figure représentant la *Terre*, que ledit feu Massou a faite en marbre et posée dans les jardins de Château de Versailles » ; 12 décembre : « A la veuve du sieur Brière, procureur au Châtelet, fille et unique héritière du feu sieur Lespagnandelle, sculpteur, pour le parfait paiement de 11.650 livres, à quoi montent une figure représentant le *Phlegmatique*, un des Rois esclaves et un terme représentant Diogène » ; 27 novembre 1695 : « Aux héritiers de Gaspard Marsy, parfait paiement de 9.500 livres pour deux figures de marbre blanc qu'il a faites et posées dans les jardins de Versailles, l'une du *Point du jour* et l'autre de *Vénus et l'amour* » ; 11 décembre : « A Marie et Françoise Buister, filles et héritières de Buister, sculpteur, 1.800 livres pour, avec 3.200 livres ordonnées de 1674 à 1680, faire le parfait paiement de 5.000 livres pour une figure de marbre blanc, représentant le *Poème Satirique*, qu'il a faite et posée dans le jardin de Versailles, en 1681 » ; 29 janvier 1696 : « Aux héritiers de feu Gilles Guérin, sculpteur, parfait paiement de 5.000 livres pour une figure de femme représentant l'*Amérique* » (Comptes, t. III, 1003-1007, 1135).

gnaudin, furent placés dans le parterre de l'Orangerie de Mansart et sont aujourd'hui au jardin des Tuileries. Le *Ravissement de Proserpine* par Girardon, très tardivement livré par l'artiste, resta à Versailles, mais pour être transporté, après la mort de Le Brun, au milieu du bosquet de la Colonnade. Ces œuvres ont donc reçu une destination toute différente de celle pour laquelle elles avaient été commandées. Les simples figures resteront dans le voisinage du Château. Elles sont au nombre de vingt-quatre, qui devaient être mises autour du Parterre d'eau et présenter, quatre par quatre, un groupe distinct de symboles. Il y a les quatre Éléments, les quatre Saisons, les quatre Parties du Jour, les quatre Parties du Monde, les quatre Poèmes et les quatre Tempéraments ou Complexions de l'Homme. C'est un vaste programme et qui sera long à exécuter. Une somme de 20.000 livres, en effet, est prévue à la recette des Bâtiments de l'année 1674 « pour commencer les figures de marbre blanc du Parterre d'eau » et, chaque année suivante, une prévision plus ou moins considérable est réservée à cet objet, qui comprend aussi les quatre groupes. Le total finit par monter à 150.000 livres.

Pendant vingt ans, les Comptes se trouvent remplis, au chapitre de la sculpture, de paiements partiels faits aux auteurs de toutes ces figures. Les derniers règlements ont lieu de 1694 à 1696, années où beaucoup des anciens comptes de Versailles sont définitivement apurés ; mais, à une date aussi tardive, il n'est pas étonnant que certains paiements soient faits, non plus à l'artiste, mais à sa veuve ou à ses héritiers. Pour la même raison, il se trouve que plus d'une statue, commencée par un sculpteur, a été achevée par un autre. La plupart des figures sont payées 4.500 livres, chiffre qui semble être une moyenne. Le service des Bâtiments fait, au reste, une différence entre les artistes ; pour des marbres de même importance, on n'attribue que 3.050 livres à Michel La Perdrix, alors qu'on paye 5.000 livres à des maîtres comme Buyster, Le Hongre ou Gilles Guérin.

Quelques-unes des statues paraissent ne pas s'être trouvées finies au moment de la destruction du Parterre auquel on les destinait. Mais elles étaient toutes, sans exception, aux emplacements qu'elles occupent aujourd'hui, lors de la visite des ambassadeurs de Siam, en 1686. Ils virent, raconte le *Mercure galant*, « les figures de marbre qui sont le long des palissades du Parterre du nord et celles qui sont en remontant jusques à l'endroit appelé Fer-à-cheval, qui regarde l'Allée Royale.... Toutes ces figures ont été faites sur les dessins de M. Le Brun. Ils admirèrent la figure de l'*Air*, faite par M. Le Hongre, qui est du nombre de ces vingt-quatre et qui est beaucoup estimée pour la délicatesse du travail et la correction du dessin ». Cette figure de l'*Air* et la Diane au lévrier, de Desjardins, représentant le *Soir*, avaient été posées en 1684, d'après l'attestation des Comptes, à l'angle nord-ouest du nouveau Parterre d'eau[1]. Les

1. Les Comptes des Bâtiments enlèvent toute incertitude sur l'installation des statues. 3 septembre 1684 : « A Desjardins, sur

autres venaient d'être aussi transportées sur leurs piédestaux actuels, et nous en dresserons la liste complète quand nous exposerons la décoration définitive des jardins.

Ces statues si justement célèbres ont-elles été placées, à un moment quelconque, dans l'ancien Parterre d'eau, et y en a-t-il eu d'autres qui l'aient été ? La question mérite d'être résolue. La petite vue de Pérelle de 1681, imitée par d'autres graveurs et prise du milieu de la pièce d'eau, avec la galerie de Mansart en face du spectateur, paraît indiquer assez exactement la façon dont la décoration était alors distribuée. Des ifs sont plantés dans les langues de terre découpant les bassins ; sur le gazon qui entoure et dessine la margelle, des « vases de chaudronnerie », comme disent les Comptes, portent de petits buis en boule ; les jets sortant du milieu de l'eau sont assez nombreux ; enfin, quatre statues, parmi lesquelles on peut reconnaître une Cérès, apparaissent sur des piédestaux au bord extérieur du Parterre. Celles-ci ne sont que des plâtres, car on lit dans les ordres de Colbert du 24 octobre 1674 : « Mettre les deux figures de plâtre sur le Parterre d'eau et donner deux couches de blanc. Achever le globe de marbre, le mettre au bout du Parterre d'eau en symétrie avec les deux Sphinx, en même ligne

la figure de *Diane* qu'il a livrée et *qui est posée au Parterre d'eau*, 600 livres » ; 31 décembre : « A Etienne Le Hongre, pour son parfait paiement de 5.000 livres, pour la sculpture d'une figure de marbre blanc représentant l'*Air* qu'il a faite et *posée dans le grand Parterre* en face le Château, 2.000 livres ». (Comptes, t. II, 442, 619.)

droite. » Le globe géographique de marbre blanc, où le mathématicien Buot a marqué les parties du monde, est indiqué par Silvestre sur un socle à trois degrés, dans l'axe central du Parterre et du Château. Quant aux plâtres, qu'on expose après les avoir peints pour les mieux conserver, ce ne sont point des modèles de statues destinées au Parterre : seul, Baptiste Tubi reçoit 771 livres et 3 sols, le 4 mai de l'année suivante, « pour quatre figures de plâtre faites et posées sur le bord du Parterre d'eau », et, en 1679, 300 livres, « sur les trois figures *de plâtre* qu'il a faites et posées sur des piédestaux *de bois* au Parterre d'eau ». Ces plâtres semblent provisoirement posés au Parterre d'eau, pour faire attendre les vingt-quatre marbres commandés par Colbert.

Au commencement de 1682, ceux-ci n'y sont point encore, et ceux-là n'y sont déjà plus. Il existe une grande vue de la façade, dessinée par Israël Silvestre à cette date et où l'Aile du Nord est par avance indiquée, qui ne marque plus aucune statue devant le Château ; les plâtres ont déjà disparu ; seuls les anciens jets d'eau et, sur le premier plan, les Enfants aux sphinx animent la perspective plate et monotone du Parterre. Mais voici qu'au printemps de 1682, on a voituré de Paris à Versailles au moins « dix-sept figures de marbre *posées au Parterre d'eau* et à la Renommée » , et que des piédestaux « de pierre de liais » ont été bâtis pour les recevoir ; en même temps, des plantations nouvelles ont été faites et quatre-vingt-un vases de cuivre posés sur des socles neufs.

Tout cet ensemble de travaux et ce remaniement évident du Parterre semblent établir qu'une partie de nos statues a été en place devant le Château et que Louis XIV a pu juger de l'effet qu'elles produisaient, dans la disposition qu'il avait décidée dix ans auparavant. En tout cas, la démolition du premier Parterre d'eau, attestée dès la fin de 1683, montre qu'une telle installation fut de courte durée ; c'est à ce moment, coïncidant avec la mort de Colbert, que les marbres allèrent occuper les emplacements où nous les voyons aujourd'hui.

Malgré l'intérêt de ces souvenirs, l'histoire du premier Parterre d'eau serait incomplète si l'on se bornait aux détails qui viennent d'être rappelés. Le projet primitif du décor de sculptures était bien plus vaste qu'il n'a été dit et d'un symbolisme encore plus compliqué. Il n'y a pas de meilleure façon de le faire connaître que de citer la page de la vie inédite de Charles Le Brun par Claude Nivelon, où se trouve exposée, avec tous les éclaircissements utiles, une des imaginations les plus grandioses du Premier Peintre du Roi :

Il fit un dessin dans ce temps d'un parterre nommé d'eau, composé de manière que l'on pourrait aller partout entre les jardins et les fleurs qui l'environnent dans tous les retours composés de quatre grandes pièces d'eau ou bassins répondant aux pavillons du Palais et d'un grand rond dans le milieu, le tout lié ensemble par leurs angles droits et de retour. Ce parterre est une représentation de toute la masse ou construction universelle. Les quatre Éléments étaient placés aux angles du parterre, représentés sous la figure de quatre enlèvements..., celui de Rhée par Saturne, d'Orythie par Borée, Coronis par Neptune et Proserpine par Pluton. Ces groupes sont exécutés de marbre des plus habiles sculpteurs. De plus, vingt-quatre figures, qui ont été placées depuis dans le tour d'un autre parterre [Parterre du Nord], sont les quatre représentations des Eléments simples, les quatre Parties de l'Année, les quatre Parties du Jour, les quatre Parties du Monde, les quatre Poèmes, les quatre Complexions de l'Homme, le tout avec leurs attributs en général, par lesquels est dépeint et figuré l'union ou l'enchaînement de ce qui compose l'Univers.

Dans le milieu de la grande pièce d'eau devait être un rocher percé de quatre côtés, sur lequel devaient être placées les neuf Muses en marbre blanc, nommé, au rang des fontaines, celle des Arts et des Muses. D'un côté, sur le haut du rocher, se voient Apollon et toutes ses Filles de Mémoire, disposées selon leur élévation et degré, et de l'autre côté le cheval Pégase qui s'élève en faisant sortir du rocher la fontaine Hippocrène, dont l'eau tombant entre les fentes de ce rocher et au-devant des quatre ouvertures, comme une glace ou cristal, laisse voir au travers de ce miroir le fleuve Hélicon accompagné de ses Nymphes assises ensemble sous le rocher. Plusieurs enfants y sont mêlés, jouant avec des cygnes jetant de l'eau, et des dragons, dans le bas et les fentes du rocher.... Dans les quatre pièces d'eau répondantes aux pavillons du Palais devaient être représentés quatre différents sujets de ravissement pour accompagner ce sujet physique; celui d'Europe par Jupiter sous la forme d'un taureau; la nymphe Melanippe par Neptune sous celle d'un dauphin; Arion jouant de la lyre sur le dos de celui qui le retira du naufrage, et Phryxus et Hellé, sa sœur, sur un bélier. On n'aura pas de peine à juger que ces sujets représentent les mutations des Éléments : la Terre par le Taureau, l'Eau par Neptune, l'Air par Arion, et le Feu par le Bélier de Mars. Ces groupes de figures sont environnés de Tritons et de plusieurs enfants et animaux jetant de l'eau, semblant se rendre tous à de grandes coquilles construites aux angles de chaque bassin, de manière qu'ils devaient servir de degrés pour faciliter la descente sur de petites gondoles destinées pour se divertir sur l'eau. On a changé depuis cette disposition, à raison que l'espace a été jugé trop resserré pour tant d'ouvrages ensemble.

Revenons à l'année 1674, où nous avons trouvé achevé un nombre déjà considérable de fontaines et de bosquets. La Cour les parcourut à loisir pendant quatre mois, du 30 juin à la fin d'octobre, ce qui fut le séjour le plus long que le Roi eût encore fait dans son cher Versailles. Il s'y reposa des fatigues que lui avait coûtées la seconde conquête de la Franche-Comté, et y donna six journées de fêtes, espacées du 4 juillet au 31 août. De la relation de Félibien, qui commente la suite des six estampes de Le Pautre et de Chauveau, extrayons les détails qui ont un intérêt topographique[1]. On en pourrait tirer beaucoup d'autres sur la vie de la Cour et le caractère qu'eurent à cette époque les divertissements royaux.

Le Roi sort de ses appartements, à quatre heures, le soir du mercredi 4 juillet, et va au Marais. Le bosquet inventé par Mme de Montespan est décoré de festons de fleurs et d'orangers ; les tables de marbre et aussi les marches de gazon sont couvertes « de jattes et de cuvettes de porcelaine », où sont les fruits, et de corbeilles remplies de pâtes et de confitures sèches. On fait collation au bruit des eaux, qui se mêle au son des violons et des hautbois. Sur les huit heures, on se rend dans la cour du Château, qui se trouve illuminée pour le spectacle. La scène occupe toute la surface de la petite cour pavée de marbre ; elle est bordée de caisses d'orangers, de girandoles, de guéridons et de vases

---

1. *Les divertissements de Versailles donez par le Roy à toute sa Cour au retour de la conquesté de Franche-Comté, en l'année 1674.* Dans les opuscules d'André Félibien, p. 389-458.

d'or, et elle a pour fond de perspective les huit colonnes portant le balcon doré. Les jets de la fontaine, toute enguirlandée, sont reçus et engloutis dans des vases de fleurs, afin d'empêcher que les eaux ne couvrent les voix et la symphonie des instruments. Le Roi étant placé, les musiciens et les autres acteurs de l'Académie Royale de musique représentent *Alceste*, la dernière tragédie de Quinault, dont la musique est « du sieur de Lully ». Ensuite Leurs Majestés vont prendre à l'intérieur du Château « le souper de la médianoche ».

L'après-midi de la seconde journée, celle du mercredi 11, est consacrée à Trianon. On y a élevé un délicieux salon de verdure pour y faire entendre l'*Eglogue de Versailles*, de Quinault et de Lulli. La Cour revient souper dans l'île qui fait le milieu de la Salle du Conseil, éclairée par cent cinquante lustres suspendus entre les arbres. La troisième journée, celle du 19, commence à la Ménagerie, où se donne la collation ; puis on s'embarque sur des gondoles superbement parées, que suit sur le Canal un grand vaisseau rempli de musiciens, comme à Venise : « Sa Majesté demeura environ une heure à goûter la fraîcheur du soir et entendre les agréables concerts des voix et des instruments, qui seuls interrompaient alors le silence de la nuit qui commençait à paraître. Ensuite de cela, le Roi descendit à la tête du Canal et, étant entré dans sa calèche, alla au théâtre que l'on avait dressé devant la Grotte, pour la représentation de la comédie du *Malade imaginaire*, dernier ouvrage du sieur Molière ». L'intérieur de la Grotte de Théthys, qu'on apercevait avec ses groupes et ses eaux, s'éclairait d'invisibles lumières et faisait aux yeux un charmant spectacle; mais ce n'en était pas moins un décor assez singulier pour cette comédie de vie bourgeoise, où le pauvre Molière avait joué, l'année précédente, pour la dernière fois.

Le 28 juillet, quatrième journée des fêtes, le Théâtre d'eau est choisi pour la collation, qui se trouve disposée sur les degrés de gazon de l'amphithéâtre, et l'on y admire les effets d'eau sans cesse variés jusqu'à l'entrée de la nuit; puis on se rend au bout de l'allée du Dragon, sans doute au pied de la Tour d'eau; il y a été mis un théâtre d'ordre corinthien, où, dans le décor d'un jardin fabuleux, Lulli fait jouer les *Fêtes de l'Amour et de Bacchus*. Après le spectacle, Leurs Majestés font, en calèche et aux flambeaux, tout le tour du Petit Parc et remontent du Bassin d'Apollon au Parterre d'eau, d'où elles voient tirer un feu d'artifice sur le Canal. En rentrant au Château après minuit, une surprise les attend dans la Cour de marbre, qu'éclaire une illumination merveilleuse; c'est le souper de la médianoche, qui est servi sur une table octogone, autour d'une décoration de la fontaine surmontée d'une colonne illuminée de six cents bougies. L'éclairage des eaux et des façades, la musique, l'excellence du souper et les ingénieuses décorations de Vigarani occupèrent la Cour, jusque sur les deux heures que le Roi se retira.

Après cette brillante soirée, Versailles se reposa jusqu'au 18 août. Un noble épisode marqua la

cinquième journée : M. de Gourville, envoyé par
Condé, présenta au Roi cent sept drapeaux et
étendards pris à la bataille de Senef. L'après-midi,
la collation fut dressée au milieu des allées du
grand bosquet situé entre l'Allée de Bacchus et
l'Allée Royale. Le théâtre était dans l'Orangerie ;
on y joua la tragédie d'*Iphigénie*, « dernier ouvrage
du sieur Racine, qui reçut de toute la Cour l'estime qu'ont toujours eue les pièces de cet auteur ».
On alla voir ensuite une illumination de la pièce
d'eau qui fait la tête du Canal et qui était entourée
d'une décoration vraiment surprenante. Le motif
principal, composé par Le Brun, représentait un
monument à la gloire du Roi, de la forme d'un
obélisque surmonté d'un soleil et entouré de figures
symboliques et de Renommées. Le tout fut détruit
dans un embrasement d'artifice. Mais la plus belle
fête de nuit fut celle de la dernière journée, où
tout l'effet résida dans les illuminations dirigées
par Vigarani. Les lignes grandioses des parterres et
de l'Allée Royale étaient dessinées par des lumières,
ainsi que toute la longueur des bords du grand
Canal, que décoraient des figures, des termes, des
poissons et, de distance en distance, des monuments. A la tête du Canal étaient des pyramides
de lumière et d'eau, et un peu en avant deux chevaux de feu domptés par des héros, dans le mouvement de ceux de Montecavallo à Rome. Leurs
Majestés et la Cour montèrent en gondoles et par-
coururent tout le Canal. A la croix paraissaient
quatre grands pavillons ornés de termes ; au bout
qui atteint Trianon était un char de Neptune

entouré de tritons ; du côté de la Ménagerie, celui d'Apollon, avec les Heures volant à la tête de ses chevaux ; et toutes ces figures en transparent n'avaient pas moins de vingt-deux pieds de haut. Dans la pièce d'eau du bas du Canal se trouvait le morceau principal de l'illumination, un gigantesque palais de lumière et de couleurs, dressé sur des rochers, où les effets d'eau étaient ménagés et qu'ornaient une foule de figures.

De tels spectacles étaient d'une grandeur incomparable, et Félibien devient presque éloquent à les décrire : « Dans le profond silence de la nuit, l'on entendait les violons qui suivaient le vaisseau de Sa Majesté. Le son de ces instruments semblait donner la vie à toutes les figures, dont la lumière modérée donnait aussi à la symphonie un certain agrément qu'elle n'aurait point eu dans une entière obscurité. Pendant que les vaisseaux voguaient avec lenteur, l'on entrevoyait l'eau qui blanchissait tout autour, et les rames qui la battaient mollement et par coups mesurés, marquaient comme des sillons d'argent sur la surface obscure de ces canaux.... Et les grandes pièces d'eau, éclairées seulement par tant de figures lumineuses, ressemblaient à de longues galeries et à de grands salons enrichis et parés d'une architecture et de statues d'un artifice et d'une beauté jusqu'alors inconnus et au-dessus de ce que l'esprit humain peut concevoir. »

Le souvenir de ces fêtes restait d'autant plus profond qu'elles apparaissaient comme le délassement d'un grand prince entre deux périodes de victoires. C'est ainsi qu'en parle Corneille, qui semble les avoir vues, dans ses *Vers présentés au Roi sur ses campagnes de 1676*. La pièce s'adresse d'abord aux ennemis de la France (« Ennemis de mon Roi, Flandre, Espagne, Allemagne »), et leur rappelle la façon dont Louis XIV a su les vaincre :

> Mon prince en use ainsi : ses fêtes de Versailles
> Lui servent de prélude à gagner des batailles,
> Et d'un plaisir pompeux l'éclat rejaillissant
> Dissipe vos projets en le divertissant.
> Muses, l'aviez-vous cru ? . . . .
> Aviez-vous deviné que ce parc lumineux,
> Ces belles nuits sans ombre, avec leurs jours d'applique[1],
> Préparaient à vos chants un objet héroïque ?
> Dans ces délassements où tant d'art a paru,
> Voyez-vous Aire prise et Maëstricht secouru ?
> C'était là toutefois, c'était l'heureuse suite
> Qu'y destinait dès lors son heureuse conduite.
> Dans ce brillant amas de feux et de beautés,
> Sa grande âme s'ouvrait à ses propres clartés :
> Au milieu de la Cour au spectacle empressée,
> La guerre s'emparait de toute sa pensée ;
> Et ce qui ne semblait que nous illuminer
> Lui montrait des remparts ailleurs à fulminer[2]....

La série de fêtes de 1674 fut la dernière avant l'installation de la Cour à Versailles ; mais les séjours continuaient à être fréquents, facilités par les commodités nouvelles du Château et de la ville.

1. La lumière artificielle des illuminations.
2. *Œuvres de P. Corneille*, édition Marty-Laveaux, t. X, Paris, 1862, p. 3o5-3o6. Corneille semble revenir sur cette pensée dans une autre pièce, p. 324, sur les victoires du Roi en 1677 :

> S'il faut combattre encor, tu peux, de ton Versailles,
> Forcer des bastions et gagner des batailles....

Chaque fois il y avait divertissement et comédie, et la *Gazette* ne manquait pas d'en rendre compte.

Donnons comme exemple de ces récits officiels, bien qu'elles remontent à l'année 1672, deux correspondances de Versailles, l'une sur un séjour de printemps, l'autre sur un séjour d'automne : « Le 11 de ce mois [de mars], Monsieur et Madame, qui étaient allés à Paris, vinrent rejoindre ici Leurs Majestés qui continuent d'y prendre les divertissements de la promenade et tous les autres que peut leur fournir un si beau lieu. Le Roi, ayant bien voulu faire l'honneur à l'Académie Française de s'en déclarer le protecteur, elle vint ici le 12 lui en rendre très humbles grâces. Le sieur de Sainctot, maître des cérémonies, l'introduisit en la chambre de Sa Majesté, et l'Archevêque de Paris, directeur de cette célèbre compagnie, porta la parole avec l'éloquence et la grâce que l'on admire dans tous ses discours. Sadite Majesté fit une réponse très favorable et en des termes dignes d'un si auguste monarque, et qui marquaient le désir qu'elle a de faire fleurir les belles-lettres. A l'issue de cette audience, le marquis d'Angeau [*sic*], qui est du nombre des Quarante qui composent cette compagnie, les traita à dîner dans son hôtel avec une somptuosité singulière. Le 13, Leurs Majestés, avec lesquelles étaient Monsieur et Madame, ouïrent dans la chapelle du Château la prédication du Père Bourdaloue, jésuite.... Le 16, les députés de Provence présentèrent au Roi le cahier de la province[1]. » On était alors en carême et les spectacles

1. *Gazette*, 1672, p. 287. Le *Mercure* parle également de ce

chômaient. En d'autres temps, ils faisaient une des distractions principales, comme le rappelle avec insistance cette correspondance du mois de septembre : « La Cour continue de prendre ici les divertissements de la saison, entre lesquels celui de la comédie a ses jours. Le 17, la troupe du Roi y en représenta une des plus agréables, intitulée *Les Femmes savantes*, et qui fut admirée d'un chacun. Le 20, les Italiens y jouèrent l'une de leurs pièces plus comiques. Le 21, la seule troupe royale y continua ses représentations, avec beaucoup d'applaudissements ; et l'on peut juger par là s'il y quelque cour en toute l'Europe qui soit divertie de cette manière, qui ne peut aussi convenir qu'à la grandeur de notre monarque qui paraît en toutes choses ».

Il plaît de rappeler encore le séjour du mois de juillet 1676, afin de pouvoir renvoyer le lecteur aux lettres de Mme de Sévigné, qui en parle à plusieurs reprises : « On se réjouit à Versailles ; tous les jours, des plaisirs, des comédies, des musiques, des soupers sur l'eau. On joue tous les jours dans l'appartement du Roi, la Reine, les dames et tous les courtisans ; c'est au reversi.... Voilà où l'on voit perdre ou gagner tous les

séjour et des premiers compliments apportés à Louis XIV par l'Académie : « Monsieur l'archevêque de Paris, directeur de l'Académie française, la mena ces jours passés à Versailles pour remercier le Roi de l'honneur qu'il a fait à cette illustre et spirituelle Compagnie d'en vouloir prendre la place de Protecteur, qu'avait feu Monsieur le Chancelier. » (*Mercure galant*, t. I, p. 105.) On sait que, depuis cette date, l'Académie française parut très souvent en corps à Versailles.

jours deux ou trois mille louis ». Il y a, dans la lettre du 29 juillet, une jolie description du jeu avant la promenade : « Je fus samedi à Versailles avec les Villars.... Vous connaissez la toilette de la Reine, la messe, le dîner. Mais il n'est plus besoin de se faire étouffer pendant que Leurs Majestés sont à table ; car, à trois heures, le Roi, la Reine, Monsieur, Madame, Mademoiselle, tout ce qu'il y a de princes et princesses, Mme de Montespan, toute sa suite, tous les courtisans, toutes les dames, enfin ce qui s'appelle la Cour de France, se trouve dans ce bel appartement du Roi que vous connaissez. Tout est meublé divinement, tout est magnifique. On ne sait ce que c'est que d'y avoir chaud ; on passe d'un lieu à l'autre sans faire la presse en nul lieu. Un jeu de reversi donne la forme et fixe tout.... Mille louis sont répandus sur le tapis, il n'y a point d'autres jetons. Je voyais jouer Dangeau, et j'admirais combien nous sommes sots auprès de lui.... Cette agréable confusion, sans confusion, de tout ce qu'il y a de plus choisi dure jusqu'à six heures depuis trois. S'il vient des courriers, le Roi se retire pour lire ses lettres, et puis revient. Il y a toujours quelque musique qu'il écoute et qui fait un très bon effet. Il cause avec celles qui ont accoutumé d'avoir cet honneur. Enfin on quitte le jeu à l'heure que je vous ai dit.... A six heures donc on monte en calèche, le Roi, Mme de Montespan, Monsieur, Mme de Thianges et la bonne d'Heudicourt sur le strapontin.... Vous savez comme ces calèches sont faites : on ne se regarde point, on est tourné du même côté. La Reine était dans une autre avec les princesses, et ensuite tout le monde attroupé selon sa fantaisie. On va sur le Canal dans des gondoles, on y trouve de la musique; on revient à dix heures, on trouve la comédie; minuit sonne, on fait médianoche »[1].

Ce fut une très noble comédie qu'on eut, cette année même, au mois d'octobre, et qui dut réjouir Mme de Sévigné. Louis XIV fit représenter devant lui, avec un éclat exceptionnel, une série d'ouvrages d'un poète un peu oublié et qui se déclara lui-même « ressuscité » par la fantaisie royale[2].

1. *Lettres de Madame de Sévigné*, éd. Mesnard, t. IV, p. 535, 543-548. Les détails donnés par Madame de Sévigné se retrouvent avec un autre accent dans les lettres de la princesse Palatine (recueil A. Rolland). Elle écrit, le 14 décembre 1676 : « Je suis allée à Versailles, où nous étions occupés toute la journée. Depuis le matin jusqu'à trois heures de l'après-midi, l'on chassait. En revenant de la chasse, on changeait de costume et l'on montait au jeu, où l'on restait jusqu'à sept heures du soir, puis on allait à la comédie, qui ne finissait qu'à dix heures et demie du soir; après la comédie, on soupait; après le souper venait le bal, qui durait jusqu'à trois heures du matin, et alors seulement on allait se coucher.... »

2. Les remerciements de Corneille au Roi pour les représentations de Versailles ont paru d'abord dans le *Mercure galant* de janvier 1677, p. 45. Ils sont dans l'édition Marty-Laveaux, t. X, p. 309-314. Le poète dit ailleurs (t. X, p. 240) :

Moi, si je peins jamais Saint-Germain ou Versailles,
Les nymphes, malgré vous, danseront tout autour;
Cent demi-dieux follets leur parleront d'amour;
Du satyre caché les brusques échappées
Dans les bras des sylvains feront fuir les napées;
Et si je fais ballet pour l'un de ces beaux lieux,
J'y ferai, malgré vous, trépigner tous les Dieux.

Ces vers sont tirés d'une pièce intitulée *Défense des fables dans la poésie*, très libre imitation du latin de Santeul imprimée en 1670. En son texte, le poète latin parlait de la maison de campagne de Pierre de Bellièvre; Corneille y a délibérément substitué les châteaux royaux.

La scène de Versailles présenta, sans interruption, à un public qui semblait déjà avoir perdu le goût de cette héroïque poésie, les six tragédies de *Cinna, Pompée, Horace, Sertorius, Œdipe, Rodogune,* et le Roi fut remercié de cette faveur par des vers célèbres, qui sont parmi les derniers du grand Corneille.

Ainsi les esprits s'habituaient peu à peu à voir Louis XIV résider à Versailles, y tenir sa cour, y traiter, au milieu de fêtes incomparables, les affaires du gouvernement. On ne séparait déjà plus la pensée du Roi de celle de la demeure magnifique qu'il avait créée, bien que rien ne révélât encore les destinées définitives et les transformations nouvelles qui l'attendaient.

CHAPITRE SEPTIÈME

LE GRAND CANAL

L A principale perspective du parc de Versailles est celle du Grand Canal qui entraîne le regard dans une longue percée au bas des jardins. Il n'y avait, en 1668, qu'une étroite nappe d'eau décrite par Mlle de Scudéry, qui recueillait les eaux de la plaine marécageuse. Elle devait avoir sa part dans l'élargissement général des proportions de Versailles ordonné par le jeune Roi après la paix d'Aix-la-Chapelle. On venait de bâtir le premier Trianon, ce « Trianon de porcelaine », qui imitait les constructions chinoises et fit l'admiration des contemporains; l'idée vint de le réunir par eau à la Ménagerie. En même temps qu'on allongeait le Canal à ses deux bouts, on creusa. au cours de 1671 et 1672, le long bras qui le traverse un peu avant son milieu et qui mit en communication les deux maisons. Les dimensions définitives furent alors données, qui sont de 1.800 mètres de longueur dans un sens, et de 1.500 mètres dans l'autre, sur une soixantaine de mètres de largeur. La profondeur fut également augmentée pour rendre possible l'évolution de bâtiments d'un certain tonnage. Une partie de l'eau qui alimentait le Canal venait, comme aujourd'hui encore, des pièces d'eau des jardins et, par une intelligente simplification, le trop-plein était ramené, grâce à un « moulin de retour », dans l'étang de Clagny. La dépense pour la fouille de terre, les aqueducs, la maçonnerie et la tablette des murs, dépassa un million de livres, en cinq années de travaux.

Du côté de Trianon, le Canal arrivait jusqu'au pied des jardins et du tertre où s'élevait la maison de « porcelaine ». En 1678, on construisit deux grandes rampes pour descendre de la terrasse sur le bord de l'eau, et au centre fut établie une pièce à jets d'eau. Le sculpteur Poissant et quelques autres taillèrent, dans la pierre de cette construction, déjà nommée le Fer-à-cheval, les beaux glaçons d'un large dessin qui existaient encore il y a peu d'années, quoique en partie descellés et couverts de mousse[1]. Des rampes plus considérables furent faites à l'autre bout, au bas de la Ménagerie. A la tête du Canal, auprès du bassin d'Apollon, au point qui devint le principal lieu d'embarquement pour les promenades, se dressèrent sur l'eau deux groupes colossaux de Tubi, en métal doré, formés chacun d'un cheval marin et de deux enfants, sur les dessins de Le Brun. A l'autre extrémité, le Canal s'élargissait devant une magnifique demi-lune, où l'on rêva longtemps de mettre un haut belvédère entouré de colonnades, et orné d'abondantes statues ; il aurait été construit

1. La pauvre restauration des architectes modernes en a ruiné toute la beauté.

sur des rochers et précédé de degrés descendant
jusqu'au niveau de l'eau. Ce belvédère, qui était
encore une idée de Le Brun, devait être visible
du Château et terminer la perspective. L'estampe
de Pérelle, qui en fait connaître le projet, montre
diverses embarcations sur le point d'aborder aux
degrés et donne une idée assez vivante de la navigation sur le Canal. On y voyait sans cesse, en
effet, quand la Cour était à Versailles, des barques
à rames ou à voiles transportant de brillantes
compagnies; souvent le Roi lui-même, suivi par
des bateaux remplis de hautbois et de violons,
montait un grand vaisseau sculpté et doré, où
flottait le pavillon royal fleurdelisé, et qui faisait
passer devant les pacifiques verdures du parc le
surprenant profil d'un bâtiment de guerre.

C'est une partie tout à fait singulière de l'ancien
Versailles que ce Grand Canal, auprès duquel vit,
sous l'ancienne monarchie, une véritable corporation de matelots, et où évolue, au temps de
Louis XIV, la plus jolie flottille de plaisance qui
ait sans doute jamais existé[1]. Dès 1669, avant
même que le Canal eût son étendue définitive, on
y a mis les premiers bateaux. Des courriers ont
été expédiés à Rouen, afin d'en « faire venir des
bateaux pour le service du Roi à Versailles », et

---

1. Les pièces justificatives du chapitre sur le Grand Canal sont
citées dans les notes de *La Création de Versailles*, p. 244-245.
Pour la description des navires de la flottille, nous nous sommes
servis d'un article de M. Coüard, paru au *Versailles illustré* de
1896, du livre de J. Guiffrey sur *Les Caffieri* et surtout de sa
publication de l'*Inventaire général du mobilier de la Couronne
sous Louis XIV*, t. II, Paris, 1886.

neuf embarcations ont été voiturées, y compris une « chaloupe biscayenne », qu'on a payée 250 livres. L'ingénieur Le Roy construit une grande galiote, qu'on monte sur place au bord du Grand Canal et dont les bois sont venus par eau, tout préparés, de Rouen à Saint-Cloud. Elle est garnie, l'année suivante, de trente-deux petites pièces de canon fondues par le sieur de Ville-morard, au prix de 20.599 livres, et dont les orne-ments ont été faits sur un modèle des frères Marsy. Un autre artiste, Pierre Mazeline, a exé-cuté la sculpture du vaisseau, orné en toutes ses parties, suivant les usages de l'ancienne marine, et qui doit être, dans ses proportions réduites, un objet d'art assez délicat; Mazeline a reçu pour ce travail 9.200 livres. Toutes ces barques sont entiè-rement dorées, équipées avec un luxe extrême, meublées et tendues des plus riches étoffes. Elle produit déjà un brillant effet sur le Canal de Ver-sailles, cette flottille des premières années, avec ses tentes de damas et de brocart, aux franges d'or et d'argent, ses cordages de soie, ses pavillons, flammes et banderoles, où se déploie toute la fantaisie de la couleur.

Le brigantin a son « tendelet de brocart bleu, or et argent, doublé d'un autre brocart appro-chant, garni d'une crépine or et argent, à quatre grosses houppes or, argent et bleu »; à l'arrière, « flotte le grand pavillon de damas par bandes, moitié blanc et moitié bleu, de quatre lés, sur deux aunes deux tiers de long, avec les armes du Roi brodées à double face »; au sommet du mât

est le petit pavillon de damas bleu et blanc, aux
armes du Roi, et la voile et les banderoles sont
aussi de damas mi-partie, et la flamme de taffetas
semblable; tout le mobilier, le dais, les coussins
sont de brocart bleu et les rideaux de la chambre
de damas blanc. Voici maintenant les chaloupes,
désignées par la couleur de leur tendelet de damas,
la verte, la jaune, la bleue, la felouque napolitaine
violette, la petite chaloupe verte et blanche, la
petite chaloupe rouge, enfin la berge au tendelet
de velours rouge cramoisi, doublé de damas,
frangé de soie et brodé de lames d'or avec les
chiffres de Monsieur et de Madame. Ces embarcations se groupent autour du « grand vaisseau »
royal. Il porte à la poupe un pavillon « de damas
blanc, brodé à double face, où sont les armes du
Roi dans le milieu et quatre devises aux quatre
coins, le tout de broderie or et argent, ayant
douze pieds de large et dix-huit pieds de long ».
Au grand mât, où flottent vingt-trois flammes de
taffetas blanc et bleu, au mât de misaine et à l'artimon sont hissés divers pavillons, l'un de damas
blanc, « en broderie à double face or et argent,
dans le milieu un soleil et quatre cornes d'abondance aux quatre coins »; un autre de taffetas
« moitié rouge, moitié blanc, fait en cornette »;
un troisième, de damas blanc, brodé à double face
des chiffres du Roi, en or et argent. Les « pavesades du tour du navire », qui ont cent seize pieds
de long, sont de damas rouge avec une bande de
damas blanc brodée aux armes et chiffres du Roi;
la pavesade de la grande hune, longue de dix-sept

pieds, et celle des hunes d'artimon et de beaupré sont de damas rouge semé de fleurs de lis d'or. Tel est, avec les deux magnifiques gondoles vénitiennes dont on va parler, l'ensemble des premiers navires qui voguent entre les tablettes de pierre du Grand Canal et mouillent auprès du bassin d'Apollon : « Sur le Canal, dit un guide, vous verrez un vaisseau de haut bord, avec trois ou quatre autres de diverses espèces, deux gondoles vénitiennes, une felouque napolitaine et plusieurs autres bâtiments, de manière que cet endroit du Canal représente un port de mer. » Et le fontainier Denis contemple, avec un enthousiasme justifié,

> Des navires flottants avec leurs équipages,
> Spectacle surprenant et qui peut exprimer
> Comment l'art dans ces lieux a su faire une mer !
> On voit des Vénitiens deux superbes gondoles
> Flotter sur cette mer sans consulter les pôles....
> Ce présent est aussi rare que magnifique
> Et le Roi l'a reçu de cette République,
> Pour prendre dans l'été le divertissement
> Que peut à son esprit donner cet élément.

Lorsque l'ambassadeur vénitien Michieli fit à Versailles la visite déjà racontée, le 12 septembre 1671, le Roi lui montra lui-même les travaux du Canal qui étaient alors en pleine activité. Cela permit à l'avisé diplomate de faire naître l'occasion d'un présent pouvant servir les intérêts de la République. Voici ce qu'il en narre le lendemain, dans sa dépêche à la Seigneurie, après s'être étendu longuement sur les belles créations qu'il

a vu se multiplier dans Versailles : « Une des
œuvres les plus merveilleuses qui seront dans la
vaste enceinte de ce domaine est un grand canal
de largeur peu ordinaire, qui aura une lieue de
long de part et d'autre et sur un des bras duquel
seront de petites habitations embellies des délices
les plus rares [Trianon]. Le Roi me dit à ce
propos qu'il avait, pour naviguer sur le Canal,
diverses sortes de navires, c'est-à-dire de petites
felouques et autres embarcations à la façon de
Naples et de Provence. Voulant découvrir l'intention du Roi, je crus bon de répondre que, pour
fendre l'eau de canaux, il n'y avait rien de mieux
approprié que les gondoles de notre ville, ce
qu'admit le Roi avec un gracieux et courtois sou-
rire.... Je parlai confidentiellement au maréchal
de Bellefonds de l'allusion que j'avais faite devant
le Roi au sujet des gondoles et du bon accueil
qu'elle avait reçu. Il me répondit que le Roi en
recevrait sûrement avec plaisir, mais qu'il pensait
à en faire la dépense. Je dus dire alors que la Séré-
nissime République se montrait généreuse en
toutes ses résolutions, et je n'ajoutai rien de plus
afin de conserver toute liberté d'en référer à Vos
Excellences[1]. » A la suite de ce rapport, la délibération du Sénat de Venise ne se fit point attendre,
et, le 28 novembre, il décida la construction, aux
frais de l'État, de deux grandes gondoles du plus

1. La dépêche de l'ambassadeur Vénitien est du 13 septembre 1671. (Bibliothèque nationale, *Fonds ital.* 1872, fol. 91.)
La dépêche du 16 décembre (fol. 157) répond à la délibération
du Sénat, et les allusions à cette affaire sont nombreuses dans
la correspondance de France.

beau modèle, destinées à être offertes au roi de France.

Cet hommage de Venise à Louis XIV témoignait une fois encore des excellentes relations qui existaient depuis longtemps entre la France et la République. Ce devait être, au surplus, dans la pensée des donateurs, une marque de gratitude pour l'appui prêté à Venise dans la longue guerre contre les Turcs qui venait à peine de prendre fin. Malgré l'héroïsme de la défense, les Vénitiens avaient en partie perdu Candie, qui allait bientôt leur échapper entièrement; mais ils gardaient, avec l'espoir d'être aidés dans leur revanche, une sincère reconnaissance des services rendus à leur cause par tant de gentilshommes français venus s'enrôler comme pour une croisade, et des secours de tout genre, d'hommes et de vaisseaux, que la France avait envoyés au secours de Candie. Voilà ce qu'il faut deviner souvent dans ces magnifiques présents de courtoisie faits à Louis XIV.

Comme ces gondoles devaient être des plus belles qu'on eût jamais construites, la décoration complète n'en fut terminée qu'au mois de juillet 1673, et elles ne parvinrent à Versailles qu'aux derniers jours de l'année. La République envoya également au Roi quatre gondoliers expérimentés, qui ne tardèrent pas à faire partie du personnel fixe du Canal et qui reçurent chacun des gages annuels de 1.200 livres, outre les gratifications. La *Gazette* mentionna, comme un événement d'importance, l'arrivée de ces embarcations : « Le 14 janvier [1674], le Roi étant allé au Château de Ver-

sailles, l'Ambassadeur de Venise lui présenta, de
la part de la République, deux gondoles qu'elle
lui a envoyées et qu'il avait fait mettre sur le
Canal, dont la structure et la richesse par dehors
et par dedans les fit admirer à Sa Majesté; laquelle
chargea cet Ambassadeur d'en témoigner son
agrément à la République. » Ce ne fut pas
Michieli qui fit au Roi cette présentation; il avait
été remplacé deux mois auparavant par un nouvel
ambassadeur, Giustiniani. et la mission de celui-
ci débuta ainsi par un hommage, dont son prédécesseur avait eu l'initiative.

Il semble que Louis XIV veuille réunir sur le
Canal les modèles des plus curieux bateaux alors
en usage. Il a eu d'abord. comme on l'a vu, des
bateaux nationaux. dont on se sert en Provence,
en Flandre, au pays basque; plus tard, il s'intéresse aux modèles étrangers. Deux ans après les
premières gondoles. arrivent deux petits yachts
pourvus d'une cabine vitrée. qui ont été, sur
l'ordre donné par Colbert. construits en Angleterre. Les charpentiers qui les ont faits les
amènent à Versailles tout montés, au mois d'août
1675, et l'on pratique une brèche dans le mur du
Grand Parc pour faire arriver jusqu'au Canal la
machine qui les transporte. On a joint à ces yachts
à l'anglaise un « heu », vaisseau assez important
de type hollandais. En 1677, la flottille reçoit une
augmentation considérable, par la mise à l'eau de
huit chaloupes nouvelles construites dans les ateliers établis aux bords du Canal et sculptées entiè-

rement par Philippe Caffieri. L'année suivante, on a fait faire au port de Dunkerque un bâtiment de forme particulière, qu'on nomme à Versailles la *Dunkerquoise*, et qui rappelle le souvenir du rachat de la ville aux Anglais en 1662.

A ce moment du développement de la flottille, le personnel d'officiers et de matelots employé au Canal reçoit pour appointements annuels, non compris les gondoliers vénitiens, une somme de douze mille livres, qui sera augmentée par la suite. Le « capitaine des vaisseaux » est un certain Consolin, qui a pour lieutenant un Consolin Lazarin, Marseillais comme lui. Tous les autres noms de contremaître, charpentier, calfateur et matelots ont une forme bien française et proviennent certainement de divers ports du royaume. Deux forçats, qui comptent seulement pour leur nourriture évaluée à 350 livres par homme, sont employés aux bas ouvrages. Plus tard, le Roi fait acheter en Afrique cinquante-quatre Maures, qui doivent aussi servir au Canal. Ce n'est que plus tard encore que les matelots vénitiens viennent en nombre, attirés par les faveurs royales, et font donner aux maisonnettes qu'ils habitent, au bord du Canal, le nom de « Petite Venise ». En 1684, apparaissent deux gondoliers nouveaux et deux charpentiers de barque; en 1685, il en arrive d'autres, et bientôt, sur les états de paiement, se pressent les noms de Massagati, Palmarin, Lorich, Sora, Tarabara, Velaï, Pancalonio, Vidotti, Borelli, Sedea, Doria, Manenti, portés parfois par plusieurs individus de la même famille. Ainsi grandit peu à peu une sorte de corporation nautique groupée, avec ses règlements et ses usages, à la Petite-Venise, et dont les membres, presque tous Italiens d'origine, font souche de fidèles sujets du roi de France. On peut citer une description assez curieuse de ce coin de Versailles, dont une partie des constructions existe encore; bien que le récit appartienne au milieu du dix-huitième siècle, la plupart des traits en sont applicables à l'époque de Louis XIV :

J'aperçus à ma main droite une espèce de petite ville, dont les remparts composés des charmilles du Parc empêchent la vue de ce côté. Je m'en approchai et m'informai de l'état de la chose. « Vous êtes donc bien neuf, me dit un Suisse qui gardait ce lieu. C'est ici où demeurent les matelots du Roi. Louis XIV a formé cet établissement pour donner à sa cour le plaisir de courir sur le Canal qui mène d'un côté à Trianon, de l'autre à la Ménagerie. Aujourd'hui que ce plaisir n'est plus si commun, le Roi se sert de ces gens pour Saint-Hubert et la rivière de Seine, qui coule aux pieds de Choisy. Et comme les gens employés à cet usage ont été d'abord tirés de Venise, on appelle cette habitation la Petite-Venise. Il y a un commandant, un magasin et un garde-magasinier. Ces gens vivent là avec leurs familles; leurs mœurs y sont pures et les enfants bien élevés. » Cette description me fit naître le désir de parcourir la Petite-Venise; mon Suisse s'engagea à m'y conduire, j'en fus charmé. Il me conduisit dans les trois à quatre rues principales bordées de maisons et de jardins de chaque côté; tel qui d'un côté a sa maison a, vis-à-vis et en traversant la rue, une espèce de grange pour travailler, et à côté est un jardin qu'il cultive. Je fus enchanté de voir les mères avec leurs filles travailler de concert les unes au fuseau, les autres à l'aiguille, d'autres qui instruisaient leur jeunesse, celle-ci employée aux usages du ménage, celle-là à lire ou à s'instruire dans de bons livres. Je causai avec quelqu'unes de ces bonnes

gens, qui me firent entrer. Je fus édifié de la propreté de
leur demeure ; il n'y a pas de religieuse qui ait un plus
grand soin de sa cellule. Dans chacune de ces maisons, il
y a deux chambres et deux cabinets ; ils se font des alcôves
et se forment de petits cabinets. Il me sembla être trans-
planté dans ces habitations de l'ancien âge d'or de nos
pères et réaliser à mes yeux ce que je croyais avoir toujours été fabuleux[1].

Le Canal de Versailles doit servir à des œuvres
plus utiles que l'établissement d'une flottille de
plaisance pour la Cour, et à mesure que s'ac-
croissent les dépenses qui y sont affectées, on sent
l'utilité qu'elles prennent aux yeux des ministres
et du Roi, pour les intérêts de la marine française.
Louis XIV, de plus en plus persuadé par Colbert
de la nécessité de développer la marine et ne pouvant, d'autre part, visiter lui-même les ports et
les arsenaux de son royaume, a choisi Versailles
comme lieu d'expérience pour les perfectionnements projetés. Il y peut suivre, au moyen de
petits navires exactement faits sur le modèle des
grands vaisseaux, les progrès qui s'accomplissent
alors dans la construction navale.

On hésiterait peut-être à croire à l'importance
des chantiers de la Petite-Venise et au sérieux des
essais qu'on y voit tentés, sans un témoignage qui

1. *Les rendez-vous du parc de Versailles*, Bruxelles, 1762,
p. 27-29. Ce petit livre, attribué à Huerne de la Mothe, renferme
sur la vie de l'ancien Versailles des renseignements qu'on ne
trouve pas ailleurs. La formation de la colonie vénitienne du
Grand Canal, son organisation, ses règlements jusqu'à l'époque
de la Révolution, ont été étudiés par M. Juste Fennebresque (*La
Petite Venise, histoire d'une corporation nautique*, Paris, 1899,
reproduit dans *Versailles royal*, Paris, 1910).

date de 1681 et fait intervenir les noms les plus
illustres de notre marine : « Il y a des charpentiers
à Versailles, qui travaillent à bâtir une frégate d'un
nouveau dessin, approchant pourtant de la fabrique
anglaise, sur laquelle on prétend avoir raffiné, tant
pour la mâture que pour l'assiette, qui seront
d'une manière à faire bien porter les voiles et à la
rendre légère, quoique chargée de beaucoup d'artillerie. Cette frégate, qui ne doit avoir que trente
pieds de quille, sera néanmoins percée pour
soixante pièces de canon. C'est M. le chevalier de
Tourville qui a la direction de cet ouvrage. Si par
l'exécution de ce dessin on voit réussir ce qu'on
s'en promet, on bâtira à l'avenir toutes les autres
frégates sur ce modèle. M. du Quesne, qui est
arrivé en Cour après avoir désarmé en Provence,
en a apporté une autre qu'il a fait faire en petit et
qui est de son dessin. Il ne lui donne que quinze
pieds de quille, au lieu de trente qu'aura la première, et prétend que la frégate portera autant
d'artillerie. Il en sera bâti une sur ce dessin, et on
se réglera ensuite selon le succès pour le modèle
des autres ». Peu après, des bâtiments plus importants sont entrepris au Grand Canal. Ils se cons-
truisent sous la direction du marquis de Langeron,
un des marins français qui ont rapporté du service
de Venise, avec beaucoup d'observations utiles, le
désir de les appliquer au bénéfice de leur pays.
Langeron a été nommé par Louis XIV inspecteur
général des armées navales et chargé de donner
des plans et profils aux charpentiers de sa marine
royale. La présence d'un tel homme à la tête des

chantiers de Versailles suffit à montrer que les efforts qui s'y font n'ont point seulement pour but l'agrément des promenades de la Cour.

Si la flottille tient une certaine place dans l'histoire de la marine française, elle en mérite une autre dans l'histoire de l'art. A cette époque les navires sont encore abondamment ornés de sculptures, pour la beauté desquelles se piquent d'émulation les constructeurs. Il n'est pas indifférent de rappeler que la supériorité des artistes français en ce genre fut souvent attestée. Elle justifie un mot de Charles Perrault donnant, dans un rapport à Colbert, son appréciation sur les yachts venus d'Angleterre : « Ces deux vaisseaux, écrit-il, me semblent beaux. La sculpture est faite partie par des sculpteurs anglais et partie par des français. La différence des manières est très grande, et les Anglais ne sauront de longtemps autant que les Français »[1]. Le ministre attachait de l'importance à cette intervention de l'art, au moins à l'époque où il écrivait à l'intendant de la marine à Toulon : « Je conviens que les ouvrages de sculpture des trois grands vaisseaux bâtis en dernier lieu à Toulon consomment beaucoup de temps; mais vous m'avouerez vous-même qu'il n'y a rien qui frappe tant les yeux ni qui invoque tant la magnificence du Roi que de les bien orner, comme les plus beaux qui aient encore paru à la mer, et qu'il est de sa gloire de surpasser sur ce point les autres

---

1. Le rapport de Charles Perrault sur les bateaux venus d'Angleterre est à la Bibliothèque nationale, *Mél. Colbert*, vol. 172 *bis*, fol. 393.

nations qui jusqu'ici se sont le plus appliquées à la marine ».

On ne peut s'étonner de voir collaborer aux travaux de ce genre plusieurs des meilleurs maîtres chargés de décorer les appartements royaux. Les bateaux furent d'autant plus soignés qu'ils devaient être mis sous les yeux du Roi et servir à son plaisir. La seconde série de constructions, celle qui suivit l'installation de la Cour en 1682, donna matière à d'intéressants ouvrages d'art. En 1685, Tubi était occupé aux gondoles et aux barques nouvelles. Philippe Caffieri surtout s'y employa, tant d'après ses propres dessins que d'après ceux de Jean Bérain, qui paraît avoir été grand inventeur d'ornements de bateaux. Caffieri enrichit de sculptures la principale des gondoles, celle dont le tendelet était de damas rouge broché d'or, ainsi la nouvelle *Dunkerquoise*, qui fut faite à Versailles même, au cours de 1685, par des charpentiers du port de Dunkerque. Mais c'est aux sculptures des grandes embarcations que Caffieri acheva de montrer sa maîtrise ; il s'y fit même assez apprécier pour obtenir, aussitôt après, la commission de sculpteur, ingénieur et dessinateur des vaisseaux du Roi, d'abord au Havre, puis à Dunkerque, honorable charge qui l'éloigna, à partir de 1687, des travaux de Versailles où tant de fois reparaît son nom.

Deux navires d'importance, en effet, furent construits ensemble vers cette époque et donnèrent à la flottille royale son aspect définitif. Dangeau mentionne le premier, à la date du 27 août 1685 :

« Le Roi se promena dans ses jardins et vit mettre à l'eau un vaisseau qu'il a fait bâtir ici et dont Langeron a ordonné la construction ». Le 20 novembre, c'est une galère qui est lancée : « Le Roi monta en calèche pour aller voir mettre à l'eau la galère qu'on a bâtie ici ». La « Grande Galère » avait été construite par le marseillais Chabert; elle marchait à rames, conduite par des forçats, sous les ordres d'un comite, d'un sous-comite et d'un sergent. Le « Grand Vaisseau » était une frégate en miniature, qu'avait dessinée le marquis de Langeron. Elle portait quatre fanaux de cuivre doré et contenait des chambres ornées de miroirs. Les petits canons avaient été fondus par les Keller à l'Arsenal de Paris, et il y en avait un au moins qui tirait à poudre. Ce vaisseau paraît avoir remplacé celui qui flotta le premier sur les eaux de Versailles, et qui était aussi un petit bâtiment de guerre.

On peut se faire une idée de la somptuosité de ces nouvelles constructions par la « Grande Galère », qui était sans doute la plus élégante et la plus soignée. Elle mettait sur le Canal une sorte de réduction de la fameuse *Réale*, sculptée par Puget pour la Méditerranée et dont elle reproduisait les dispositions essentielles. C'était le modèle le plus achevé de ce bâtiment léger, long et fin, qui fut en grand usage au dix-septième siècle. Il y a au Cabinet des Estampes deux représentations qui donnent l'arrière de cette galère, vu de face et vu de côté, et remettent sous nos yeux de complète façon la plus merveilleuse barque de

Louis XIV. Ce sont de grandes aquarelles en or
et couleur, sur parchemin, où tout le détail de la
décoration est minutieusement reproduit. La coque,
peinte en bleu, est ornée d'une profusion de bas-
reliefs dorés, semés de fleurs de lis, bouquets,
coquilles, divinités marines. Une grille de fer doré
porte des fleurs de lis et le chiffre du Roi. Cinq
marches très ornées descendent de chaque côté de
l'arrière, auprès du banc du dernier rameur. Les
figures sculptées à la poupe en haut relief sont en
grand nombre; dans le bas, des zéphirs et des
amours; dans le haut, des femmes tenant des
palmes. Au-dessus de l'écusson de France est le
soleil royal surmonté d'une couronne. Trois fanaux
de cuivre à monture fleurdelisée dominent cette
partie du navire, que couvre un grand tendelet de
damas rouge brodé de rinceaux d'or avec le chiffre
et l'écusson, et dont les quatre pentes sont garnies
de crépines d'or. Une tente semblable peut couvrir
le pont tout entier. Nous savons, par un inventaire, que la pavesade, qui fait le tour de la galère
et qui a 138 pieds de long, est également du même
damas chiffré et fleurdelisé, comme aussi tous les
pavillons. Le grand étendard royal, hissé au mât
bleu et or, porte l'écusson de France; la plus
longue flamme, qui a 38 pieds, est brodée d'un
grand soleil d'or, et les vingt-quatre banderoles,
attachées aux cordages de soie aurore et cramoisie,
les flammes, les gaillardets, les guidons, toute là
joyeuse décoration de la mâture multiplie les
emblèmes du Grand Roi.

C'est un coup d'œil extraordinaire qu'offre une

telle réunion de navires si variés de formes, avec leurs riches pavesades et leurs dorures éclatantes. Lorsque, en descendant le Tapis Vert, le visiteur aperçoit sur le Canal les pavillons multicolores flottant à la hauteur des grands arbres, son imagination est aisément transportée bien loin de Versailles et s'attend à de fabuleuses navigations. Ici encore, le goût magnifique de Louis XIV a atteint le résultat souhaité. Au reste, le nombre et le costume des matelots, qui se tiennent sur la rive ou qui montent les embarcations, donnent à toute heure une animation de fête à cette partie des jardins. Les hommes des équipages ont le justaucorps, l'habit à boutons d'or, bleu et rouge, des bas et jarretières de soie cramoisie, des cravates de mousseline et les cheveux noués d'un ruban ; ils le cèdent seulement, pour l'élégance du costume, aux sveltes gondoliers vénitiens. Ceux-ci portent la veste de damas de Gênes ou de brocart cramoisi or et argent, et sont tous coiffés du bonnet de velours noir et chaussés de bas de soie d'Angleterre et d'escarpins.

La promenade en barque est devenue à ce moment un des plaisirs favoris de la vie de Versailles. Le personnel fixe du Canal a dû être renforcé par trois compagnies militaires, qui étaient en Flandre réservées pour le service des frégates et qui font un ensemble, de deux cent soixante hommes sachant ramer. Soixante d'entre eux doivent être disponibles à toute heure : « Ils ont ordre, écrit Dangeau en avril 1685, d'être toujours avec leurs officiers subalternes au bord du

Canal et de mener les gens qui veulent s'embarquer ». Les courtisans et les promeneurs usent également de cette facilité ; parfois à l'improviste, le Roi, Monseigneur ou Madame la Dauphine descendent vers l'eau et se font suivre par des musiciens. L'été, on s'y promène à la fraîcheur ; il n'est pas rare de trouver, chez Dangeau, mention de soirées passées sur le Canal : « Le Roi ne sortit qu'à sept heures du soir. Il monta en calèche avec Madame la Dauphine et beaucoup de dames ; car ils étaient quatorze dans la calèche. Ils allèrent s'embarquer au bout du Canal ; la musique les suivait dans d'autres bateaux, et les courtisans dans les gondoles. On se promena jusqu'à dix heures du soir. Monseigneur ne sortit point de tout le jour et accompagna le Roi à la promenade sur l'eau »[1].

Le Grand Canal permet de varier l'itinéraire des ambassadeurs et des princes étrangers, le jour où ils vont voir Trianon et la Ménagerie. La relation de la visite des envoyés Siamois donne un récit qui peut s'appliquer à beaucoup d'autres visites : « Avant que de monter sur le Canal, ils virent le bassin d'Apollon qui est au bout de la grande allée qui y conduit.... Ils montèrent dans la galère qui est sur le Canal. Toutes les gondoles et tous les autres bâtiments les accompagnèrent avec tous leurs ornements et agrès, et ces bâtiments étaient

---

1. Les textes de Dangeau cités dans ces dernières pages sont au tome I du *Journal*, p. 162, 192, 212, 254. Ceux du *Mercure galant* sont aux volumes de février 1681, p. 302-304, et de novembre 1686 (visite des ambassadeurs de Siam), p. 105, 112, 117. Un état détaillé de la « flotte du Canal » en 1698 existe aux Archives nationales (O¹ 1792).

remplis de timbaliers, de trompettes et de divers autres instruments, qui ne cessèrent point de jouer tant que les ambassadeurs furent sur le Canal. Les matelots avaient des habits fort propres, rouges et bleus. Après qu'on eut fait divers tours sur le Canal, la galère entra dans le côté de la croisée qui conduit à la Ménagerie. Cette croisée a 45o toises de longueur. Le Canal en a plus de 75o de long sur 4o de large et 7 pieds de profondeur.... Au sortir de la Ménagerie, ils allèrent à Trianon, qui est à l'autre bout de la croisée du Canal, qu'ils traversèrent sur les mêmes bâtiments qui avaient servi à les porter à la Ménagerie. Ils y montèrent par un très beau degré, au haut duquel est un fort gros jet d'eau.... Ils ne s'en retournèrent point par le Canal, mais dans des carrosses qui les attendaient et qui les ramenèrent à Clagny ».

Les jours de grande fête, de splendides illuminations étaient préparées le long des berges, qu'elles ornaient d'une architecture de feu. Nous avons raconté celles de 1674; elles avaient été précédées d'un essai moins important, fait l'année précédente pour le plaisir du Dauphin et que la *Gazette* de septembre mentionnait ainsi : « Le 5 de ce mois, jour de la naissance du Roi, Monseigneur le Dauphin fit une grande fête à Versailles, par des feux d'artifice sur le Grand Canal, éclairé de toutes parts d'une infinité de lumières et par d'autres réjouissances qui durèrent une grande partie de la nuit ». Bien des fois, depuis lors, les feux d'artifice à l'un ou à l'autre bout du Canal illuminé vinrent terminer les fêtes nocturnes. Les dernières et peut-être les plus belles illuminations du Grand Canal et du pourtour du bassin d'Apollon eurent lieu pour le mariage du Dauphin, petit-fils de Louis XV, avec l'archiduchesse Marie-Antoinette.

L'histoire du Canal de Versailles fait donc partie de celle de la Cour, sous les trois règnes. La reine Marie-Antoinette s'y promènera encore sur une grande chaloupe sculptée pour elle et qui, restaurée plus tard par ordre de Napoléon, servira à l'impératrice Marie-Louise. Mais l'époque la plus brillante de la flottille de Versailles est, sans aucun doute, celle de Louis XIV, surtout vers le temps de l'arrivée de la duchesse de Bourgogne. Le Grand Canal est alors le chemin naturel entre le délicieux séjour de la Ménagerie, donné à la jeune princesse, et le château de Trianon agrandi et transformé par Mansart, qui est devenu pour le Roi un lieu de repos. Il y a de continuelles parties sur le Canal, qui réunit les deux résidences. La duchesse de Bourgogne se passionne pour ces promenades. Elle les prolonge fort avant dans la nuit; on emporte une collation qu'on mange sur l'eau, et les musiciens accompagnent en barque, à quelque distance, donnant aux soirées de Versailles l'enchantement des nuits vénitiennes.

FIN DU PREMIER VOLUME

TABLE

ACHEVÉ D'IMPRIMER

LE 25 MAI 1925
SUR LES PRESSES DE A. LAHURE
POUR
LOUIS CONARD, ÉDITEUR
A PARIS

VERSAILLES ET LA COUR DE FRANCE

PAR

PIERRE DE NOLHAC

LA CRÉATION DE VERSAILLES

VERSAILLES RÉSIDENCE DE LOUIS XIV

VERSAILLES AU XVIIIe SIÈCLE

LOUIS XV ET MARIE LECZINSKA

LOUIS XV ET MADAME DE POMPADOUR

LA POLITIQUE A VERSAILLES

MARIE-ANTOINETTE DAUPHINE

LA REINE MARIE-ANTOINETTE

TRIANON

L'ART A VERSAILLES

---

10 volumes petit in-8.

Chaque volume, broché. . . . . 25 fr.
    —   demi-reliure chagrin amateur de
        Canape. . . . . 68 fr.
    —   demi-reliure maroquin amateur de
        Canape. . . . . 95 fr.

Il sera tiré de chacun de ces volumes 60 exemplaires numérotés sur papier des Manufactures impériales du Japon.. . . . 112 fr.

Ces derniers exemplaires ne se vendront pas séparément.